T0279909

Humano universal

Gary Zukav

Humano universal

Cómo crear poder auténtico
y la nueva consciencia

EDICIONES OBELISCO

Si este libro le ha interesado y desea que le mantengamos informado de nuestras publicaciones, escríbanos indicándonos qué temas son de su interés (Astrología, Autoayuda, Ciencias Ocultas, Artes Marciales, Naturismo, Espiritualidad, Tradición…) y gustosamente le complaceremos.

Puede consultar nuestro catálogo en www.edicionesobelisco.com

Colección Espiritualidad y Vida interior
Humano universal
Gary Zukav

1.ª edición: abril de 2023

Título original: *Universal Human*

Traducción: *Jordi Font*
Corrección: *M.ª Jesús Rodríguez*
Diseño de cubierta: *Enrique Iborra*

© 2021, Gary Zukav
(Reservados todos los derechos)
© 2023, Ediciones Obelisco, S. L.
(Reservados los derechos para la presente edición)

Edita: Ediciones Obelisco, S. L.
Collita, 23-25. Pol. Ind. Molí de la Bastida
08191 Rubí - Barcelona - España
Tel. 93 309 85 25
E-mail: info@edicionesobelisco.com

ISBN: 978-84-9111-983-8
DL B 5006-2023

Impreso en los talleres gráficos de Romanyà/Valls S. A.
Verdaguer, 1 - 08786 Capellades - Barcelona

Printed in Spain

Reservados todos los derechos. Ninguna parte de esta publicación, incluido el diseño de la cubierta, puede ser reproducida, almacenada, transmitida o utilizada en manera alguna por ningún medio, ya sea electrónico, químico, mecánico, óptico, de grabación o electrográfico, sin el previo consentimiento por escrito del editor. Diríjase a CEDRO (Centro Español de Derechos Reprográficos, www.cedro.org) si necesita fotocopiar o escanear algún fragmento de esta obra.

Este libro está dedicado a los humanos universales emergentes

Gratitud

«Gratitud» es una palabra demasiado pequeña para el amor y los regalos que estos compañeros de estudios en la escuela Tierra me han dado: Linda Francis, mi coexploradora de vida, compañera espiritual, cocreadora, coautora y cofundadora del Seat of the Soul Institute y la Foundation for the Universal Human, por su gran corazón, su mente brillante, su coraje ilimitado y su risa alegre; Phil Lane Jr. (www.fwii. net) y Phil Lane Sr., por adoptarme en la cultura lakota y sus maravillosos dones; Oprah Winfrey, la gran pionera, por introducir la espiritualidad en la televisión comercial, por sembrar semillas de poder auténtico y por sus continuas contribuciones a nuestro mundo; Maya Angelou, por el amor y las muchas bendiciones que nos dio a Linda y a mí; Masami Saionji, por su compromiso total con la paz y los postes «Que la paz prevalezca en la Tierra» repartidos por todo el mundo (www.byakko.org); Nipun Mehta y la comunidad de Service Space, por fomentar la bondad y la generosidad en todo el mundo (www.servicespace.org); Elizabeth Rauscher, fundadora del «Grupo de Física Fundamental» en el Laboratorio Lawrence Berkeley, por presentarme a renombrados físicos teóricos que se convirtieron en los padrinos de mi primer libro, *La danza de los maestros de Wu Li: la nueva física, sin matemáticas ni tecnicismos, para amantes de la filosofía y la sabiduría oriental*; Ronnie Earle, fiscal de distrito del condado de Travis, (Texas), por sus treinta y dos años de compromiso inquebrantable con la justicia en lugar de las condenas, y su pasión por la integración dentro de la comunidad en lugar del sistema de justicia penal; Michael Harbottle, general de brigada del ejército británico, cofundador de Retired Generals for Peace and Disarmament (Generales Retirados por la Paz y el Desarme) durante lo más crudo de la terrible Guerra Fría, quien me animó cuando era joven a explorar el potencial más profundo de las fuerzas armadas; los muchos participantes en nuestros programas y actividades; y las innumerables personas que me han honrado e inspirado.

Cuando las ideas de Zukav dejen de desafiarte,
te reirás con la maravillosa risa del descubridor
que ha encontrado un nuevo continente.

MAYA ANGELOU

ENHORABUENA

Bienvenido

Bienvenido a este libro. Estoy muy contento de que te unas a mí.

Este libro llamará tu atención sobre la transformación de la consciencia humana que está teniendo lugar, para que puedas comprenderla y utilizarla para crear una vida con más alegría y menos dolor. Te dará oportunidades para experimentar con un camino hacia el significado, la realización, el propósito y la alegría, pero debes utilizar estas oportunidades para beneficiarte de ellas. Este camino es desafiante y gratificante como ninguno. Es el que estás recorriendo. Es tu vida, y ahora una nueva consciencia está iluminando de maneras nuevas y diferentes las oportunidades y los desafíos que te brinda.

Esa nueva consciencia es LA nueva consciencia. La antigua consciencia humana evolucionó a lo largo de miles de milenios. La nueva está emergiendo en unas pocas generaciones. Este libro te enseña cómo aplicar la nueva consciencia humana a tu vida.

Una cosa es reconocer que volverse amoroso añade amor al mundo. Eso es comprensible. Pero ¿cómo se puede querer, y, sobre todo, cómo hacerlo cuando estás enfadado, cuando eres vengativo, cuando tienes celos, cuando quieres matar a alguien, cuando quieres matarte, cuando no puedes dejar de juzgar, cuando no puedes dejar de buscar comida, sexo o dinero? ¿Cómo haces eso? ¿Cómo te vuelves un ser amoroso? Este libro te muestra cómo puedes ser amoroso en todo momento y circunstancia. Eso es crear poder auténtico. Crear poder auténtico es fácil de entender, pero no es tan fácil cambiar tu vida desde cero.

Las personas se interesan en el crecimiento espiritual cuando una nueva consciencia toca la suya, expandiéndola, enriqueciéndola y revelando nuevas formas de entender, percibir y amar. Esto le está pasando ahora a mucha gente. Las personas también se interesan en el crecimiento espiritual porque tienen mucho dolor emocional y no saben qué hacer al respecto. Esto le ocurre a todo el mundo en todas partes, y siempre ha pasado.

¿Qué experimentas en tu día a día? ¿Qué dolor emocional sientes? ¿Qué te quita el sueño por la noche? ¿Qué es lo que no te satisface? Este libro te enseña cómo abordarlo e ir más allá de controlarlo. Lo que a la mayoría de las personas les quita el sueño por la noche, lo que no las satisface, lo que no es como debería ser para ellas, es su vida. Se preguntan: «¿Esto es todo lo que hay? ¿Dónde está la alegría? ¿Dónde está el significado? ¿Dónde está el propósito? Tiene que haber más alegría en conseguir dinero, reconocimiento, éxito, sexo o fama. Tiene que haber más alegría en conseguir zapatos, automóviles y casas. Tiene que haber más satisfacción en conseguir lo que quería. Tiene que haber más». En otras palabras, el miedo a que el mundo no cumpla con tus expectativas es la causa de tu dolor emocional.

Al hablar de miedo me refiero a experiencias de celos, ira, resentimiento, superioridad, inferioridad, necesidad de complacer, privilegio, compulsión, obsesión o adicción, entre otras. Toda forma de miedo es dolorosa. El amor es dichoso. Por amor me refiero a gratitud, aprecio, cuidado, paciencia, alegría o asombro del Universo, entre otras cosas. Cada forma de amor sienta bien. Este libro te muestra cómo reconocer y cultivar el amor que hay en ti, y cómo reconocer e ir más allá del control del miedo. Lo hace de maneras fáciles de entender y explica cómo experimentar con ellas.

Hay muchos libros de autoayuda: cómo conseguir ser feliz, cómo hacerse rico, cómo sentirse satisfecho, cómo ser atractivo, cómo abordar prácticamente cualquier cosa que te preocupe sobre cualquier parte de cualquier personalidad. Son menos los libros de autoayuda que abordan el significado y el propósito, el cumplimiento y la alegría de dar los dones para los que naciste. Este libro aborda precisamente eso.

El significado, el propósito, el cumplimiento y la alegría de dar los dones para los que naciste requieren reconocer en ti mismo todas las cosas que te impiden la felicidad, lo que significa que te impiden amar. Éstas son partes de tu personalidad que se originan en el miedo. Cada una te provoca consecuencias dolorosas cuando actúas en consecuencia. Las sensaciones físicas dolorosas en tu cuerpo y los pensamientos críticos e implacables te indican que al menos una de estas partes está activa en ti. Para ir más allá de controlarla, necesitas hacer frente a sus exigencias –y es muy exigente–, actuando desde una parte amorosa de tu personalidad *mientras experimentas la parte asustada*, mientras experimentas sus dolorosas sensaciones físicas y los pensamientos críticos. Cada vez que haces esto, creas poder auténtico. Cuando no lo haces, no cambias.

Por ejemplo, la ira fue una gran parte de mi vida cuando tenía treinta años y vivía en San Francisco, y antes y después, también. En esa misma época era adicto al sexo. Ambas cosas estaban estrechamente relacionadas. Mi vida estaba llena de miedo y de dolor emocional (son lo mismo), y el sexo era lo único que, por un momento, sólo por un momento, me ofrecía un respiro del dolor. Luego necesitaba más porque el dolor era implacable y el alivio era temporal. No cambié entonces porque no entendía estas cosas ni sabía qué hacer con ellas.

Este libro no proclama: «Tengo una solución para tus celos, tu ira, tu agobio, tu necesidad de alcohol, de apostar o de comprar, para tu deseo sexual y para cada uno de tus problemas», porque la solución para todos tus problemas siempre es la misma: sé consciente de tus emociones y practica el hecho de actuar desde una parte amorosa de tu personalidad cuando una parte de tu personalidad basada en el miedo está activa. A medida que empieces a considerar tus problemas desde la perspectiva de la nueva consciencia, comenzarás a ver que en realidad no son problemas en absoluto, sino oportunidades para crecer espiritualmente.

Las personas experimentan dolor emocional cuando no pueden tener algo que sienten que necesitan o sin lo cual no pueden vivir, o cuando han perdido algo que creen que necesitan o sin lo cual no pueden vivir. Según ellas cambiar el mundo es la única manera de aliviar su dolor; por ejemplo, recuperar a su novio, tener una nueva pareja, vengar un error, defender un derecho, etc. Cuando lo consiguen, vuelven a ser felices temporalmente, como me pasaba a mí cuando tenía relaciones sexuales. Su dolor emocional hace que intenten cambiar el mundo, y tratar de cambiar el mundo provoca más dolor emocional. Éstas son experiencias de poder como la capacidad de manipular y controlar, y la búsqueda de éste, la búsqueda del poder externo.

Piensa en este libro como un vaso de agua fresca y clara en tiempos de sequía. El tiempo de sequía está llegando a su fin. El tiempo de sequía es el confinamiento a la vieja consciencia y la experiencia de poder como externo. Para acabar con la sequía no sólo se necesita más tiempo. Está llegando la nueva consciencia y la sequía terminará cuando comiences a utilizar tu vida y la nueva consciencia para crear el poder auténtico.

Desde la perspectiva de la vieja consciencia, necesitas cambiar el mundo si no te gusta tal y como es. Desde la perspectiva de la nueva consciencia, eso ya no funciona. El cambio en lo macro se da en lo micro. El mundo es lo macro. Tú eres lo micro. Si quieres cambiar el mundo, tienes que cambiarte a ti mismo. Crear poder auténtico cambia algo más aparte de a ti. Cambia cada colectivo en el que participas, desde el más pequeño hasta el más grande, desde el individuo hasta el grupo, la comunidad, tu sociedad y más allá. Cambia tu familia, tu ciudad, tu país y tu mundo. Es la contribución más constructiva y gratificante que puedes hacer con tu vida. Naciste para eso.

Contribuyes al surgimiento del Humano Universal cuando creas poder auténtico. No hay otra manera. Los humanos universales emergen de humanos auténticamente poderosos. En otras palabras, crear poder auténtico no es tan sólo una ruta más rápida hacia el Humano Universal, sino también un requisito.

La nueva consciencia requiere un orden superior de lógica y conocimiento para entenderla y comunicarla. Entra en conflicto con la vieja consciencia en todos los sentidos, incluidas las rigurosas exigencias de su intelecto. La vieja consciencia no es capaz de aprehender la magnitud de lo que le ocurre a la especie humana, y por eso intenta calzar, por así decirlo, las experiencias de la nueva consciencia en el zapato de la vieja. Ese zapato ya no le cabe. La nueva y la vieja consciencia coexisten en ti. Se sobreponen temporalmente en este breve período de tiempo, y este breve período es en el que estás viviendo.

Mientras lees este libro, detente cada vez que algo te resuene y pregúntate: «¿Qué tiene esto que ver conmigo? ¿Cómo puedo utilizarlo en mi vida?». Entonces, escucha. La respuesta llegará en el momento adecuado y puede que te sorprenda.

Todo con respecto a la nueva consciencia es nuevo, y esta novedad es algo que no se puede resumir en unas pocas palabras. Ábrete. Tenemos muchas cosas nuevas que permitirnos mirar. No dudes de ello. Este libro llama tu atención sobre la magnitud y el alcance de lo que está cambiando, y es la propia consciencia de la especie humana, y con eso se abren puertas que antes no existían, ni siquiera cerradas. Así alcanzaremos un nuevo potencial antes inimaginable, el reconocimiento del papel que desempeñas en el desarrollo del Universo, y esto es algo sorprendentemente íntimo.

Y acogedor.

UN PRELUDIO

El Gran Cambio

Un gran cambio se cierne sobre nosotros. Nuestras estructuras sociales se están desintegrando. Las guerras son incesantes. Se aproxima la destrucción nuclear. La catástrofe climática global está cerca. Las personas con poca visión poseen el viejo tipo de poder.

Estos acontecimientos NO son el Gran Cambio, sino sus efectos. Hasta que no comprendas en qué consiste el Gran Cambio, no comprenderás estos acontecimientos. Un mundo obsoleto se está desintegrando. Está cayendo a pedazos y está naciendo un nuevo mundo con un nuevo tipo de poder. Estamos en la planta baja de este nuevo mundo. Somos la planta baja. La historia y la consciencia humanas están cambiando rápida y drásticamente. Una nueva especie humana mira al cielo y ve más allá. La evolución humana requiere ahora un desarrollo espiritual. El mundo moribundo lo descarta, pero éste se está muriendo. La evolución humana está concienciándose. En esto consiste el Gran Cambio.

Nuevos conocimientos y percepciones nos llenan. Los cinco sentidos ya no limitan nuestras experiencias. Estamos aprendiendo a distinguir el amor del miedo en nuestro interior y a elegir el amor sin importar qué está pasando dentro o fuera de nosotros. Éste es el poder auténtico. Por primera vez el amor y el miedo en el mundo son el amor y el miedo en nosotros. Por lo tanto, sólo podremos cambiar el mundo si, a su vez, cambiamos nosotros. Todo esto sólo es el principio.

Busca estas experiencias en tu interior. Surgen dentro de ti. Son como el alba de un amanecer nuevo y diferente. No sólo experimentas y participas de este amanecer, sino que también eres este amanecer. Eres el nuevo amanecer. Eres el Gran Cambio. Tú decides qué harás con tu conciencia del Gran cambio. Ha nacido un nuevo potencial. Tu nuevo potencial.

Empecé a trabajar el Humano Universal hace treinta y tres años. Dicho de otra manera, y con precisión, comenzó a funcionar en mí hace mucho tiempo. Todavía no está terminado, y yo tampoco. La especie humana ahora está comenzando a participar conscientemente en una expansión de libertad y conciencia que no tiene fin. Esta expansión no es nueva, pero nuestra capacidad emergente de experimentarla como individuos y como despertar de una especie –y nuestra capacidad de contribuir a ella como individuos y como despertar de una especie– también es nueva y no tiene precedentes. Soy feliz por formar parte de este despertar contigo.

Te ofrezco este libro como si fuera una ventana a través de la cual he llegado a ver la vida. No digo que debas aceptarlo. Hay muchos caminos hacia la sabiduría y el corazón. Ésta es nuestra mayor riqueza, y la que más alegría me da.

Tenemos mucho que hacer juntos.

Hagámoslo con sabiduría, amor y alegría.

Hagamos de esto la experiencia humana.

GARY ZUKAV

LA HISTORIA DE NUESTRA NUEVA CREACIÓN

1

Más allá de las estaciones

El sol está en su punto más alto en el cielo en el solsticio de verano. El día es más largo y la noche, más corta. Todo ha florecido o está floreciendo. Es el momento de máxima exuberancia, pero a partir de ahora todo lo que se ha expandido comienza a contraerse. Esta contracción es invisible en los campos de trigo en junio. El crecimiento espectacular abunda. Los trabajadores se secan el sudor de la frente y los terneros y los potros pastan junto a sus madres. Sin embargo, los cultivos que están creciendo lo hacen en función de la cosecha. El mismo verdor de la hierba ha comenzado a marchitarse. Se acerca el otoño y el invierno. No se ven, pero se están apoderando del verano.

Día tras día, el sol se hunde imperceptiblemente en el cielo. Los días se hacen más cortos, las noches, más largas. Bajan las temperaturas y nieva. El sol está en su punto más bajo en el cielo durante el solsticio de invierno. La luz es mínima y la oscuridad, máxima. Los animales y las semillas duermen un sueño profundo. En este día más corto, más oscuro, todo se comprime en una semilla de potencial y se completa un ciclo. Esto no se puede ver en los bosques cubiertos de nieve. Todo está en silencio, pero dentro del silencio la vida se agita. La quietud helada avanza hacia su deshielo. Ahora, la primavera y el verano están venciendo al invierno.

La estación de contracción avanza hacia la estación de expansión, la alegría del crecimiento y la expresión, la abundancia de vida, el solsticio de verano. Esta dinámica cíclica –desde el potencial hasta la expresión y la cosecha, desde la contracción hasta la expansión y el retorno, desde la inhalación hasta la exhalación– gobierna el mundo físico. Gobierna las estaciones de nuestras vidas. Es el ritmo de las especies, los sistemas estelares y las galaxias.

Una flor brota en primavera, pero ¿acaso es una flor nueva? Su semilla lleva todo lo que fue una flor anterior. Esa semilla es invisible para un niño en su jardín. El capullo se le aparece al niño como por arte de magia. La nueva vida se nos aparece de la misma manera. El capullo asombra al niño y el recién nacido nos asombra a nosotros. La explicación del niño sobre la flor y nuestra explicación sobre el bebé reflejan limitaciones de la experiencia.

El niño cree que sus padres produjeron el capullo, porque sólo ese tipo de explicación tiene sentido para él. Creemos que la unión del espermatozoide y el óvulo engendró al bebé, porque sólo ese tipo de explicación tiene sentido para nosotros. La semilla de la que brota la flor permanece oculta al niño, igual que la semilla de la que surge el bebé permanece oculta a los cinco sentidos. La semilla del bebé es su alma.

El alma del bebé no envejece ni muere. No se puede medir ni pesar, pero es real.

Determina todo sobre él. Existe antes de que nazca, existe mientras avanza a través de las estaciones de su vida, y cuando el adulto anciano se marchita y muere como las flores de la primavera y verano. Dentro del alma yacen la sabiduría y la compasión que unieron a padres e hijos y que dieron forma a los patrones de su ADN.

Todos nuestros grandes maestros (Jesucristo, Mahoma, Krishna y Buda, entre otros) hablaban de dinámicas que son invisibles para los cinco sentidos. Las llamaron, por ejemplo, «la mano de Dios», «impulsos creativos de la mente», «ángeles» y «demonios». Describieron consecuencias que se crean en el dominio de los cinco sentidos pero que aparecen en reinos no físicos, como «cielo», «infierno» o «estados de bardo».

Todos nuestros grandes maestros compartieron el mismo mensaje: hay más en esta vida que vives de lo que puedes ver. Estás conectado a acontecimientos y experiencias en el reino de los cinco sentidos y en otros reinos que no percibes, en formas que no entiendes. Lo que eliges y lo que haces tiene un significado más allá de lo aparente. Eres parte de un todo más grande, una dinámica más grande que te afecta y a la cual tú afectas. Cuando elijas tus pensamientos, tus palabras y tus acciones, elige sabia y compasivamente. Eres parte de una Familia, una Mente, un Corazón, una Vida, un Universo. Dale todo lo que puedas y a cambio recibirás más de lo que imaginas.

Ahora, esa dinámica más amplia se está volviendo visible. Estamos comenzando a experimentar directamente lo que antes requería fe para creer. La Tierra es Vida. Las galaxias son Vida. La inmensidad del espacio es Vida. Todo es Vida. El Universo es una empresa espiritual, no material.

Tu alma es una fuerza inmortal y con un propósito en el centro de tu ser. Es tu esencia. Eres un espíritu poderoso y creativo, compasivo y amoroso que ha elegido participar en la evolución de la especie humana. Su origen no es meramente biológico. Tus experiencias no son sólo físicas. Tus dones son mucho más de lo que aparentan.

Nuestra especie se está dando cuenta de la circunstancia más amplia de la que forma parte y de la que es responsable.

Ésta es nuestra nueva historia de la creación.[1]

---

1. Para aprender más, lee ZUKAV, G.: *The Seat of the Soul, twenty-fifth anniversary edition.* Simon & Schuster, Nueva York, 2014. Existe la edición castellana: *El asiento del alma.* Ediciones Obelisco, Barcelona, 2021).

2

Historia de nuestra nueva creación. Primera parte

La historia de la creación de los lakota[2] habla de dos valientes que se encuentran con una mujer joven en un camino.

—¡Hermano, ella es santa! –exclama uno de ellos, asombrado.

—¡Ella es mía! –interviene el otro, lleno de lujuria.

Cuando se acerca a ella, el humo lo envuelve. Cuando el humo desaparece, sus huesos yacen en el suelo. Unas serpientes de cascabel se deslizan entre ellos.

¡Entonces, la mujer joven rueda por el polvo! ¡A medida que va rodando, se convierte en un búfalo blanco! La mujer búfalo blanco le da al pueblo lakota su pipa sagrada y sus rituales. Cuando un antropólogo le preguntó a un anciano lakota si la historia de la mujer búfalo blanco era cierta, el anciano respondió:

—Desconozco si realmente sucedió de esa manera, pero puedes ver por ti mismo que es verdad.

Las historias de la creación representan el nacimiento de la consciencia humana. Hasta ahora la consciencia que representan se ha limitado a las percepciones de los cinco sentidos. Pero ahora algo asombroso está pasando: *la consciencia humana está cambiando.* De todos

---

2. Pueblo nativo americano que forma parte de la tribu de los sioux. A diferencia de los dakota, mayoritariamente agricultores, los lakota, excelentes jinetes, eran predominantemente cazadores de bisontes. Hoy en día viven en reservas en los estados de Minnesota, Dakota del Norte, Dakota del Sur, Nebraska y Wyoming. *(N. del T.)*

modos, este cambio no está pasando *en* la consciencia humana, sino que le está pasando *a* la consciencia humana.

Imagina un bol con zanahorias troceadas, lechuga y rodajas de pepino. Todo lo que se necesita es aliñarlo para servirlo. El bol no es la ensalada, sino que ésta está dentro del bol. Ahora, imagina el mismo bol con lana, agujas, hilo y trozos de tela. El bol tampoco es estas cosas, sino que éstas también están *en* el bol. Sea lo que sea que te imagines dentro del bol, el bol no es eso, sino que está contenido dentro del bol. ¡Ahora, imagina que el bol está cambiando!

Esto le está pasando a la consciencia humana. En millones de humanos están surgiendo percepciones que van más allá de los cinco sentidos. El surgimiento de estas nuevas percepciones en nuestra conciencia es la gran transformación de la consciencia humana que ahora está redefiniendo nuestra especie. Estas percepciones no son contenido nuevo en el bol viejo. Nuestra historia de la nueva creación trata sobre un gran cambio sin precedentes *de* nuestra consciencia, no *en* nuestra consciencia.

Tu conciencia es un bol. Tus experiencias están contenidas en el bol. Cambian momento a momento. Te puedes enfadar o deprimir, puedes estar feliz, puedes tener ganas de venganza o puedes sentirte satisfecho o celoso. Tienes éxito, fracasas, creces saludablemente, enfermas, adquieres nuevas fortalezas y habilidades, y haces nuevos amigos. Las percepciones que van más allá de los cinco sentidos no son contenido nuevo en el viejo bol. *Son el nuevo bol.* Son algo más que cambios en lo que experimentas. Son cambios en lo que *puedes* experimentar.

Anteriormente, la consciencia humana estaba ligada a la evolución de la materia física. Avanzó lentamente a lo largo de milenios. En cambio, hoy en día, está evolucionando de manera explosiva. El alcance, la escala y la velocidad de esta evolución son sorprendentes. Desde la perspectiva de nuestra evolución anterior, se está produciendo más rápidamente que un latido del corazón, más rápido que un parpadeo.

Centenares de millones de seres humanos están encontrando nuevos reinos de experiencia y potencial. Dentro de unas cuantas generaciones, todos los humanos entrarán en estos reinos. La transformación que se cierne sobre nosotros es tan profunda y nueva que pocos podrían haberla imaginado o sospechado en qué debemos convertirnos ahora para poder evolucionar.

En otras palabras, todas las historias anteriores de la creación representan el nacimiento de una especie humana de cinco sentidos. Pertenecen a la consciencia moribunda. Nuestra historia de la nueva creación va del nacimiento de una nueva especie que no se limita a las percepciones de los cinco sentidos. Nos pertenece.

Nuestra nueva historia de la creación se está desarrollando dentro y fuera de nosotros. *Estamos viviendo nuestra historia de nueva creación.* Nos encontramos en dos mundos: la nueva consciencia y la vieja. Ambas se superponen temporalmente en este tiempo de transición. Ningún ser humano ha experimentado esto antes. La consciencia moribunda es familiar para los cinco sentidos. Es imponente y rígida. La nueva consciencia es evidente para nuestra percepción expandida. Es liberadora y enriquecedora.

• • •

Las vallas limitan las experiencias de la infancia. Un niño en un patio vallado llora cuando se le cae la arena de su cubo sobre la hierba, incluso aunque más allá de la valla haya una playa extensa. Finalmente, el niño se encuentra el mundo que hay más allá de la valla. Interactúa con otros cuya consciencia va por delante de la suya. Se topa con su impacto sobre el mundo que hay más allá de la valla y con el impacto de este mundo más extenso sobre él.

Los cinco sentidos han sido nuestra valla. Nos confinaron a experiencias que eran apropiadas para nuestro nivel de desarrollo. Exploramos todo lo que podíamos ver, oír, tocar, saborear y oler, pero no podíamos reconocer estas experiencias como una valla ni saber su propósito mientras nos confinaba. Ahora estamos saltando esa valla.

3

Fuera de la valla

Fuera de la valla hay una nueva conciencia, una comprensión más profunda y mayor libertad. Todo eso nos inquietaba, nos confundía, nos deprimía y nos enfurecía; todo lo que nos dejaba afligidos, asustados o solos aparece de otra manera. Somos más livianos, vemos más lejos, apreciamos más y agradecemos todo. El mundo tiene un nuevo significado, un nuevo tema, un propósito más grande de lo que podríamos haber imaginado.

El español Juan Ramón Jiménez, laureado con el premio Nobel, escribió:

> *Siento que el barco mío*
> *ha tropezado, allá en el fondo,*
> *con algo grande.*
> *¡Y nada*
> *sucede! Nada... Quietud... Olas...*
> *¿Nada sucede; o es que ha sucedido todo,*
> *y estamos ya, tranquilos, en lo nuevo?*[3]

Nos experimentamos a nosotros mismos de manera diferente fuera de la valla. Somos algo más que mentes y cuerpos; algo más que hombres o mujeres; algo más que negros, blancos, rojos, amarillos o marrones;

---

3.   JIMÉNEZ, J.R.: «Mares», en *Segunda Antología Poética (1898-1918)*, Madrid, Espasa-Calpe, 1987, p. 335.

algo más que intelectuales o artistas, cristianos o hindúes, agricultores o profesores. El nacimiento es la encarnación de un alma en el espacio, el tiempo, la materia y la dualidad. La muerte es el regreso de un alma a la realidad no física. Dentro de la valla, las almas no existen, el nacimiento es azaroso y la muerte, definitiva. Somos personalidades. Fuera de la valla, somos personalidades y almas. Tenemos una identidad dual.

Dicho de otra manera, dentro de la valla, tu conciencia se limita a un pequeño tú, por así decirlo. Ésta es tu personalidad, el tú que nació un día determinado, lleva tu nombre y morirá un día determinado. Es mortal. Fuera de la valla descubres un Gran Tú, por así decirlo, el Tú que existía antes de que nacieras y que existirá después de que mueras. Ésta es tu alma, el Tú que es inmortal. Fuera de la valla, tomas conciencia de tu Gran Tú al mismo tiempo que eres consciente de tu pequeño tú.

Juan Ramón Jiménez lo expresó así:

Yo no soy yo.
Soy este que va a mi lado sin yo verlo:
que, a veces, voy a ver,
y que, a veces, olvido.
El que calla, sereno, cuando hablo,
el que perdona, dulce, cuando odio,
el que pasea por donde no estoy,
el que quedará en pie cuando yo muera.[4]

Experimentamos a los demás de manera diferente fuera de la valla. Dentro de ésta interactuamos entre personalidades. El color de la piel, las culturas y los idiomas nos atraen o nos repelen. Fuera de la valla conectamos entre nuestras almas. Las personalidades son vestimentas temporales que las almas eligen antes de encarnarse: son trajes terrestres. Los trajes terrestres desaparecen cuando las almas regresan a casa:

4. JIMÉNEZ, J.R.: «Yo no soy yo», (en *Antología Poética*), 15.ª edición, Madrid, Espasa-Calpe, 2006, p. 295.

las personalidades mueren. Mi traje terrestre es masculino, blanco, abuelo y estadounidense, entre otros. ¿Cuál es el tuyo?

Experimentamos el mundo de manera diferente fuera de la valla. Las circunstancias, las personas y los acontecimientos nos enseñan sobre nosotros. Ningún muro separa el mundo interior del exterior. Cuando elegimos compasión, vemos compasión. Cuando elegimos ira, vemos ira. «¿Cómo es el mundo, en realidad?» se sustituye por «¿En qué dirección voy, en realidad?». Las personas de tu vida te lo muestran. ¿Se preocupan por los demás tanto como por ellas mismas? Entonces tú también. ¿Sólo un poco? Entonces tú también. ¿No mucho? Entonces tú tampoco. ¿Se preocupan por los demás más de lo que se preocupan por sí mismas? (Jesús lo recomendó). Entonces tú también.

Dentro de la valla hay un entorno de aprendizaje limitado. Las circunstancias, las personas y los acontecimientos nos enseñan sobre *ellos*. Las montañas son altas. Las emociones no son importantes. Las experiencias sirven a la maduración de las personalidades. El poder es la capacidad de manipular y controlar. (Esto es poder externo). La evolución requiere supervivencia. El Universo es mecánico y sin vida. Éstas son las percepciones *de los cinco sentidos*. Éstos nos revelan lo que podemos ver, oír, tocar, saborear u oler. Son partes de un único sistema sensorial cuyo objeto de detección es la realidad física. Nos muestran la vista de dentro de la valla. En esto consiste la percepción de los cinco sentidos.

Fuera de la valla hay un entorno de aprendizaje sin límites. Es un océano sin orillas. Está en todas partes a nuestro alrededor y dentro de nosotros. No estamos separados del Universo, y éste no está separado de nada. Las circunstancias, las personas y los acontecimientos nos enseñan sobre *nosotros*. Las emociones son importantes. Las experiencias sirven a la evolución de las almas. El poder es la alineación de la personalidad con el alma. (Esto es poder auténtico). La evolución requiere crecimiento espiritual. El Universo es vivo, íntimo, compasivo y sabio. Éstas son percepciones *multisensoriales*. No se limitan a los cinco sentidos. Nos muestran la vista de fuera de la valla.

La diferencia entre la vista de fuera de la valla y la de dentro es épica. Ahora, las percepciones multisensoriales están emergiendo en cientos de millones de individuos. Dentro de unas pocas generaciones, todos los humanos estarán fuera de la valla. Ésta es la transformación sin precedentes de la consciencia humana que está en marcha. Está cambiando todo.

Nos estamos volviendo *multisensoriales*.

Ésta es nuestra nueva historia de la creación.

4

La nave nodriza

Imagina un gran buque de vela, más grande que cualquiera que hayas imaginado. Sus mástiles son más altos que una secuoya. Sus velas llenan el cielo. Es la nave nodriza. Navega siempre a donde tiene que ir. Nada puede detenerla.

Innumerables naves diminutas la rodean. Ellas y la nave nodriza se encuentran en la misma flota. Cada embarcación pequeña tiene un capitán y una tripulación. En cada una de ellas, el capitán establece un rumbo. Los capitanes no siempre pueden ver los otros barcos pequeños. A veces no divisan la nave nodriza, pero notan su enorme presencia.

Cuando el rumbo que sigue un capitán es diferente del de la nave nodriza, el viaje de la diminuta embarcación se vuelve difícil. Los mares crecen, las olas golpean y el viento aúlla. Cuando el rumbo es opuesto al de la nave nodriza, el viaje se vuelve aterrador. Los enojados océanos zarandean el barco. El capitán busca un puerto seguro, pero no hay ninguno. Cuando el barco navega en la misma dirección que la nave nodriza, los mares lo protegen, las olas lo guían y los vientos alisios lo empujan hacia delante. (Éstas son experiencias de poder auténtico).

Algunos miembros de la tripulación de cada embarcación son de apoyo. Aman el mar, el viaje y se protegen unos a otros. En cambio, otros son disruptivos. Sólo se preocupan por ellos mismos. Siempre quieren estar en otro lugar. No hay otro lugar a donde ir, pero fantasean con que lo hay, y continuamente intentan llegar allí. Cuando el capitán establece un rumbo, los miembros de la tripulación de apoyo están allí para ayudar, los disruptivos, en cambio, se oponen y estorban.

Tu personalidad es tu nave. Tú eres el capitán. Las diferentes partes de tu personalidad son tu tripulación. La nave nodriza es tu alma. También es la nave nodriza de las innumerables naves diminutas que la rodean. En otras palabras, eres una de las muchísimas personalidades de tu alma.

• • •

¡Por extraño que parezca, algunos capitanes ni siquiera conocen a su tripulación! Sus barcos navegan caóticamente con la ayuda de los miembros de apoyo de y las trabas de los disruptivos. Los miembros de tu equipo de apoyo son las partes de tu personalidad que se originan en el amor, basadas en el amor. Éstas son agradecidas, apreciativas y pacientes, están contentas e impresionadas por el Universo. Se divierten. En cambio, los miembros disruptivos son las que se originan en el miedo, las que se basan en el miedo. Están siempre enojadas, celosas y resentidas, y se sienten superiores o inferiores. No se divierten.

¡Hasta que no conozcas a tu tripulación, experimentarás que estableces un rumbo y luego descubrirás que navegas en un rumbo diferente! Esto sucede cuando un miembro de la tripulación disruptivo (una parte de tu personalidad basada en el miedo) se amotina y toma el timón sin tu permiso. Por ejemplo, intentas ser paciente, pero en cambio te enfadas y gritas, o intentas darle dinero a una persona sin hogar y, en cambio, le dices que se busque un trabajo. Tu personalidad está fragmentada. Recuperar el control de tu nave (tu personalidad) o conseguir controlarla por primera vez requiere conciencia emocional.

El gran poema hindú, el Mahabharata, nos dice que «la destrucción no viene arma en mano, sino de puntillas, haciendo que lo malo parezca bueno y lo bueno, malo». Los miembros disruptivos de tu tripulación se presentan como buenos y hacen que los miembros de apoyo parezcan malos. Sólo la conciencia emocional puede mostrarte qué miembros son de apoyo y cuáles son disruptivos, pero para ello debes desarrollarla.

La conciencia emocional requiere tomar conciencia de las sensaciones físicas en áreas específicas de tu cuerpo. Estas áreas son tus centros de procesamiento de energía. En Oriente, se conocen como «chakras». Las partes de tu personalidad basadas en el amor (gratitud, satisfacción, cariño, etc.) se sienten bien en estas áreas. Sus sensaciones físicas son agradables. Las basadas en el miedo (ira, celos, impaciencia, etc.) duelen en estas áreas. Sus sensaciones físicas son dolorosas. Por ejemplo, duelen, punzan, pican, apuñalan, se revuelven o queman. Notarás sensaciones físicas dolorosas en uno o más de tus centros de procesamiento de energía: el pecho, la garganta, el plexo solar, la coronilla, el centro de la frente, la zona genital o la base del torso cuando estés enojado, celoso, impaciente, etc.

Las sensaciones físicas agradables en cualquiera de estas áreas llaman tu atención sobre una parte de tu personalidad basada en el amor (miembro de la tripulación que te apoya) con la que puedes contar para gobernar tu nave hacia aguas tranquilas. Por el contrario, las sensaciones físicas dolorosas en cualquiera de estas áreas llaman tu atención sobre una parte de tu personalidad basada en el miedo (miembro disruptivo de la tripulación) con la que puedes contar para gobernar tu nave hacia aguas peligrosas.

Tú eres el capitán, independientemente de que la controles o no. Cuando eliges a un miembro de apoyo para gobernar tu nave, sobre todo *cuando un miembro disruptivo te exige gobernarla*, tú tomas el control de tu nave.

Es muy importante entender esto, porque cada vez que lo haces, creas poder auténtico.

5

Poder auténtico

Todas tus obligaciones se reducen a: no hagas nada a los demás
que te dañaría si te lo hicieran a ti.
— Mahabharata (brahmanismo)

No ofendas a los demás como no te gustaría que te ofendieran a ti.
—Udānavarga (budismo)

¿Hay una máxima que uno debe seguir toda su vida? Seguramente,
la máxima de la bondad pacífica: lo que no queremos que nos hagan,
no se lo debemos hacer a los demás.
—Analectas (confucianismo)

Ten como propias las ganancias de tu prójimo y como tuyas sus pérdidas.
—T'ai Shang Kan-Ying P'ien (taoísmo)

Lo que no deseas para ti, no se lo desees a tu prójimo;
ésta es toda la ley y lo demás es comentario.
—Talmud (judaísmo)

Haced con los demás lo mismo que queréis que los demás hagan
con vosotros. Esto es lo que mandan la ley de Moisés y los escritos
de los profetas.
—San Mateo (cristianismo)

Ninguno de vosotros será un verdadero creyente hasta que anhele
para su hermano lo que anhela para sí mismo.

—Sunna (islam)

Sí, sí y sí. Mil veces sí. Pero ¿cómo lo hacemos? ¿Cómo podemos responder con amor cuando estamos enfadados, cuando tenemos celos, cuando hemos sido agraviados, cuando queremos matar a alguien?

El poder auténtico es diferente. Es diferente cómo crearlo. Es diferente cómo funciona. Es diferente lo que hace.

Saber cómo crear poder auténtico es como tener un mapa del tesoro. El poder auténtico es el tesoro. Todo el mundo puede alcanzarlo. Independientemente de cuántas personas lo alcancen, muchas pueden lograrlo. Independientemente de cuántas personas utilicen el tesoro, nunca se reduce. De hecho, más bien crece. Nadie puede utilizar el tesoro para sacar ventaja. Nadie que haya conseguido el tesoro quiere hacerlo. Una vez que tienes el tesoro, nadie te lo puede quitar. Al contrario, quieres explicarle a todo el mundo en qué consiste el tesoro y cómo alcanzarlo.

El poder auténtico es completamente diferente del poder de hacer que la gente haga lo que tú quieres. Es lo contrario a la capacidad de manipular y controlar. No podría ser más diferente de tratar de tener más, saber más o hacer más.

Viktor Frankl era un judío que fue encerrado en un campo de exterminio nazi. Una oscura y gélida mañana descubrió algo asombroso mientras los guardias lo golpeaban a él y a sus compañeros del campo con las culatas de los rifles cada vez que tropezaban con los baches de los caminos congelados y lodosos. Los nazis le habían quitado todo y a todos (su familia, su hogar y la vida que conocía), ¡pero no podían quitarle su capacidad de amar! El descubrimiento de Viktor −*nadie puede quitarme mi capacidad de amar*− todavía me emociona. ¿Cuántos de tus héroes han hecho este descubrimiento? Jesús lo hizo. Gandhi, Martin Luther King Jr., La Madre Teresa y Nelson Mandela lo hicieron. Fuera de la valla todos debemos hacerlo.

La transformación de una especie de cinco sentidos a una multisensorial es análoga a la transformación de formas de vida acuáticas que respiran en el agua en formas de vida terrestres que respiran en el aire.

Si imaginamos que los nuevos organismos que respiran en el aire pudieran comunicarse con los que respiran en el agua, no podrían explicarles nada sobre respirar en el aire porque los organismos acuáticos no tienen ninguna experiencia relacionada con respirar en el aire. Por la misma razón, los seres humanos multisensoriales no pueden explicar nada acerca de las experiencias multisensoriales a los humanos de los cinco sentidos porque éstos no han tenido experiencias multisensoriales con las que relacionarlo.

Los organismos terrestres no pueden regresar al océano porque respirar en el agua les impediría evolucionar (obviamente). Los humanos multisensoriales no pueden regresar a las limitaciones de los cinco sentidos porque perseguir el poder externo sólo provoca violencia y destrucción (les impide evolucionar). Metafóricamente hablando, los organismos acuáticos vivían dentro de la cerca y el poder externo era su agua. Los organismos terrestres se desplazaron fuera de la valla y el poder auténtico se convirtió en su aire.

Aquí es donde nos hallamos ahora (fuera de la valla) y estamos haciendo un descubrimiento que es tan sorprendente para nosotros como lo fue el descubrimiento de Viktor Frankl para él. ¡Perseguir el poder externo (la capacidad de manipular y controlar) ahora amenaza nuestra supervivencia! Lo que solía ser nuestra buena medicina se ha convertido en nuestro veneno. La evolución humana ahora requiere crear poder auténtico.

Puede que hayas vivido momentos de auténtico poder. Todo era apropiado, como un saxofón interpretando el alma de un músico, tambores tocando un ritmo nunca oído o bailarines moviéndose como nadie antes lo había hecho. La intención compartida, el movimiento, el momento y la forma se fusionan en una única experiencia. Se da lo óptimo. ¡El gol ha entrado! ¡El lanzamiento se ha taponado! Sucede lo imposible. Golpeas la pelota más lejos, mejor, más rápido. Los atletas llaman a esto la «zona». Los músicos lo llaman el «ritmo». Tu personalidad se convierte en tu instrumento. Tu vida, en tu música. Fluye en perfecta armonía y en perfecto momento. Son experiencias de poder auténtico.

Crear un poder auténtico requiere cambiarte a ti mismo. Es un viaje interior. Perseguir el poder externo requiere cambiar el mundo. Es un viaje hacia fuera. ¿Hacia dentro o hacia fuera? Nos quedamos de pie con un pie a cada lado de una línea. El poder auténtico se encuentra en el lado de la tierra inexplorada, el terreno no recorrido y las montañas sin escalar. La «Nueva Primavera» de la profecía aborigen («el día al que no seguirá la noche») se encuentra en ese lado. Se encuentra fuera de la valla. El poder externo se halla en el lado de la brutalidad, la explotación y el sufrimiento. Se encuentra dentro de la valla. La tierra desolada que estamos abandonando está en ese lado.

Cuando nos ponemos de cara al sol naciente, vemos la luz. Cuando le damos la espalda, vemos sombras. Éstas son nuestras opciones.

Ésta es la hora de nuestro final y la de nuestro comienzo. Terminar es la ilusión del destino y del azar. Terminar es un sufrimiento incesante sin causa. El final es la percepción a través de la lente de los cinco sentidos. Terminar es la agonía del aislamiento del otro, del mundo, de cualquier cosa. El comienzo es una nueva percepción de la salud y plenitud. Es una nueva llamada hacia un nuevo lugar. Es una nueva comprensión del poder. Es el potencial del Humano Universal.

Atrás quedó el ideal del genio solitario y atormentado. Nace la percepción del genio y la salud interior como uno. Atrás quedó la idea de un mundo alienígena. Nace la percepción del mundo como un reflejo que mira siempre hacia nosotros. Se acabó la idea de cambiar el mundo cambiando a los demás. Nacer es cambiar el mundo cambiándonos a nosotros mismos. El mundo ya no nos intimida. Nos estimula, nos enriquece y nos enseña sobre el amor.

¿Te girarás hacia la luz (poder auténtico) o hacia las sombras (poder externo)? ¿Qué lado de la línea elegirás, de un momento a otro? Ésa es LA pregunta de nuestra nueva historia de creación.

Sólo tú puedes responderla.

6

Las herramientas
para crear poder auténtico

Crear poder auténtico es la alineación de tu personalidad con tu alma. Cuando tu personalidad está alineada con tu alma, eres auténticamente poderoso. Crear poder auténtico requiere conciencia emocional y una elección responsable de la intención del amor. Éstas son las herramientas para crear poder auténtico. No puedes encontrarte poder auténtico o tropezar con él. Debes crearlo.

CONCIENCIA EMOCIONAL

Tus emociones te muestran el camino que debes recorrer para desarrollarte espiritualmente. Si no eres consciente de tus emociones, no llegarás lejos. Tus emociones guían tu atención hasta tu próximo paso en la creación de poder auténtico. Son tu GPS espiritual.

La mayoría de la gente considera las emociones, especialmente las dolorosas, que son obstáculos para el desarrollo espiritual. Nada podría ser más erróneo. ¿Cómo puedes desarrollarte espiritualmente cuando estás furioso, encendido de celos, mirando a tus compañeros de la escuela de la Tierra desde la torre de la prisión de tu superioridad o desde el calabozo de tu inferioridad?

Tus emociones son tus caminos hacia el crecimiento espiritual. Revelan tu hoja de ruta hacia la realización, la alegría y el amor paso a paso. Esto es importante de entender y recordar porque algunas emociones son tan poderosas y dolorosas que es difícil ver cómo se relacionan con algo bueno o saludable. Estas emociones te muestran qué te está impidiendo experimentar algo bueno o saludable. Si no les prestas atención, la vida que anhelas quedará fuera de tu alcance. Seguirás siendo una víctima de las personas o de las circunstancias que consideras que causan tus emociones dolorosas.

Los orígenes de tus emociones están *dentro* de ti, no fuera. Mientras veas tus emociones de esta manera, tu atención permanecerá fijada en las personas, las circunstancias y los acontecimientos. Tu creatividad y tu esfuerzo se centrarán en cambiar el mundo para evitar emociones dolorosas y experimentar emociones placenteras. (Ésta es la búsqueda del poder externo). Te montarás en una montaña rusa: subirás hacia la felicidad y la euforia cuando cambies el mundo según lo exijan las partes asustadas de tu personalidad (por ejemplo, encontrarás un novio o una novia) y luego caerás en la depresión y el dolor (él o ella te abandonará). Crear poder auténtico requiere utilizar ese viaje para explorar tu dinámica interna.

Como ya hemos comentado antes, tus emociones te muestran cuándo estás experimentando amor, como gratitud, aprecio, paciencia, cariño, satisfacción y asombro del Universo. Cada experiencia de amor va acompañada de sensaciones físicas maravillosas. Del tipo del que quieres más. La mayoría de las personas no son conscientes de que *las partes amorosas de sus personalidades* crean las sensaciones físicas placenteras en sus cuerpos.

Como también hemos comentado, tus emociones te muestran cuándo experimentas miedo, ira, celos, resentimiento, superioridad o inferioridad. El miedo es tan doloroso físicamente como golpearse el dedo con un martillo. Cada emoción difícil, actividad compulsiva y comportamiento adictivo va acompañada de dolor físico en uno o más de tus centros de procesamiento de energía. La mayoría de las personas experimentan estas sensaciones sin saber que las están provocando las partes asustadas de sus personalidades (y no otras personas).

Es posible que al principio necesites buscar estas sensaciones en tu cuerpo, pero una vez que las encuentres, verás que son más una parte de tu vida que podrías haber imaginado. Sin tú saberlo, las partes temerosas y las amorosas de tu personalidad han estado moldeando tus palabras y tus acciones, y creando tus experiencias.

Si crees que esto no te puede estar pasando a ti, considera la posibilidad de que sí te esté pasando y no seas consciente de ello. Descartar esta posibilidad se llama «ignorancia».

Descartar cualquier posibilidad es ignorancia. Tu visión se estrecha. No puedes crear multitud de futuros constructivos. Niegas los milagros, por lo que no puedes verte a ti mismo, a los demás y al mundo como milagros. Vives como quien nunca ha visto el sol. No puedes imaginar otra cosa que oscuridad. Platón escribió su famosa alegoría de la caverna (375 a. C.) sobre tales individuos. Como siempre habitan en una cueva, permanecen perpetuamente ignorantes del mundo exterior. Los seres humanos de cinco sentidos viven en la caverna de Platón, alegóricamente hablando. Cuando se vuelven multisensoriales, salen de la caverna. Esto está pasando ahora.

Abrirse a la posibilidad de que pueda cambiar tu vida para mejor al prestar atención a tus experiencias internas (como, por ejemplo, a tus emociones) te sitúa en el camino espiritual. Cuanto más consciente de tus emociones te vuelvas, más capaz serás de cambiar tus experiencias de víctima a creador.[5]

ELECCIÓN RESPONSABLE

Una elección responsable es una elección que tiene consecuencias por las que estás dispuesto a asumir la responsabilidad.

La mayoría de las personas no piensan mucho en sus elecciones, excepto en aquellas que consideran importantes. Piensan qué trabajo hacer, qué piso alquilar y qué ciudad les atrae. Piensan mucho sobre con qué persona quieren estar. Piensan aún más en cosas como casarse y tener hijos, y qué carrera harán. Consultan a consejeros, terapeutas e Internet. Comparan los precios de la vivienda, las tasas de las matrícu-

---

5. Lee Zukav, G., *et al.*: *The Heart of the Soul: Emotional Awareness*. Simon & Schuster, Nueva York, 2001, para saber más sobre conciencia emocional. Para volverte emocionalmente consciente, haz los ejercicios que aparecen en él.

las y los precios de las hipotecas. Preguntan a amigos, familiares y compañeros.

Estas elecciones no siempre cambian la vida. Cambian las circunstancias. Las elecciones que cambian la vida te cambian a ti. Cambias cuando expandes tu conciencia para incluir el bienestar de los demás. Cambias cuando diriges la atención hacia tu interior con la intención de cambiarte a ti mismo para mejor, en lugar de hacia el exterior con el propósito de cambiar a los demás. Éstas son elecciones de amor. Este tipo de elección cambia la vida. Cuantas más de ellas hagas, más amoroso te vuelves.

Lo opuesto al amor no es el odio, sino el miedo. El amor es una forma de ser. Es apertura a la vida, y aprecio y gratitud por la vida. El amor es relajarse en el momento presente. El amor es dar sin ataduras. El amor se mueve por el mundo con un corazón empoderado sin apego al resultado. Es cuidar a los demás sin segundas intenciones. Es sentir asombro por el Universo. Es una conexión de alma a alma.

El miedo es la falta de confianza en el Universo, la falta de aprecio por ti mismo, de cuidado por los demás. El miedo es impaciencia, ira, celos, resentimiento y venganza. Se trata de pensamientos obsesivos, actividades compulsivas y comportamientos adictivos. El miedo está siendo controlado por el mundo que te rodea, y siempre necesitas cambiarlo para sentirte seguro y valioso. El miedo es distancia de los demás. El miedo es juicio y necesidad. El miedo es autodesprecio.

Las elecciones de amor y las de miedo son ambas importantes. Las elecciones de amor te cambian para mejor, mientras que las de miedo te impiden cambiar. ¿Cuántas decisiones importantes tomas cada año? ¿Cuántas cada mes? ¿Y cada semana? La mayoría de la gente piensa: «No muchas». Están equivocados. Cuando eliges estar cariñoso en un momento de ternura, haces una gran elección. Cuando eliges desconectarte de los demás y de la vida en un momento de ira, tomas una gran decisión. Tomas grandes decisiones a cada momento, y sus efectos son de largo alcance.

¿Alguna vez has pensado en tus elecciones como determinantes poderosos de las experiencias de tu vida? ¿Alguna vez has considerado que las decisiones que tomas, una tras otra, dan lugar a una persona sincera, afectuosa y agradecida, o por el contrario a una persona resentida, amargada, celosa y competitiva?

Una persona que se considera impotente e invisible crea consecuencias muy diferentes a las de una persona que se ve a sí misma como una creadora poderosa, visible para todos, visible para el Universo y responsable de lo que crea. Ésta es la diferencia entre una persona que vive en la pobreza espiritual (vacío, dolor emocional, aislamiento e insignificancia) y una que vive en la riqueza espiritual (importancia, propósito, realización, alegría y amor). Cambiar tus circunstancias no cambiará tu vida de la pobreza a la riqueza, independientemente de cuántos zapatos, cuántas casas o cuántos negocios adquieras.

Has nacido para crear riqueza espiritual. Vives en la pobreza espiritual cada vez que te enfadas, te pones celoso o te sientes invisible, inferior o superior. Cada día te ofrece un *tour* de tu vida, pero necesitas mirar hacia tu interior para cogerlo. No puedes aprender sobre ti mismo o cambiarte mirando hacia fuera. Mirarás hacia fuera hasta que elijas conscientemente mirar hacia dentro, hasta que reconozcas tu responsabilidad por las intenciones (amor o miedo) que elijas. Hasta entonces, las personas y las circunstancias te distraerán del poder transformador de mirar hacia dentro. Entonces, comenzarás a pasar de un individuo que manipula y controla, a uno que ama.

Ésta es la creación de poder auténtico.[6]

---

6. Lee ZUKAV, G., *et al.*: *The Mind of the Soul: Responsible Choice.* Simon & Schuster, Nueva York, 2003, para saber más sobre elecciones responsables. Para hacerlas, practica los ejercicios que aparecen en él.

7

Las experiencias de crear poder auténtico

La INTENCIÓN es una experiencia de creación de poder auténtico. Es lo más importante en la creación de poder auténtico. Es lo más importante en todo lo que haces y dices. Sin intenciones conscientes de amor, no puedes crear poder auténtico.

Una intención es la motivación, la razón, el propósito para actuar o hablar, y para no actuar o no hablar. Es por qué actúas o hablas y por qué no actúas o no hablas. *Una intención es una cualidad de la consciencia que infunde tus acciones y palabras.* Crea las consecuencias que te encontrarás.

Elegir una intención es como elegir una puerta. Sólo hay dos puertas en la escuela de la Tierra. Una se abre al amor y a las consecuencias de actuar con amor. La otra se abre al miedo y a las consecuencias de actuar con miedo. Crear poder auténtico requiere que abras la puerta al amor y explores lo que hay más allá. Tu elección determina si aprenderás sabiduría a través del amor y la confianza (experiencias maravillosas) o a través del miedo y la duda (experiencias dolorosas). La escuela de la Tierra es el dominio de tus experiencias entre el día de tu nacimiento y el de tu muerte. Está definido y limitado por las percepciones de los cinco sentidos. Su propósito es apoyarte en tu crecimiento espiritual.

La intención de crear poder auténtico te pone en el camino espiritual. Éste puede llamarte, hacerte señas, presentarse ante ti, pero seguirá siendo una llamada, una seña y una posibilidad de que lo elijas hasta que establezcas la intención de recorrerlo o al menos de experimentar con él. La escuela de la Tierra continuamente te ofrece oportunidades para aprender esto y otras muchas cosas.

•　•　•

Las EMOCIONES son experiencias de creación de poder auténtico. Sin experimentar tus emociones, no puedes saber si las partes amorosas de tu personalidad o las asustadas están activas. Quizá creas que todo el mundo es consciente de sus emociones, pero no siempre es así. La mayoría de las personas hacen todo lo posible para evitar la conciencia de sus emociones. Beben, compran, tienen sexo, trabajan muchas horas, miran la televisión, juegan, se drogan hasta el estupor y la obsesión, etc. Intentan complacer a los demás o dominarlos. Luchan por conseguir logros, estatus, reconocimiento, educación, riqueza…, la lista es interminable porque cada actividad llevada a cabo con la intención del miedo es un esfuerzo por evitar la conciencia de las emociones.

Si no puedes distinguir entre el amor y el miedo en ti, no puedes crear poder auténtico, porque crear poder auténtico requiere elegir el amor en lugar del miedo. Sólo una de las puertas conduce al amor. Si no estás dispuesto a aprender cuál es, no puedes pasar por ella.

Tus emociones son muy importantes. Tómate el tiempo necesario para ubicarlas, como hemos comentado antes, en términos de sensaciones físicas en tu cuerpo: en el cuello, en el pecho, en el plexo solar, en la coronilla, en la frente, en la zona genital y en la parte inferior del torso. No descartes ninguna de tus emociones ni de tus sensaciones físicas, aunque sean dolorosas. Si no consideras que vale la pena dedicar tiempo y energía a tus emociones, centrando tu atención en ellas, puedes aprender sobre la conciencia emocional y puedes hablar sobre la conciencia emocional, pero no serás emocionalmente consciente. El hecho de experimentar todas tus emociones y el de crear poder auténtico son inseparables.

•　•　•

El LIBRE ALBEDRÍO es una parte fundamental, permanente e inmutable de todo ser humano. Ser humano consiste en tener libre albedrío. Ambas cosas son inseparables. Crear poder auténtico requiere emplear tu libre albedrío para elegir el amor en lugar del miedo. No puedes hacer una elección responsable sin emplear tu libre albedrío. Nadie insistirá en que elijas responsablemente. Nadie te pedirá que elijas responsablemente. Con el tiempo, el dolor emocional que sientes se volverá más intenso y frecuente de lo que deseas experimentar. Entonces, se te ocurrirá la idea de hacer elecciones responsables, o al menos de experimentar con ellas. No necesitas esperar tanto tiempo, pero la mayoría de los humanos de cinco sentidos sí lo hacen.

Emplear tus emociones para distinguir entre el amor y el miedo dentro de ti, emplear tu libre albedrío para actuar con amor en lugar de con miedo, es crear poder auténtico. Cuando no creas poder auténtico, continúas experimentando tus emociones dolorosas como causadas externamente. Pero no es así ya que están causadas por partes asustadas de tu personalidad que son activadas por circunstancias externas.

Las experiencias dolorosas de partes asustadas de tu personalidad no son inconvenientes que tarde o temprano descubrirás cómo eliminar, sino vías para tu desarrollo espiritual. Cuando las reconozcas como tales –cuando dejes de ignorarlas, de considerarlas molestias o de entenderlas como castigos–, tu control sobre ti será más fuerte.

Las partes amorosas de tu personalidad ya están alineadas con tu alma. Cuando las cultivas, alineas tu personalidad con tu alma. Actuar sobre las partes asustadas de tu personalidad te impide alinear tu personalidad con tu alma.

En otras palabras, tus experiencias emocionales tienen un propósito. Ese propósito es claro para los humanos multisensoriales, pero es invisible para los humanos de cinco sentidos. Las experiencias de partes asustadas de tu personalidad te muestran lo que tu alma ha encarnado para que experimentes y vayas más allá del control. Lo haces experimentando plenamente tus sensaciones físicas dolorosas y observando tus pensamientos críticos, y entonces recurriendo a tu libre albedrío para tomar una decisión responsable y poner tu atención en las experiencias de una parte amorosa de tu personalidad.

Las experiencias de las partes amorosas de tu personalidad te muestran cómo se siente la alineación de tu personalidad con tu alma (poder auténtico) para que puedas cultivarlas. Lo haces experimentando conscientemente tus sensaciones físicas placenteras y tus pensamientos apreciativos y agradecidos, estableciendo la intención de recordarlos y recurriendo a ellos cuando se activan las partes asustadas de tu personalidad. Cuando pones tu atención en las experiencias de una parte amorosa de tu personalidad, diriges tu atención a esa parte. Aquí es donde estaría tu atención (en una parte amorosa de tu personalidad) sin las partes asustadas. Allí donde se dirige tu atención, allí vas tú.

Luego, actúa desde la parte más amorosa de tu personalidad a la que puedas tener acceso *mientras experimentas las sensaciones dolorosas y los pensamientos críticos de una parte asustada de tu personalidad*. Ésta es la experiencia de crear poder auténtico, el momento de la manifestación, en el que tu vida va más allá del miedo y hacia el amor: la experiencia de elegir responder a las circunstancias de tu vida en lugar de reaccionar ante ellas, de elegir actuar conscientemente con amor en lugar de inconscientemente con miedo. Cuanto más a menudo creas poder auténtico, más control sobre ti pierden las partes asustadas de tu personalidad.

· · ·

Crear poder auténtico es un PROCESO, no un acontecimiento. Estas experiencias forman parte del proceso. Son las experiencias que debes generar una y otra vez dentro de ti para crear poder auténtico. La paciencia, el enfoque y la práctica están involucrados. El compromiso, el coraje, la compasión y las comunicaciones y acciones conscientes están involucrados. *Tú* estás totalmente involucrado, y aquello en lo que estás totalmente involucrado es tu vida.

Cada experiencia de tu vida, cuando se hace de manera consciente y se utiliza conscientemente (cuando se ve, se acepta y se utiliza como el regalo que es) es una oportunidad para cultivar el amor y desafiar el miedo que hay en ti, avanzar hacia la plenitud y crear el poder auténtico. Recuérdate a ti mismo, a medida que te vaya llegando cada una de tus experiencias, que no es sólo para ti que estás cultivando las partes amorosas de tu personalidad y desafiando las asustadas, sino que es por el mundo que deseas, porque tus contribuciones a ese mundo cambian a medida que cultivas el amor y desafías el miedo.

Cuando observas desde esta perspectiva, incluso tus emociones más dolorosas se muestran como bendiciones. Es como si le pidieras a la Inteligencia Divina: «Por favor, muéstrame lo que necesito saber para vivir una vida de alegría y significado sin importar lo que experimente. Estoy agotado por el dolor emocional, la ansiedad, el estrés y la falta de confianza. Por favor, ayúdame». Entonces observa las emociones que sientes y las vivencias que experimentas, y date cuenta de que tu petición ha sido concedida.

¿Ahora qué vas a hacer?

8

El proceso de crear poder auténtico

Por cualquier motivo o en cualquier lugar donde estés, puedes experimentar alegría debido a la percepción en la que sostienes lo que está sucediendo. Puedes experimentar alegría en cualquier momento o en cualquier lugar. La apreciación de la perfección que es el proceso de tu vida y la conciencia de las oportunidades que ese proceso te brinda para crear poder auténtico son siempre tuyas para experimentar.

Cuando alcanzas una parte de tu personalidad que es apreciativa, agradecida, afectuosa o paciente, te mueves en esa dirección. Te mueves hacia el aprecio, la gratitud, el cariño o la paciencia. No te mueves en la dirección de una parte asustada de tu personalidad.

Cuando estás celoso, por ejemplo, puedes comenzar a desafiar a tus celos. Un desafío es reconocer que te encuentras en una parte asustada de tu personalidad. Otro es comenzar a reconocer que la persona de quien tienes celos es un alma como tú, o, si no puedes hacer eso, reconocer que él o ella es una personalidad como tú con partes amorosas y otras asustadas, y que el camino de su vida es tan difícil y complejo como el tuyo. Éstos son ejemplos de moverte en una dirección de comprensión y alejarte del juicio. En otras palabras, comienzas a abrirte a la compasión por la otra persona, y eso afectará tus palabras y tus acciones.

Cuando eres totalmente compasivo con la otra persona, es una experiencia de poder auténtico. La compasión es la experiencia de poder auténtico. La paciencia, el cuidado, la gratitud, el aprecio, la satisfacción y el asombro por el Universo también son experiencias de poder auténtico.

Muchas personas piensan que las herramientas para crear poder auténtico (conciencia emocional y elección responsable) son pasos por los que deben pasar, o que es natural que pasen, pero no es el caso. Confunden el orden en que se han presentado estas herramientas con un orden imaginario en el que creen que deben presentarse sus experiencias.

Hay diferentes experiencias en el proceso de creación de poder auténtico, pero la creación de poder auténtico no es lineal. Por ejemplo, es posible que estés enfadado, resentido o celoso, y que de repente veas a través de los ojos del amor, y eso comienza con reconocer dónde estás y dónde te gustaría estar, y a continuación encontrarte allí.

Las partes asustadas de algunas personalidades tienden a sentirse cómodas con las instrucciones que les dan paso a paso. Primero esto, luego aquello, y luego aquello otro y aquello de más allá, y finalmente el destino. No hay necesidad de imponer esta estructura o este rigor imaginario sobre ti o sobre los demás.

Cuando estás creando poder auténtico, te estás desenredando, por así decirlo, en términos de experiencias con las que te puedes encontrar, pero estas experiencias no son pasos en la creación de poder auténtico, sino posibles experiencias en el proceso de creación de poder auténtico. Algunas personas, en especial aquellas con tendencias intelectuales, se agobian con lo que sienten que debería ser y cómo debería hacerse y cómo se va a hacer. Se centran en lo que debería ser en lugar de simplemente involucrarse en la experiencia de miedo y desafiarlo con la intención de pasar a una experiencia de amor, por ejemplo, una experiencia de paciencia, aceptación o gratitud. Eso es lo importante a recordar. Es el proceso de creación de poder auténtico.

Hay muchas experiencias diferentes que puedes encontrar mientras creas un poder auténtico. Si te quedas bloqueado en una de ellas, reconoce que es una experiencia entre muchas en el proceso de creación de poder. No conduce por sí sola a la experiencia de poder auténtico, sino a más de lo mismo porque hay bloqueo, hay una negativa por parte de una parte asustada de tu personalidad a ir más allá.

Es por eso por lo que algunas personas que están creando poder auténtico sienten que la conciencia emocional –especialmente al experimentar las dolorosas sensaciones físicas de partes asustadas de sus personalidades– es un pantano, una ciénaga de la que no pueden salir. Aún no entienden que cualquiera de sus experiencias en el proceso de crear poder auténtico son sólo *partes* de ese proceso, un proceso que las libera a través de la conciencia y la elección.

Es importante experimentar repetidamente el dolor de una parte asustada de tu personalidad porque, finalmente, te darás cuenta de que no cambiará hasta que tú la cambies. Eso podría tardar toda una vida. Por lo tanto, no te juzgues a ti mismo ni juzgues a otros que están implicados en el proceso de toma de conciencia en sus vidas. En cualquier momento puedes saltar de una posición de miedo a una de amor. No te juzgues a ti ni juzgues a los demás por no saltar del miedo al amor de un solo salto. Eso puede pasar, pero sé amable contigo mismo si tu camino actual es diferente.

Hay un ejemplo en el Nuevo Testamento de un hombre llamado Saulo, controlado por partes asustadas de su personalidad, que de repente, durante un largo viaje a pie, se enamoró, y ese cambio fue tan fuerte y poderoso para él que se cambió el nombre por el de Pablo. Para mí, la importancia de esta historia radica en su ilustración del poder de la conciencia humana para ir más allá del miedo y entrar al instante en el amor.

Cuando sientas que no puedes liberarte de las dolorosas sensaciones físicas de las partes asustadas de tu personalidad, recuerda que te encuentras en una parte particular de este proceso, en este caso sintiendo dolor continuamente. Recuerda también que éste no es el punto final de tu viaje, que tu experiencia continua de dolor a través de la práctica de la conciencia emocional es una elección que estás haciendo para evitar ir más allá de ese dolor.

Crear poder auténtico no requiere simplemente seguir unos pasos o unas instrucciones, sino que requiere también tu voluntad, tu intención, tu apertura para experimentar con ir más allá de todo lo que pensabas que era apropiado y efectivo. Pero permanecer cerrado a esta experimentación es el camino que has elegido hasta ese momento. No te corresponde juzgar ese camino, sino ver en qué punto te encuentras sin apego al resultado y con compasión, porque el dolor emocional que sientes y el que sienten los demás es real y profundo.

Cada una de tus experiencias es parte de un proceso que te lleva más allá de tus miedos y de los objetivos y las aspiraciones de las partes asustadas de tu personalidad. Cada una de ellas forma parte de un proceso que te lleva a donde te encarnaste para ir.

9

Elecciones que importan

Cuando giras a la izquierda en lugar de a la derecha, es porque tienes la intención de girar a la izquierda. Puedes ser consciente o no de tu intención, pero sin ella, no girarías a la izquierda. Continuarías recto o girarías a la derecha o subirías unas escaleras. Detrás de todo lo que haces hay una intención. Siempre estás en movimiento, y la dirección, la intensidad, la duración y todo lo relacionado con el movimiento viene determinado por tu intención.

La mayoría de las personas no son conscientes casi nunca de sus intenciones. Sus vidas son robóticamente repetitivas. Se duchan, comen, van y regresan del trabajo y, continuamente, hacen innumerables cosas sin darse cuenta de sus intenciones al hacerlas. Saltan de una experiencia a otra sin saber qué aportan a sus vidas. Culpan a otros por su dolor y les reconocen méritos por su placer. Éstas son experiencias de los humanos de cinco sentidos.

Hasta que te das cuenta de cuáles son tus intenciones y las eliges conscientemente, tu vida parece desarrollarse fuera de tu control. Sin embargo, en realidad, se está desarrollando como pretendes, pero no sabes lo que pretendes. Si te sorprenden tus experiencias, es porque no eres consciente de las intenciones que las crearon: tus intenciones. Ésta es una realización de los humanos multisensoriales.

El primer paso para descubrir tus intenciones inconscientes es examinar tu sistema de creencias. Un sistema que hace que te contraigas (por ejemplo, que te dice que el Universo está muerto y que es aleatorio, aterrador o despiadado) genera un trasfondo de miedo en tu vida.

Todo sistema de creencias que incluya el miedo (el miedo al abandono, el rechazo o el castigo, por ejemplo) provoca lo mismo. Tu guardia está constantemente en alerta y todo se convierte en una experiencia tensa, incluso poner en marcha el coche, salir a tomar algo o contestar el teléfono.

Un sistema de creencias que facilita que te expandas hace lo contrario. Por ejemplo, la creencia de que el Universo está vivo, es compasivo y sabio, te abre. Cuando adoptas un sistema de creencias como éste, el amor en él impregna tus acciones y tus palabras de la misma manera que el miedo las impregna cuando tu sistema de creencias incluye el miedo. El amor llena tu conciencia y te vuelves más libre para crear con intenciones de amor.

La mayoría de las personas adoptan el sistema de creencias de sus padres o de sus compañeros sin examinarlo. Por ejemplo, adoptan la creencia de que sólo su «Salvador» puede librarlos de un dolor insoportable e interminable, sin preguntarse «Si realmente existe la Inteligencia Divina, ¿podría ser tan mezquina y miserable de condenar incluso a las personas que desconocen este sistema de creencias y su "Salvador"?». O adoptan la creencia de que los blancos son superiores a los negros sin preguntarse: «¿Podrían todos los blancos ser más sabios, valientes, amables y compasivos que Jesús de Nazaret, Mohandas Gandhi, Martin Luther King Jr. y Nelson Mandela?». Evidentemente, no.

Si encuentras algún miedo en tu sistema de creencias, experimenta con otros sistemas que no contengan miedo. Entonces, busca entre los que más te llamen el corazón.

Por ejemplo, el sistema de creencias de que el Universo es sabio y compasivo; eres un espíritu compasivo y amoroso, poderoso y creativo; el poder auténtico es el alineamiento de tu personalidad con tu alma, y cada experiencia en la escuela de la Tierra te apoya para crearlo, es un sistema de creencias que no incluye el miedo. En cambio, sistemas de creencias que exigen que te adhieras a un dogma (reglas inmutables e incuestionables); aceptes relatos históricos sin dudar; desprecies, compadezcas, condenes o intentes cambiar a otros con sistemas de creencias diferentes al tuyo; declares que es el mejor, el más eficaz o el único sistema de creencias que puede conducirte a la bondad que anhelas en ti mismo, y los sistemas de creencias que ofrecen recompensas y/o amenazas de castigo, todos ellos incluyen el miedo. De hecho, *se basan* en el miedo. El miedo es fundamental para ellos e inseparable de ellos. Experimentar con el sistema de creencias que más te llama (a diferencia del que llama a tus padres o compañeros) te ayudará a comprender que eres el responsable de elegir el más saludable para ti. Sea cual sea el sistema de creencias con el que experimentes, aproxímate a él con escepticismo (por ejemplo, «¿Puede ser esto cierto? ¿Realmente funciona?») y no con cinismo (por ejemplo, «Este sistema de creencias es superficial, rígido, autoritario, etc.»). Averigua qué provoca en tu vida. ¿Conduce a la bondad, la aceptación (de todo el mundo) y el amor (por todo el mundo)? Si no es así, experimenta con otro sistema de creencias. Sólo tú eres responsable de las consecuencias de tus elecciones. Éstas son buenas noticias.

Los individuos de cinco sentidos ven las intenciones como objetivos. Sus «intenciones» son en realidad «intenciones externas», por ejemplo, la intención externa de ganar dinero, casarse, cambiar de trabajo, visitar el continente, salvar las selvas tropicales o aprender a soldar. Creen que las acciones crean consecuencias.

Los humanos multisensoriales ven una intención como una cualidad de la consciencia. Consideran que la consciencia que hay detrás de una acción o palabra –NO la acción o la palabra– crea consecuencias. Por ejemplo, los humanos de cinco sentidos piensan que la regla de oro son las acciones. («HAZ a tu prójimo lo que quieres que tu prójimo te HAGA a ti»). En cambio, los humanos multisensoriales ven que la regla de oro es la consciencia. («INTENCIONA para tu prójimo lo que quieres que tu prójimo INTENCIONE para ti»). ¿Qué consciencia mantienes hacia tu prójimo cuando hablas o actúas? ¿Ira, celos o resentimiento? ¿Es ésa la consciencia que quieres que tu prójimo mantenga hacia ti? ¿Gratitud, aprecio o cariño? ¿Es ésa la consciencia que quieres que tu prójimo mantenga hacia ti?

Como hemos visto, las intenciones del amor crean consecuencias constructivas y alegres, mientras que las del miedo crean consecuencias destructivas y dolorosas. Las acciones y las palabras son irrelevantes. Por ejemplo, puedes donar dinero a una organización benéfica para publicitar tu bondad personal (miedo), deducir impuestos (miedo) o proyectar una imagen positiva (miedo). La intención del miedo siempre tiene consecuencias destructivas y dolorosas. También puedes hacer una donación a una organización benéfica para apoyar a otros, sin ataduras (amor). La intención del amor siempre tiene consecuencias constructivas y alegres. Si no eres consciente de tu intención cuando hablas o actúas, lo serás cuando aparezcan sus consecuencias en tu vida. Si no son lo que esperas, tu intención no fue lo que pensabas.

Tus elecciones de intención crean el camino sobre el cual avanzas en cada momento. Todos los caminos conducen a la conciencia y al amor, aunque algunos son más directos y alegres, y otros más largos y difíciles. La elección del amor fusiona la consciencia del amor con la materia, mientras que la del miedo fusiona la consciencia del miedo con la materia. El punto de elección es el punto de intersección entre la energía y la materia. Es el asiento de tu alma. Es el punto donde la energía se convierte en materia.

Siempre estás en este punto.

Eres este punto.

Siempre estás eligiendo.

10

El coraje

Hace muchos años, fui miembro del «Destacamento A» de las Fuerzas Especiales (boinas verdes) en Vietnam. Un Equipo A era una unidad de doce hombres (dos oficiales y diez soldados) altamente entrenada. Yo era uno de los oficiales de mi equipo (el oficial ejecutivo, el segundo al mando). En mi opinión, los equipos A eran el corazón de las Fuerzas Especiales, cuya misión consistía en infiltrarse en las líneas enemigas por tierra, mar o aire, y ayudar a la población local a resistir su gobierno dictatorial.

Las cosas eran diferentes en Vietnam. En primer lugar, no había «líneas». El enemigo (el Ejército de Vietnam del Norte y el Viet Cong) estaba en todas partes, y nosotros también. En segundo lugar, muchas de las personas locales a las que se suponía que íbamos a apoyar estaban luchando contra nosotros. Y en tercer lugar, muchos vietnamitas nos consideraron los ocupantes de su país.

Todo lo demás era guerra como siempre. Los aviones estadounidenses bombardeaban pueblos vietnamitas. Los soldados estadounidenses atravesaban el lodo y las selvas tropicales para atacar a los soldados vietnamitas, y éstos hacían lo mismo para tender una emboscada a los estadounidenses. Todos hacían todo lo posible para matarse los unos a los otros. (El comercio de este conflicto también era guerra como de costumbre: las fábricas estadounidenses vendían balas a los estadounidenses para disparar a los soldados vietnamitas, y las fábricas de todo el mundo vendían balas a los norvietnamitas para disparar a los soldados estadounidenses).

También nuestro trabajo era especial. Todo lo relacionado con nosotros era Top Secret. Nos introducían de manera clandestina, por lo general en helicóptero, en Laos o Camboya para hacer cosas Top Secret. Llegar a una zona de aterrizaje –un claro en una selva tropical– era una de las partes más aterradoras. Nuestros helicópteros eran totalmente vulnerables cuando descendían. Creo que incluso los helicópteros de combate, que se mantenían a mayor altura, eran vulnerables. Si el Viet Cong se hubiera enterado de nuestra llegada, probablemente hubiéramos muerto.

¿Cómo podía el Viet Cong haberse enterado de nuestra llegada? Pues gracias a uno de los muchos mercenarios que entrenamos y llevamos con nosotros en nuestras misiones. Por lo general, eran miembros de tribus locales que intentaban alimentar a sus familias. Nadie conocía sus lealtades. Los manteníamos en nuestro complejo, siempre listos para partir sin previo aviso (para que no tuvieran conocimiento de antemano de una misión), y los teníamos aislados tanto como fuera posible para evitar que compartieran nuestros planes. Nos reuníamos con ellos en los helicópteros en la oscuridad de las primeras horas de la mañana para lanzar nuestras misiones. Sólo sabían luchar como los habíamos entrenado para luchar.

Una de las misiones consistió en ocultar un dispositivo de detección de movimiento junto a un camino de tierra que formaba parte de una gran red conocida como la Ruta Ho Chi Minh. Transmitiría una señal cuando un camión pasara a su lado y los aviones de ataque que esperaban la señal estarían en el aire en minutos, con el objetivo de bombardear el dispositivo (y los camiones que lo habían activado). La misión duró aproximadamente un día y medio desde la colocación hasta la eliminación.

Estaba cansado, pero no podía descansar. El suelo era duro y mi miedo era intenso. Mis ojos se cerraban de vez en cuando en la noche, pero mi cuerpo no dormía. Parecía saber el peligro que me acechaba. Las misiones de Laos (nuestras misiones) tenían el nombre en código «Prairie Fire» («Fuego en la llanura»). Nos dijeron que hacer una llamada de emergencia –«¡Nos han descubierto!»– desviaría inmediatamente todos los aviones de ataque que se encontraran volando hacia nosotros y lanzaría aviones de reserva para nuestra defensa. Me lo creía. Había visto a nuestros propios pilotos dirigiéndose hacia sus helicópteros como respuesta a una llamada de emergencia. No se escatimarían esfuerzos para sacar un equipo de «Prairie Fire» de una emergencia.

Si eso fracasaba, no recibiríamos más ayuda y no esperábamos ninguna. Nuestros uniformes no tenían insignias. No llevábamos identificación. Los números de serie habían sido eliminados de nuestras armas. Muchas de ellas eran de fabricación extranjera. El presidente Johnson negaba con frecuencia la presencia de tropas estadounidenses en Laos y Camboya. Oficialmente no existíamos. Si éramos capturados, seríamos desestimados como mercenarios.

Alistarme en el Ejército de Estados Unidos, ofrecerme como voluntario para las Fuerzas Especiales, pedir el traslado a Vietnam y plantar el sensor de movimiento son ejemplos de mi antigua utilización de la valentía. Lanzarse en paracaídas de noche con equipamiento en Fort Bragg y desde helicópteros en el océano frente a Okinawa son otros ejemplos. Tenía mucho coraje, pero nunca pensé en cómo lo estaba empleando. Me sentía obligado a hacer estas cosas aterradoras y peligrosas, y luego a hacer más, pero sólo tenía un vago conocimiento de por qué, que no podía ni siquiera considerar.

Las hice para ser admirado. En retrospectiva, las hice para ser amado. No me daba cuenta de cuán fuertes eran mis necesidades de ser admirado, reconocido y valorado. Esas necesidades me sacaron de Harvard, me alistaron en el Ejército y me dejaron en la cuneta de un camino de tierra en Laos, todo sin que me diera cuenta de ello. Estaba demasiado asustado para darme cuenta de que estaba asustado. La manera popular de referirse a ello es «macho».

Todavía tengo coraje, y ahora medito mucho en cómo lo uso. El mismo coraje que una vez me permitía «ponerme de pie, engancharme y arrastrarme hasta la puerta» de un avión de transporte C-130 en vuelo y saltar al vacío entre yo y una zona de caída muy por debajo, ahora me permite mirarme a mí mismo de maneras que nunca sospeché que fueran posibles.

Ahora utilizo mi coraje cada día, pero lo utilizo de una manera nueva. Lo utilizo cuando la ira o la rabia irrumpen en mí y exigen acción, y elijo actuar desde la parte más amorosa de mi personalidad a la que puedo acceder. Lo utilizo cuando los celos cierran mi corazón y elijo actuar desde la parte más amorosa de mi personalidad a la que puedo acceder. Lo utilizo cuando quiero matar a alguien o suicidarme, y en cambio elijo actuar desde la parte más amorosa de mi personalidad a la que puedo acceder. Utilizo mi coraje cuando siento las dolorosas sensaciones físicas de estas emociones y elijo actuar desde la parte más amorosa de mi personalidad a la que puedo acceder *mientras las estoy sintiendo*. Éstos son ejemplos del nuevo uso que hago de la valentía.

Nunca imaginé cuánto coraje requeriría entrar en mi vida conscientemente. Cuando comencé a mirarme a mí mismo, todo lo que encontraba al principio era miedo: miedo a fallar, a no estar a la altura de las expectativas de mis padres, a no estar a la altura de las expectativas que tengo de mí mismo, al rechazo, al abandono... Sin embargo, poco a poco me fui dando cuenta de que mirar con integridad mis propios miedos requería más coraje que cualquier peligro que pudiera aportarme el Ejército.

Nunca soñé cuánto coraje requiere actuar con compasión cuando las personas que me rodean están enfadadas y son vengativas, o partes de mi personalidad que se originan en el miedo están enojadas y son vengativas. El día después de que las torres del World Trade Center se derrumbaran en piedra y sangre, una estrella de cine de la ciudad de Nueva York sugirió que respondiéramos con compasión. Su enorme audiencia lo abucheó y lo hizo callar. Lo admiraba. Había oído hablar de un monje tibetano que acababa de salir de una prisión china donde había sido torturado.

—Estaba en peligro –le dijo al dalái lama.

—¿Qué peligro? –preguntó inmediatamente el dalái lama.

—Estaba en peligro de perder mi compasión por los chinos –respondió el monje.

Entonces, me pregunté: «¿Cuánto coraje requirió este monje para sentir compasión por sus torturadores?». Y todavía lo hago.

El mayor dolor es necesitar pertenecer y no pertenecer, ser amado y no sentirse amado, querer amar y sentirse incapaz de amar, no querer que nadie te vea por dentro de la forma en que te ves a ti mismo para que no te detesten, sentirte inherentemente con puntos débiles e intrínsecamente con defectos. Éste es el dolor de la impotencia. Cada ser humano (de cinco sentidos y multisensorial) alberga el dolor de la impotencia en lo más profundo de su interior. Los humanos de cinco sentidos lo enmascaran tratando de cambiar el mundo. Ésta es la búsqueda del poder externo. Los multisensoriales miran en su interior para cambiar de forma permanente sus fuentes internas. Ésta es la creación de poder auténtico.

Crear poder auténtico requiere el coraje.

11

Intenciones del alma: Armonía

Las intenciones del alma son significativas.

Las intenciones del alma no pueden reconocerse sin la percepción multisensorial. De la misma manera, no pueden entenderse sin la percepción multisensorial. Con ésta abren una nueva perspectiva sobre la experiencia humana.

La armonía es un reflejo del mundo material, aunque la percepción de los cinco sentidos no pueda percibirla. Los humanos de cinco sentidos hablan de ecosistemas, equilibrio y sostenibilidad, pero la armonía que es el mundo natural en nuestro planeta (natural significa reinos distintos al humano) va mucho más allá de lo que pueden ver. Es un equilibrio exquisito y delicado en el que todos los aspectos de la Vida tienen su lugar. Los aspectos de la Vida van más allá de lo contable. Ni siquiera los insectos de nuestro planeta pueden contarse, y mucho menos los microbios, pero todos ellos tienen su lugar.

Éstos no son lugares más grandes y lugares más pequeños, como podríamos pensar en términos físicos. Todos los aspectos de la Vida son valiosos e iguales. Cada uno de ellos es necesario para el despliegue compasivo del Universo. Esta percepción es bastante diferente de la percepción de los cinco sentidos en la que más grande es mejor, más grande es más. Aunque los humanos de cinco sentidos no son físicamente más grandes o más que otras formas de vida, se ven a sí mismos de esa manera.

Los humanos multisensoriales se ven a sí mismos como parte de la Vida. Ven a los animales, las plantas y los minerales como parte de la Vida. Ven las formas de Vida más pequeñas y las más grandes como igualmente importantes. Los humanos de cinco sentidos no pueden captar esto excepto como una gran idea. La experiencia los elude. La percepción multisensorial inicia el proceso de abrirlos a esa experiencia. Crear poder auténtico los lleva a ello.

El poder auténtico es el alineamiento de la personalidad con el alma, lo que significa el alineamiento de la personalidad multisensorial con las intenciones de tu alma. Cuando empezamos a entender la armonía como una intención del alma, vemos que la armonía es simplemente un reflejo de lo que es. En la escuela de la Tierra poco parece armonioso para la percepción de los cinco sentidos porque es el dominio en el que las personalidades alcanzan a aprender la diferencia entre el amor y el miedo para que puedan elegir el amor en lugar del miedo. El Universo entero es armonioso, o equilibrado, pero en formas que van más allá de la experiencia humana.

La mejor manera de acercarte a la armonía es experiencialmente, es decir, en términos de tus emociones. Al interactuar con otros estudiantes en la escuela de la Tierra, esas interacciones activan partes de tu personalidad, y cada una de esas partes es una forma de percibir un reino de emoción. El reino del miedo tiene múltiples subreinos, y todos ellos expresan miedo, por ejemplo, celos, rabia, resentimiento, superioridad, inferioridad, etc. Estas experiencias son bien conocidas por las personas multisensoriales que están creando poder auténtico, y son dolorosas. El reino del amor, si el amor pudiera considerarse un reino, también tiene múltiples subreinos, como la gratitud, el aprecio, la empatía, la satisfacción y el asombro del Universo, y sus experiencias son dichosas. Éstas también son bien conocidas por las personas multisensoriales que están creando poder auténtico. Es al experimentar estos dos reinos que la creación de poder auténtico se vuelve posible, porque sólo es a través del uso de tu voluntad, tu libre albedrío, que puedes elegir qué reino iluminará tu conciencia: amor o miedo. A medida que te concientizas de tus experiencias de amor, tus intenciones constructivas y las consecuencias que provocan, comienzas a experimentar la armonía del Universo.

No existe nada en el Universo que no sea armonioso desde la perspectiva del Universo. Esta armonía no se negocia. El Universo no negocia sus aspectos. Tampoco los aspectos del Universo negocian entre sí. Obviamente, experiencias como la muerte de un animal para alimentar la vida de otro animal o la transformación de un tipo de energía en otro no pueden obtenerse mediante negociación, porque ¿con quién hay que negociar?

Los humanos de cinco sentidos negocian circunstancias de mínimo conflicto. Una circunstancia de mínimo conflicto es muy diferente en todos los sentidos de una circunstancia de amor que fluye a través de todos los aspectos del Universo, combinando, reordenando, disolviendo, reestructurando, renaciendo... Amor reconfigurando Amor o, dicho de otra manera, nacimiento reconfigurando en la escuela de la Tierra formas de Vida de cinco sentidos.

A medida que los humanos multisensoriales cultivan el amor y desafían el miedo en sí mismos mientras interactúan entre sí –mientras crean poder auténtico en sí mismos–, pueden alcanzar una resonancia común de alta frecuencia en el proceso. Eso es lo que, en la escuela de la Tierra, llamaríamos armonía. Esa frecuencia no sólo es algo más alta, es inexpresablemente más alta que la frecuencia de una negociación para crear una circunstancia de mínimo conflicto. Es una interacción en la que se consideran y honran las necesidades de todos los involucrados, se da prioridad a las necesidades de amor por encima de todo y no a los deseos del miedo, excepto cuando sirven al propósito de iluminar la distinción entre amor y miedo en individuos que están creando poder auténtico.

En nuestra parte del universo físico, que es una parte muy pequeña, la armonía es evidente. Cuando llega cada nueva mañana a nuestro planeta, también lo hace una nueva percepción del sol, cuya calidez y luz permiten el desarrollo de la Vida tal y como la conocemos en nuestro planeta: alimentos para cultivar y especies con las que desarrollarnos. Esta armonía es invisible para los humanos de cinco sentidos. Ven formas de beneficiarse a sí mismos y de explotar a los animales, a los demás y a la Tierra. Los humanos multisensoriales contemplan la misma situación como un exquisito retrato dinámico de armonía. Experimentan esa armonía dentro de las esferas de sus propias vidas en la escuela de la Tierra cuando resuenan con los demás, no con las necesidades o los deseos de los demás, sino con la esencia de los demás.

En términos emocionales humanos, esto sería cuando nos preocupamos los unos por los otros, nos interesamos los unos por los otros, buscamos el bienestar de los demás y lo experimentamos en los demás. Ése es el néctar de la escuela de la Tierra. Eso es armonía. Ése es el nuevo potencial que nos espera, un potencial que se encuentra más allá de la satisfacción, incluso más allá de la alegría. Es la belleza, la plenitud, la riqueza de la Vida misma. Es la experiencia de nosotros mismos como parte de la Vida, y de los demás como parte de la Vida, y de los demás como parte de nosotros mismos, y de nosotros mismos como parte de los demás y de todo lo demás.

Tu alma se propone crear con armonía en la escuela de la Tierra. Cuando te alineas con esa intención, te desplazas a nuevos dominios. Éstos se encuentran más allá de la experiencia de los cinco sentidos. No se encuentran más allá de la experiencia multisensorial. Están llamando a los humanos multisensoriales a la experiencia del Humano Universal.

Los Humanos Universales viven en estos dominios.

12

Intenciones del alma: Cooperación

La cooperación es el curso natural cuando la competencia ya no domina la consciencia. Esto es lo mismo que decir que el amor es el curso natural cuando el miedo ya no domina la consciencia. La cooperación requiere llegar a los demás, escucharlos y apreciar su inteligencia y sabiduría. La competencia requiere crear una barrera hacia los demás, ignorar lo que quieren y lo que ofrecen, y sustituirlo en el centro de tu consciencia por lo que quieres y lo que necesitas de ellos, y luego por cómo conseguirlo.

La competencia asume que sólo una parte puede ganar, por así decirlo, que sólo una parte puede salir victoriosa. La cooperación supone que no hay ganadores ni perdedores, sólo hay cooperadores, individuos que se han propuesto unir su creatividad, inteligencia y sabiduría hacia un objetivo común.

Los individuos de cinco sentidos pueden cooperar en la búsqueda del poder externo. De hecho, eso es lo que hacen cuando están compitiendo. Por ejemplo, las entidades competidoras, como por ejemplo las corporaciones, fomentan y, de hecho, exigen la cooperación entre sus empleados. Los empleados en grupos (uno dentro de una corporación y otro dentro de otra) cooperan entre ellos, pero el resultado final es asegurar la competencia exitosa de la entidad que los emplea.

Los humanos multisensoriales cooperan, pero su cooperación es un tipo especial de cooperación: es cocreación. La cocreación es cooperación de alma a alma. Es cooperación al servicio del amor. No hay personas o entidades competidoras. Sólo hay estudiantes y colectivos de estudiantes en la escuela de la Tierra. Cuando el objetivo principal de los humanos multisensoriales que fusionan su creatividad e inteligencia con la compasión es el beneficio de todos ellos, eso es cocreación.

La cocreación es satisfactoria en formas en las que la cooperación no lo puede ser. La cooperación permite que las personas se toquen las unas a las otras de manera creativa. De todos modos, el objetivo de esa cooperación puede ir en contra del beneficio de todos los involucrados. Puede ser, por ejemplo, el desarrollo de un arma nuclear o una campaña publicitaria que capte más cuota de mercado.

Los humanos multisensoriales no lo contemplan en estos términos. Se conciben los unos a los otros como almas y se esfuerzan por utilizar su creatividad de maneras que beneficien a la Vida. Las recompensas de esto en términos de cumplimiento, significado, propósito y alegría son inmensas. No inmensas en un sentido de grandeza que sea abrumador o impresionante, sino en un sentido de satisfacción, gratitud y aprecio que está muy arraigado, que parte del corazón y llega al corazón.

La cocreación es la unión de individuos multisensoriales de maneras en las que estaban destinados a unirse, al igual que la cooperación es la unión de individuos de cinco sentidos de maneras en las que estaban destinados a unirse, que es en la búsqueda del poder externo, porque la búsqueda de éste permitía su supervivencia, y la supervivencia era el único requisito de su evolución. En cambio, los humanos multisensoriales necesitan desarrollo espiritual para evolucionar. Éste requiere ir más allá de las necesidades del miedo, las percepciones y los deseos del miedo, los objetivos del miedo, en otras palabras, los objetivos de las partes asustadas de la personalidad.

La evolución multisensorial requiere crear con las intenciones del alma: armonía, cooperación, compartición y veneración por la Vida. Cuando un individuo cocrea con otro individuo, ambos dan vida a una o más de estas intenciones. Cocrean para experimentar la armonía. Cocrean para compartir. Cocrean con veneración por la Vida.

La experiencia de la cocreación en beneficio de la Vida tiene un subproducto, por así decirlo, que es en sí mismo notable. Ésa es la experiencia de la armonía. En el capítulo anterior ya hemos explorado la armonía. La experiencia de la armonía no tiene límites porque el amor no tiene límites, y la cocreación es un camino hacia la experiencia del amor. Los humanos multisensoriales han nacido para cocrear. Cocrean de manera natural. La única obstrucción a sus cocreaciones son las partes asustadas de sus personalidades. Pero identificándolas, experimentándolas y desafiándolas pueden ir más allá de ellas. En otras palabras, crear poder auténtico conduce a la cocreación. Permite la cocreación, y ésta se convierte en el objetivo deseado.

Los cooperadores cooperan para lograr un objetivo físico. Los cocreadores cocrean para experimentar una fusión de su creatividad, inteligencia, sabiduría y alegría. Para ellos, el proceso de cocreación es más importante que un objetivo. El objetivo es el vehículo que une a los individuos multisensoriales. La cocreación les permite avanzar hacia ese objetivo. Sin embargo, mientras lo hacen, se mueven hacia él de una manera abierta, y abierta de par en par. No están restringidos a ese objetivo, aunque con el tiempo, si lo eligen, lo alcanzarán. El viaje es tan importante, significativo y gratificante para ellos como el objetivo mismo. Los cocreadores cocrean para el cumplimiento de la cocreación, por el placer de cocrear.

A medida que los individuos multisensoriales crean poder auténtico, la experiencia de la cocreación se convierte en un subproducto delicioso, algo que anhelan y por lo que se esfuerzan y a lo que dan vida conscientemente. A medida que se vuelven auténticamente poderosos, la cocreación se vuelve tan natural para ellos como respirar, como sonreír cuando sus corazones responden con amor a la energía de otro. Su cooperación se convierte en cocreación, y la sensación de satisfacción bidimensional en blanco y negro que proviene de conseguir un objetivo con los cinco sentidos es reemplazada por la satisfacción multidimensional y a todo color que proviene de la cocreación. Cocrear lleva a la escuela de la Tierra no sólo la energía del alma, sino también la energía del propio Universo.

Los cocreadores desean más de la experiencia de la cocreación. No es un antojo, ni una necesidad de la personalidad. Es más como la manera natural en que las flores buscan el sol. Cuando los cooperadores cooperan, lo hacen una esfera limitada de apertura, porque no desean compartir lo que podría beneficiar a uno de sus cooperadores en el futuro. Al igual que los cooperantes cooperan en el contexto de entidades competidoras, surgen y desaparecen alianzas dentro de esas entidades y entre ellas, y, por lo tanto, un cooperador no compartirá aquello que pueda ponerlo en desventaja en el futuro, por ejemplo, una idea que podría ser patentada por otro cooperador.

Los cocreadores no están limitados de esta manera. El amor no tiene secretos. Es transparente. La cocreación no es posible sin un corazón abierto, y cuando el corazón abierto está ahí, conduce a la satisfacción y al cumplimiento sin fin. La cocreación requiere el cuidado del otro y considerar el beneficio para los demás y para el colectivo. Digámoslo de esta manera: la cocreación no tiene favoritos. Es un flujo natural de amor entre los cocreadores. Pueden pensarlo o no de esa manera, pero ésa será su experiencia a medida que descubran la alegría de cocrear.

13

Intenciones del alma: Compartición

Compartir está en el corazón del poder auténtico. Es una expresión natural de amor. Cuando no hay amor, no es posible compartir. La apariencia de compartir es posible, pero ésa es una actividad generada por miedo, por ejemplo, cuando el compartir acabará beneficiando al que comparte.

Compartir se percibe como algo sano, saludable y bueno. Procede de la confianza en el Universo, de que las experiencias en la escuela de la Tierra son lo que deben ser para las personas involucradas, dada la sabiduría de las elecciones que han hecho.

¿Qué se comparte desde la perspectiva del alma? En la escuela de la Tierra, amor. No hay nada más que se pueda compartir que valga la pena el esfuerzo. Todo lo demás es búsqueda de poder externo. Hay muchas maneras en que se puede dar un regalo o compartir algo con una motivación oculta de autobeneficio. A veces, incluso un obsequio tan importante como la educación se puede dar con una intención oculta de autobeneficio. Los padres suelen participar en esta dinámica, pero sin conciencia. Desean que la educación de sus hijos se refleje positivamente en ellos mismos. Donar a una causa con fines de autopromoción o para crear una imagen de filántropo o de persona generosa también es parte de esta dinámica de autobeneficio.

Nada de esto es compartir. Compartir es espontáneo. A veces es necesario pensar en la implementación de compartir, como planificar el futuro de un niño o el de un esfuerzo digno, pero la decisión de compartir procede del corazón y se reconoce más que se hace. Compartir es una intención del alma. El alma sólo sabe compartir. Las almas no retienen. Las almas sostienen sus personalidades con su disponibilidad. Apoyan sus personalidades con su perspectiva impersonal. Hay que llamarlas y siempre están ahí.

La veneración es relacionarse a través de tu alma. La veneración conecta tu personalidad con almas anteriores a la tuya. Es comprometerse en una forma y una profundidad de contacto con la Vida que está más allá del caparazón de la forma y dentro de la esencia. Es contacto con la esencia de cada persona, ave, planta, animal y cosa, con la esencia de la Tierra y todo lo que hay en ella. Es contacto con el interior de tu esencia de ser. La veneración es aceptar el principio de sacralidad de la Vida, independientemente de qué entiendas por sagrado. La veneración es la experiencia de que toda Vida es, de por sí, valiosa y que todo es Vida.

Todo esto es compartir. Es compartir no como una acción sino como un ambiente, una atmósfera, por así decirlo, del mismo modo que no se comparte el aire que respiramos. Así es. No necesitamos pedirlo, recibirlo. Es un don. Es como es nuestro mundo. Compartir es como son las almas.

Cuando compartes, llevas la energía de tu alma directamente a la escuela de la Tierra. Es por eso por lo que la elección de compartir sin motivaciones ocultas crea poder auténtico. Alinea tu personalidad con tu alma. La escuela de la Tierra continuamente ofrece oportunidades para que cada uno de sus estudiantes descubra las partes asustadas de su personalidad que requieren ser desafiadas y las partes amorosas que requieren ser cultivadas. Las colaboraciones espirituales aceleran este proceso.

En todas estas formas compartir es fundamental. Sin compartir, no vas a ninguna parte en el camino espiritual, y sin embargo debes embarcarte en el camino espiritual para poder compartir.

A medida que te embarcas en el camino espiritual, desarrollas un nuevo conocimiento de compartir. El conocimiento de compartir de las personas de cinco sentidos es más parecido al concepto de préstamo. No es realmente dar. Es compartir, pero por lo general hay unas motivaciones ocultas detrás de compartir o dar. Puede ser la satisfacción de dar o, como hemos comentado, la creación de una imagen filantrópica de uno mismo. Este tipo de compartir no crea consecuencias constructivas.

Los humanos multisensoriales perciben el compartir de manera muy diferente a los humanos de cinco sentidos. Estos últimos consideran que compartir es dar su riqueza, por ejemplo, a una obra de caridad, a un acontecimiento público o a un edificio. Ése no es el criterio de los humanos multisensoriales para el compartir; su único criterio es la intención de amor.

Compartir es lo mismo que dar, y dar es lo mismo que compartir cuando no hay segundas intenciones. Cuando el amor es la inspiración, el amor es el donador. El amor es también el receptor. Uno de los mayores dones que puedes dar a los demás es recibir su amor. Esto no significa explotar su amor. Significa abrirse al amor que tienen para dar. No se abren para darte este amor, sino para realizarse, para vivir con significado, propósito y alegría, pero no pueden hacerlo cuando tienen segundas intenciones. No obstante, ellos mismos crecen espiritualmente a medida que desarrollan la capacidad de recibir el amor que tienen para compartir, así como la capacidad de compartir el amor que tienen por ti.

Toda la naturaleza se basa en compartir. Cada ecosistema muestra que se comparte. Al respirar, inhalas el oxígeno que crea el reino vegetal para ti, y al exhalar le das dióxido de carbono al reino vegetal, que utiliza para crear oxígeno, y así sucesivamente. El compartir es interminable. Lo que parece compartir es dar, y lo que parece dar es compartir porque ambos reinos no pueden existir por separado.

Cuando desarrollas la capacidad de compartir sin segundas intenciones, tu compartir se vuelve como la luz del sol o el calor del sol. El sol no tiene intenciones ocultas. No tiene requisitos. Da, y da, y da. Su compartir es completo. Al final, la energía del sol se agotará, pero ésa es otra actividad, por así decirlo, en el interminable dar y compartir que tiene lugar en el Universo.

Incluso cuando creas con miedo y surgen consecuencias dolorosas para ti que afectan a los demás, eso es compartir. Otros sienten a un individuo que está creando con miedo y aprenden de él cómo crear con amor en sí mismos. Ésta es la perspectiva impersonal del alma. Desde la perspectiva de la personalidad, basta con saber si hay o no una intención detrás de tu compartir o de tu dar. En otras palabras, no pienses que tienes licencia para comportarte de manera insensible o cruel porque los demás aprenderán de la insensibilidad o de la crueldad de las partes asustadas de tu personalidad que tú no cuestionas.

Tu intención no está oculta del Universo…, sólo a veces de ti mismo y de los demás. A medida que te encarnas y reencarnas en la escuela de la Tierra, la Ley Universal de Causa y Efecto, o karma, te ayudará a reconocer tus intenciones hasta que las hayas reconocido todas. Es un camino largo para recorrer, si bien crear poder auténtico lo acorta considerablemente.

A medida que descubres la percepción multisensorial en ti mismo, entras en el potencial de este desarrollo espiritual acelerado. Por lo tanto, tienes la capacidad de evolucionar mucho más rápido que los humanos de cinco sentidos.

Nos hemos referido a crear poder auténtico y saber cómo hacerlo como poseer un mapa del tesoro, pero este mapa no te sirve de nada si no lo compartes con los demás. Cuanto más utilices el tesoro que encuentres siguiendo el mapa, más querrás compartir el tesoro con los demás.

Cuanto más lo compartas con los demás, más desean o aprenden a compartir contigo. A medida que lo hacen, más desean compartir. Éste es un vistazo microcósmico a la naturaleza del Universo, donde dar y recibir, bueno y malo, se fusionan en una dinámica benéfica que no tiene principio ni final.

Hay algunos regalos que tienes que compartir que pueden sorprenderte. Uno de ellos es tu alegría, es simplemente disfrutar de tu vida. Es un regalo incalculable, y no puedes dártelo a ti mismo sin dárselo a los demás. El apoyo para crear poder auténtico es un regalo que das a los demás.

En otras palabras, cuando creas asociaciones espirituales, te comprometes con tu desarrollo espiritual por encima de todo y las asociaciones que formas son con otras personas que están comprometidas con su desarrollo espiritual por encima de todo, descubres que tu papel es de apoyo porque no puedes crear poder auténtico para ellas, pero tu apoyo es valioso para ellas, porque es gracias a tu apoyo que pueden identificar partes de sus personalidades a las que deben desafiar para ir más allá del control del miedo que quizás no habían observado.

Tú y tu alma sois inseparables. Tu alma y el compartir son inseparables. Crear poder auténtico te ayuda a experimentar estas cosas.

Entonces, puedes compartir.

14

Intenciones del alma:
Veneración por la vida

Cuando hablas de veneración, hablas del Universo. Cuando hablas del Universo, hablas de veneración. Podrías imaginar, en términos de cinco sentidos, el Universo delante de un espejo y reflejándose en él, pero del mismo modo que es difícil distinguir entre el reflejo y lo reflejado, lo es también entre lo reflejado y el reflejo. La diferencia es que lo reflejado no necesita que exista el reflejo. En cambio, el reflejo, sí.

La veneración es el reflejo. El Universo es lo reflejado. En otras palabras, el Universo no depende de nuestra experiencia, en este caso, de tu experiencia de veneración o no. El Universo es. En la medida en que los humanos pueden reflejar el Universo, veneran al mundo. Veneran el Universo del cual el mundo forma parte. Se veneran los unos a los otros. Se veneran a sí mismos, es decir, se honran a sí mismos. Se ven a sí mismos, a los demás, al mundo y al Universo como algo sagrado, tan allá del valor como de una montaña de la admiración. Eso es veneración.

Experimentas veneración cuando, por un instante, abandonas tus juicios, ira y resentimiento. En otras palabras, cuando sueltas tu miedo. El miedo no se abandona tan fácilmente, si bien la experiencia de abandonarlo es algo que muchos humanos han conseguido. Es la experiencia de la gracia, la facilidad, la falta de esfuerzo en tu vida, de una ausencia total de miedo. Los pensamientos de juicio no están presentes. Los pensamientos sobre el bien y el mal no están presentes, porque no existen.

Has nacido para crear un estado de gracia permanente, por así decirlo. La herramienta para lograrlo es la creación de poder auténtico. A medida que lo creas, a medida que el amor se vuelve más y más parte de tu conciencia hasta que finalmente se convierte en tu conciencia, tu vida se va llenando de gracia. Te llenas de gracia. Con esa gracia percibes tus experiencias, tu vida y el Universo. Esa percepción, esa experiencia, es veneración.

La veneración es una de las intenciones de tu alma, la veneración por la Vida, pues toda veneración es veneración por la Vida. No se puede venerar a una persona sin venerar a todas las personas. No puedes venerar a una flor sin venerarlas a todas. No puedes venerar a un gusano sin venerarlos a todos. No puedes venerar ningún aspecto de la Vida sin venerar toda la Vida, porque tu veneración es el reflejo. El Universo, la Consciencia, el Amor, la Vida son lo reflejado.

Sin veneración tu experiencia se vuelve hueca, superficial, desustanciada. Sin veneración, tus objetivos están determinados por el miedo y tus aspiraciones están motivadas por el miedo. Sin veneración, el mundo es cruel y brutal. Sin veneración, eres cruel y brutal. Sin la habilidad de venerar todas las formas de Vida, las acciones, los pensamientos, te conviertes en lo que juzgas. En otras palabras, si no puedes venerar a quienes son brutales y crueles, te vuelves como ellos.

Venerar la Vida es venerar toda la Vida, porque la Vida es todo. Las experiencias de brutalidad, crueldad e ignorancia –en otras palabras, las experiencias de miedo– que encuentras en ti mismo, también las encuentras en el mundo. Cuando veneras el mundo, cuando te veneras a ti mismo, nada hay más allá de tu veneración, porque nada está más allá del Universo.

Por lo tanto, cuando juzgas la crueldad o la brutalidad en otro, la experiencia de veneración cesa en ti. La santidad del Universo, la beneficencia del Universo, el milagroso despliegue del Universo, no cesa. Cuando juzgas, sólo cesa el reflejo de ello en ti. Ésa es la búsqueda de poder externo.

Valorar algo es juzgarlo. Cuanto más valor le des, más positivo será el juicio, y a la inversa. Venerar algo es no venerarlo por igual. «Venerar por igual» son palabras sin sentido. Son productos de la percepción con los cinco sentidos. Desde la perspectiva multisensorial, todo es preciado, no preciado por igual, ni menos preciado, ni más preciado. Todo es preciado.

Cuando disciernes una actividad, no la estás juzgando. Cuando la juzgas, pierdes poder, no tienes veneración. Cuando juzgas, te das permiso para experimentar dolor. Te abres al dolor de la impotencia. Cuando disciernes, puedes venerar lo que disciernes claramente, porque cada experiencia en el Universo, y por lo tanto en la escuela de la Tierra, tiene valor, tiene un propósito. En la escuela de la Tierra ese propósito es tu desarrollo espiritual.

Crear poder auténtico alinea tu personalidad con tu alma. A medida que creas poder auténtico, tu personalidad se convierte en un fiel reflejo del Universo. Te vuelves más y más ligero y más consciente. El amor sustituye al miedo. La luz sustituye a la oscuridad, y eres capaz de volar en lugar de arrastrarte. Sin embargo, tanto volar como arrastrarse son parte del Universo y deben ser venerados.

Eso no es lo mismo que ser valorado. Venerar cualquier cosa en la escuela de la Tierra es venerar todo lo que existe, porque nada queda aparte del Universo. Cuando creas poder auténtico, desafías el miedo, y cuando desafías el miedo, cultivas el amor, y cuando cultivas el amor, comienzas a reflejar el Universo.

El amor y la veneración no se pueden distinguir. Las conexiones de alma a alma y la veneración no se pueden distinguir. El camino al poder auténtico es el camino a la conciencia, al amor, a la veneración, en otras palabras, a la experiencia directa del Universo. Sin embargo, no existe una única percepción del Universo que pueda abarcar el Universo. Aquello que es percibido revela la estructura del perceptor, y los perceptores son innumerables. Dicho con mayor precisión, los puntos de posible percepción son innumerables.

Tu alma los venera todos.

15

La ilusión

Cuando actúas desde la parte asustada de tu personalidad, estás atrapado en una ilusión. Parece real, y crees en tus pensamientos y sufres su dolor. En otras palabras, la ilusión se te hace evidente a través de tus emociones dolorosas.

Por ejemplo, imagina un niño inconsciente tirado en una acera. Eso no es una ilusión, es una circunstancia. Desde una perspectiva más amplia, la perspectiva impersonal del alma, podría llamarse una ilusión, pero desde la perspectiva de la escuela de la Tierra es algo que sucede de verdad. Sin embargo, el miedo, la ansiedad y otras emociones difíciles que experimentan los padres del niño no tienen relación con esta circunstancia. Esta circunstancia ha activado *dinámicas internas* dentro de los padres, y estas dinámicas –*no la circunstancia*– han creado sus emociones dolorosas.

Todo el dominio de las emociones dolorosas es una ilusión. Cuando un individuo parece provocarte emociones dolorosas, tus experiencias no tienen nada que ver con ese individuo. Él activa una dinámica interna dentro de ti, y ésta crea emociones dolorosas en tu interior. Esa dinámica interna es una parte asustada de tu personalidad. Tus emociones son energías independientes dentro de ti, por así decirlo.

Cuando experimentas las sensaciones físicas dolorosas y los pensamientos perturbadores de una parte asustada de tu personalidad, entras en la ilusión. Cuando actúas sobre ellos (reaccionas), te adentras más en la ilusión. Piensas que tu dolor desaparecerá si cambia el individuo que parece causarlo, es decir, si puedes cambiar el mundo. Dentro de la ilusión, ése es a veces el caso. Por ejemplo, si eres capaz de cambiar el comportamiento del individuo o de la circunstancia (con ira, lágrimas, razonamiento, amenazas, fanfarronería, etc.) para satisfacer una parte asustada de tu personalidad, sus sensaciones físicas dolorosas y pensamientos críticos desaparecen, pero sólo temporalmente. La dinámica interna que los provocó permanece intacta dentro de ti para activarse nuevamente en el futuro.

Cuando creas poder auténtico, funcionas en la realidad de la dinámica interna que crea sensaciones físicas placenteras (partes amorosas de tu personalidad) y la dinámica interna que crea sensaciones físicas dolorosas (partes asustadas de tu personalidad). ¿Cómo se puede utilizar el conocimiento de esta realidad? En primer lugar, puedes reconocer tus experiencias por lo que son: productos de la dinámica dentro de ti. Cambiar el mundo externo no afecta estas dinámicas. Cambiarte a ti mismo, sí.

En segundo lugar, puedes optar por no actuar sobre las sensaciones físicas y los pensamientos de estas dinámicas internas. Eso significa no actuar en relación con el individuo que los ha activado. Es una reacción. En cambio, puedes elegir responder desde las partes amorosas de tu personalidad que crean en ti sensaciones físicas placenteras y pensamientos alegres. Es una respuesta. Cuando respondes en lugar de reaccionar, creas poder auténtico.

Por ejemplo, imagina que un amigo se enfada porque te niegas a hacer algo que te pide. Queda atrapado en la ilusión. Una parte asustada de su personalidad siente dolor porque no obtiene lo que quiere, pero cree que tú le estás provocando dolor. En realidad, el dolor que siente no tiene que ver contigo. Él es el responsable de continuar experimentando su dolor emocional tratando de cambiarte a ti en lugar de abordar su dinámica interior que lo está creando. Está persiguiendo el poder externo.

Tus decisiones no crean ni pueden crear emociones dolorosas en los demás. Los demás provocan experiencias emocionales dolorosas y pensamientos perturbadores en sí mismos actuando sobre la ilusión; en otras palabras, tratando de escapar de su dolor cambiando el mundo. Las partes asustadas de las personalidades son rígidas y fuertes. Si rechazas la petición de un amigo porque tu integridad te pide que lo hagas, ¡una parte asustada de su personalidad exigirá que abandones tu integridad para aliviar su dolor! Esa parte de su personalidad está atrapada en la ilusión, y él cree en la ilusión. Las únicas emociones que son posibles en la ilusión son las dolorosas, como la ira, el resentimiento, la decepción, la humillación o la frustración.

La ilusión es el ámbito en el que tienen lugar las emociones dolorosas y se culpa al mundo exterior. El miedo distorsiona tus experiencias y tus relaciones mientras permaneces en la ilusión, y eres incapaz de distinguir entre la realidad de las partes amorosas de tu personalidad y la ilusión de las partes asustadas.

Crear poder auténtico te lleva más allá de la ilusión.

16

Más allá de la ilusión I

Un individuo sin poder auténtico está controlado por partes asustadas de su personalidad. Es decir, la mayoría de sus experiencias de emociones son de miedo, y a menudo las experiencias que considera amorosas tienen un componente de necesidad, en otras palabras, de miedo. Una personalidad auténticamente poderosa es todo lo contrario en todos los sentidos. Es una personalidad sin miedo. No tiene restricciones de miedo. No tiene memoria del miedo. Se mueve por la escuela de la Tierra con el corazón abierto, sin apego al resultado.

Las cuatro características de una personalidad auténticamente poderosa son la humildad, la claridad, el perdón y el amor.

• • •

La HUMILDAD es una experiencia cómoda; de hecho, una delicia. Es una que no puede ser conmovida. La humildad es la experiencia de alguien que ve que todo el mundo en la escuela de la Tierra sigue un camino tan difícil como el suyo. Una persona humilde camina por un mundo amigable. Todos los individuos que en él se encuentran pertenecen a él desde esta percepción. Todos son compañeros de estudios en la escuela de la Tierra, cada uno con partes asustadas y con partes amorosas de su personalidad.

Los individuos que persiguen el poder externo se centran en las personalidades, y sus interacciones son de personalidad a personalidad. Observan lo que sus personalidades necesitan y quieren, y hacen todo lo posible para conseguirlo, y observan lo que las personalidades que encuentran necesitan y quieren, y hacen todo lo posible para conseguirlo. En otras palabras, ven las búsquedas de poder externo en los demás.

Los humanos multisensoriales crean poder auténtico. Ven almas en la escuela de la Tierra. Es aquí donde entran en escena el consuelo, el placer, el placer y la felicidad, porque todas las almas entran voluntariamente en la escuela de la Tierra. Todos buscan la experiencia de lo físico para crecer espiritualmente. Todos conocen antes de la encarnación la naturaleza de la escuela de la Tierra: la del tiempo, el espacio, la materia y la dualidad. La dualidad requiere elecciones, lo que significa que para cada «esto» hay un «aquello», y cada elección trae a la existencia el «esto» o el «aquello». Si la elección es inconsciente, uno u otro surge inconscientemente. Las consecuencias de las elecciones inconscientes siempre son sorprendentes. Cuando te encuentras con una, piensas: «¿Por qué me ha pasado esto a mí?» o «¿Qué he hecho para merecer esto?» o «No tenía la intención de crear esto». De hecho, lo hiciste, pero no eras consciente de tu intención cuando elegiste «esto» o «aquello». Ésa es la vida de un individuo sin poder, un individuo sin conciencia, uno que está bajo el control de partes asustadas de su personalidad.

Una persona humilde ve estas cosas con claridad, ve la dificultad de siempre estar eligiendo conscientemente, lo que requiere conciencia emocional. Por lo tanto, es un amigo natural de los demás y los ves como a sus amigos naturales. Una personalidad humilde no puede ir donde hay extraños, porque no hay extraños para ella. Responde con amor a todo lo que encuentra. Su vida es alegre.

Una personalidad humilde no se preocupa por la apariencia. Puede parecer errática, irracional o tonta para los demás. Esto no le concierne a la personalidad que personifica la humildad, porque su preocupación no es perseguir el poder externo. No le importa capitalizar experiencias o individuos, sino apoyar a los individuos, y hacerlo con alegría.

La humildad no es un proceso intelectual, aunque puedes pensar en ella como una alegría natural que no tiene fin, que no tiene límites, una curiosidad natural por todo lo que existe y una apertura a ello.

• • •

La CLARIDAD es percepción multisensorial, pero que se reconoce y utiliza. Muchas personas tienen una experiencia multisensorial ocasional o un atisbo de percepción multisensorial, pero no la reconocen por lo que es. No intentan utilizarla. Eso no es claridad. Por ejemplo, cuando era adolescente, recuerdo tener a mi abuela a mi lado en su funeral sosteniendo mi mano entre las suyas. Cuando me reía de algo que me divertía, tiraba de mi mano hacia abajo como solía hacer cuando estaba impaciente conmigo. ¡Quería disfrutar de su funeral! En ese momento no reconocí esa experiencia como algo inusual, aunque no la compartí con mis padres hasta más tarde. Sabía que pensarían que estaba alucinando. Esta experiencia fue una percepción multisensorial, no reconocida ni utilizada por mí. No era claridad.

Muchas personas tienen chispazos de la vida de los demás. Por ejemplo, saben cosas sobre un individuo que sus cinco sentidos no les revelaron. Ven estas cosas con claridad y reconocen su experiencia como una percepción multisensorial. Esto es claridad. Es diferente, por ejemplo, de proyectar en otro individuo aspectos de ti mismo que son demasiado dolorosos o vergonzosos para que los reconozcas en ti mismo, como el resentimiento, los celos o la ira. La claridad no es proyección, es simplemente percepción.

La claridad va de la mano de la humildad porque es la percepción multisensorial de las personalidades como trajes terrestres y un interés por las almas que los visten. Es ver más allá del caparazón de la apariencia y llegar hasta la esencia. Permite experiencias de esencia a esencia, de alma a alma. Permite experiencias de Vida a Vida, por ejemplo, la vida de un árbol, un bosque, un acantilado, un arroyo, un pájaro o el cielo y su relación con él. Las experiencias de este tipo no tienen sentido para los individuos sin claridad, es decir, para las personalidades de cinco sentidos. La claridad aporta veneración, y ésta es claridad.

Un individuo con claridad vive consciente de la esencia: su esencia y la esencia de todo lo que encuentra, un mundo de esencia, un Universo de esencia, y esa esencia es la Vida misma.

17

Más allá de la ilusión II

El PERDÓN es ir más allá de los confines del miedo. Es la capacidad de dejar atrás el juicio y encontrar la Vida tal como es con claridad. Un individuo con claridad no tiene comprensión ni necesidad de perdón. ¿Qué se le debe perdonar al aire que respiramos? ¿Qué se le debe perdonar al suelo que se encuentra bajo nuestros pies? ¿Qué se le debe perdonar a la brisa que nos acaricia suavemente? Éstas son experiencias que son. No hay necesidad ni sentido en «perdonar» a ninguno de ellos o de dónde vienen, porque proceden del Universo, de la escuela de la Tierra, una parte del Universo.

Cuando las experiencias se ven así, cuando la escuela de la Tierra se ve así, cuando las personalidades se ven así, son como son. Requieren elecciones: reaccionar o responder. Por ejemplo, un automóvil se aproxima a una señal de stop, pero el conductor no parece verla. Una elección natural sería no cruzar la intersección. Ésa es una elección, pero no es necesario el perdón.

Las partes asustadas de una personalidad sienten lo contrario. Juzgan al conductor o la señal o la intersección. Se ofenden, se enfadan, se asustan y se perturban. Es por estas experiencias que el término «perdón» tiene significado, porque crean distancia. Impiden la experiencia de la humildad. Son experiencias de falta de claridad, y sólo en ese contexto es posible algo llamado «perdón».

Perdonar es desafiar una parte asustada de tu personalidad y elegir responder con amor a las experiencias que esa parte ha creado en ti. Las experiencias de esa parte de tu personalidad son una ilusión. El perdón no tiene nada que ver con otro individuo. El perdón es una energía dinámica en *ti*. Te afecta a *ti*. Cuando perdonas, desafías una parte asustada de tu personalidad que ha juzgado a otro individuo. Eliges no continuar en la ilusión: no continuar juzgando, no permitirte la amargura, la venganza, la rectitud o la ira. La libertad que proviene de ir más allá del control de una parte asustada de tu personalidad es la experiencia que proviene de lo que llamamos perdón.

En otras palabras, el perdón es una experiencia de amor.

• • •

El AMOR es el premio gordo. El perdón es la decisión de amar. Es un desafío directo a las partes asustadas de tu personalidad. La decisión de perdonar es la creación de poder auténtico. Por lo tanto, el perdón es parte de una personalidad auténticamente poderosa. Se podría decir que es un reequilibrio. Si hay un lapso en la experiencia de humildad, en la claridad, entonces el perdón lo elimina. Elimina la brecha en la humildad, en la claridad. Restablece a ambas. Te devuelve a la experiencia armoniosa, sana, satisfactoria y creativa del Amor.

El amor es el estado natural de un individuo en la escuela de la Tierra que está alineado con el Universo. El Universo es vivo, sabio y consciente. Es amoroso. Nada ocurre sin un beneficio consciente. ¿La consciencia de quién? La del Universo. La consciencia que es el Universo. No hay distinción entre el Universo, la Consciencia, la Vida y el Amor. El amor está entrando en ese alineamiento.

No es alineamiento en el sentido de conducir un vehículo por una carretera que requiere prestar atención para que no se salga de ella. El Amor es un océano. Un viajero en el océano no necesita preocuparse por salirse del océano como el conductor de un automóvil se preocupa por salirse de la carretera. Húmedo es la naturaleza del océano. Dondequiera que esté el océano, está húmedo. Ahora imagina que el océano es el Universo, y la humedad es el Amor. El Universo y el Amor no se pueden separar. Por lo tanto, es una característica de una personalidad auténticamente poderosa.

El Amor es el punto final y el comienzo del poder auténtico. Es la creación y la experiencia de poder auténtico. Es el nacimiento de la personalidad y el retorno del alma a la realidad no física. Es la brutalidad de un verdugo, y el terror del ejecutado. Es la codicia que no puede ser satisfecha, que lleva a los individuos a una competencia y una explotación sin fin. Todo eso es Amor. Nada no es Amor.

Tu conciencia es Amor. Puedes dirigir tu conciencia. Tu habilidad para dirigir tu conciencia es Amor. No hay final para el Amor. No hay comienzo para el Amor. No hay salida del Amor. No hay entrada al Amor. Decir que el Amor es una característica de un individuo auténticamente poderoso es decir que el individuo auténticamente poderoso es consciente de que no hay distinción entre sí mismo y el Amor, pero en este punto falla el lenguaje, porque no hay un «sí mismo».

Eso es Amor.

18

La tentación

La elección entre el amor y el miedo se llama tentación.

Los humanos de cinco sentidos malinterpretan la tentación. Piensan que es una ofrenda de una fuente externa, negativa y maligna. Por maligna se refieren a puramente destructiva y malévola. En cambio, los humanos multisensoriales tienen una comprensión diferente basada en una percepción diferente de sí mismos, del mundo y del Universo. Un individuo multisensorial entiende la tentación como una oportunidad para ver los planes de una parte asustada de su personalidad antes de que esa parte los implemente.

Esos planes siempre serán formas de perseguir el poder externo. No hay otras intenciones que sean importantes para una parte asustada de una personalidad. Esta drástica diferencia en la comprensión lleva a una diferencia igualmente drástica en qué hacer cuando se presenta una tentación. Un humano de cinco sentidos interpreta esa experiencia como atraído a o manipulado por una presencia externa malévola. Un ser humano multisensorial, en cambio, la interpreta como una oportunidad para explorar en detalle una parte asustada de su personalidad para que pueda ser desafiada y cambiada.

El origen de esta cosa llamada tentación, cuando se ve desde la perspectiva de los cinco sentidos, atribuye la responsabilidad a algo externo al individuo, a algo que desea hacer daño al individuo. Visto desde una perspectiva multisensorial, el origen de esta cosa llamada tentación atribuye su responsabilidad a una parte asustada de la propia personalidad, lo que significa que la responsabilidad de hacer algo al respecto no implica hacer algo para cambiar el mundo o defenderse de él, sino explorar la parte asustada de la personalidad que está provocando estas experiencias.

Crear poder auténtico es convertirse en autoridad en tu propia vida. Un individuo multisensorial debe elegir reaccionar ante una tentación –lo que implica contraerse con miedo para defenderse de un enemigo externo– o responder con amor y confianza –lo que implica explorar la tentación, el plan, la implementación prevista de una parte asustada de su personalidad– y ver qué consecuencias tiene más probabilidades de provocar.

En otras palabras, la tentación desde la perspectiva de los cinco sentidos es algo negativo, mientras que la tentación desde una perspectiva multisensorial es algo positivo. Desde la perspectiva de los cinco sentidos, la tentación es un peligro, mientras que desde la perspectiva multisensorial, es un don y una oportunidad para crecer en compasión y claridad, que es crecer espiritualmente, para crear poder auténtico.

Puedes ver una tentación como un ensayo general para un acontecimiento kármico negativo. Un ensayo general es el último paso en la preparación de una producción antes de mostrarla al público. Esta situación es idéntica en el caso de la tentación. Una tentación es la contrapartida de un ensayo general. Es la última etapa antes de que se implemente el plan de una parte asustada de la personalidad. Es una oportunidad para revisar la producción obtenida hasta ese momento. Hasta entonces, la producción sólo la han visto aquellos que necesitan verla. En este caso, ése eres tú. Una vez que se hace pública, por así decirlo, se abren las puertas del teatro, los espectadores entran y la producción se establece en el mundo. Va más allá de la esfera de tus propias experiencias y energía, y entra en las esferas de las experiencias y la energía de los demás. Es el momento en el que se crea el karma.

Por lo tanto, si prestas atención al ensayo general, si lo aprecias en todo su detalle, evitarás las dolorosas consecuencias que se derivarán de él, lo que significa que puedes moldear tu vida con una decisión basada en el amor en lugar de una basada en el miedo. La tentación no es simplemente atractiva para una parte asustada de tu personalidad; es una obra maestra de esa parte, por así decirlo.

Supongamos, por ejemplo, que una parte asustada de una personalidad desea tener una interacción sexual con otro individuo. Para hacer esta situación más gráfica, supón que la otra persona está casada o tiene una relación espiritual con otra persona con quien existe un acuerdo según el cual las interacciones sexuales con otros no son apropiadas para su relación. La parte asustada de la personalidad proporcionará imágenes de cómo podría ser esa interacción o de cómo se sentiría o de cuán atractiva sería dicha interacción o de cuán atractiva es la otra persona, junto con ilusiones o fantasías de que estas interacciones representan más de que lo que son, que representan conexiones genuinas o que la única conexión que representan es la satisfacción de un deseo adictivo.

Sea lo que sea que una parte asustada de tu personalidad esté planeando hacer, te presentará ese plan en la tentación, y ésta será atractiva. Será una historia completa, planificada de antemano, con motivos de por qué debería pasar, con justificaciones para cada acción, sea grande o pequeña.

Tomemos otro ejemplo: el deseo de robarle a un jefe. Para hacerlo más específico, supón que el empleado es un contable que tiene acceso a las cuentas bancarias. En ese caso, la parte asustada de la personalidad proporcionará un vídeo, por así decirlo, excepto que es mucho más que sonidos y palabras. Son sensaciones. Es táctil. Mostrará cómo se robará el dinero, cuál será la manipulación, la coartada, el beneficio para el que roba (el desfalcador) y qué le aportarán los fondos robados al desfalcador, la satisfacción y el placer de todo ello. Tal vez sea para poder cubrir una deuda que tiene el desfalcador o para comprar algo que considera importante para su propia búsqueda de poder externo.

Todo esto aparecerá en la tentación. Una tentación no es obra de una entidad malvada que existe fuera de ti, sino la creación de una parte asustada de tu personalidad.

19

Los dones de la tentación

Hay individuos multisensoriales que todavía tienen que comprender la magnitud y la enormidad de ser capaces por primera vez de reconocerse a sí mismos como almas y personalidades, y de reconocer las intenciones del alma (armonía, cooperación, compartición y veneración por la Vida) y las intenciones de las partes asustadas de la personalidad que provocan lo contrario y, por lo tanto, su responsabilidad a la hora de elegir entre el amor y el miedo, entre las partes constructivas y las destructivas de la personalidad.

A medida que surge la percepción multisensorial en los individuos de cinco sentidos, empiezan a establecer la conexión entre la búsqueda de poder externo y todo aquello que es vacío, sin sentido y doloroso en sus vidas. Cuando su dolor emocional se vuelva más intenso y difícil de soportar, acabarán estableciendo esa conexión. Por eso resulta alentador para los humanos multisensoriales tener una forma de explorar lo que están experimentando internamente: el alma como una realidad, ellos mismos como un ser inmortal con una personalidad que es mortal, y el poder como alineación del aspecto mortal de sí mismos con el aspecto inmortal de sí mismos.

La tentación ayuda en este proceso. La mayoría de las personas piensan en ella en términos de violaciones morales importantes (el robo, el adulterio o el asesinato). Los humanos multisensoriales ven que la tentación ocurre cada vez que se activa una parte asustada de una personalidad, en otras palabras, cuando las emociones que son violentas, que están desconectadas, y los pensamientos que son críticos y comparativos, entran en la conciencia de la personalidad. A medida que surge en ellos la percepción multisensorial, también lo hace la conciencia de los diferentes aspectos de sus personalidades.

Cada experiencia de una parte asustada de una personalidad es idéntica a una tentación en su energía. Se origina en el miedo, por ejemplo, el deseo de tener razón, la necesidad de dominar, de complacer, sentimientos de superioridad y privilegio, sentimientos de inferioridad, etc.

Cuando estás enfadado con alguien, tu ira es más que una simple cuestión de pensar en lo que no te gusta de esa persona. Es una energía dinámica, y dolorosa, que puedes experimentar poniendo tu atención en tus centros de procesamiento de energía. Esto es conciencia emocional. Cuando pones tu atención en tus centros de procesamiento de energía, sientes sensaciones físicas que son dolorosas o placenteras. Éstas son más que pensamientos.

Cuando te des cuenta de que cada experiencia de una parte asustada de tu personalidad es una tentación, reconocerás cuán esencial es la dinámica de la tentación para el crecimiento espiritual. Es un imán que extrae energía negativa de tu conciencia y la pone en la pantalla de tu conciencia para que puedas verla claramente.

Una aparente contradicción que existe en el Nuevo Testamento confunde a muchas personas, y no sólo a los cristianos. Por un lado, presenta el mal como externo y malévolo, y la tentación como el instrumento de ese mal. Por lo tanto, la oración más conocida en el ámbito cristiano (el padrenuestro) implora a la deidad cristiana que proteja a sus adeptos de la tentación, lo que significa específicamente protegerlos del mal, y, más en concreto, no permitir que caigan en la tentación. Por otro lado, el Nuevo Testamento dirige a las personas a no resistir el mal. Ambas sentencias no pueden ser conciliadas por los humanos de cinco sentidos o entendidas por el intelecto como otra cosa que no sea una contradicción.

En cambio, desde la perspectiva multisensorial no hay contradicción. El mal es una ausencia de Luz, la ausencia de Amor. «Resistir el mal» es una orientación que sitúa el mal fuera de uno mismo. No resistirlo es una invitación a explorar esta ausencia, no a actuar sobre ella. En otras palabras, esta guía no invita a un individuo a actuar sobre una tentación, sino a explorarla como una parte asustada de su personalidad.

Es una invitación a no resistirse a experimentar las sensaciones físicas dolorosas que las partes asustadas de tu personalidad crean en tus centros de procesamiento de energía: lo que sientes en tu cuerpo. Es una invitación a no resistir los pensamientos de las partes asustadas de tu personalidad, sino a tomar conciencia de ellas. Es una invitación a observar todas estas cosas en ti mismo con claridad para poder desafiar las partes asustadas de tu personalidad y comprender qué es lo que estás desafiando. Una vez que resulta evidente que la tentación es producto de una parte asustada de la personalidad –y eso se ve claro rápidamente a medida que un individuo desarrolla la conciencia emocional y practica la elección responsable–, el camino a seguir es claro: es desafiar el miedo y cultivar el amor.

No estás en guerra con el mundo exterior. El mundo exterior es parte de la escuela de la Tierra, y ésta existe para tu desarrollo espiritual. No estás en guerra contra el mal, porque no existe tal cosa. Sólo existe tu propia ignorancia, tu propia falta de conciencia de tu dinámica interna. La tentación te empuja con fuerza hacia esa conciencia. Entonces se convierte en una cuestión de cómo utilizarás esa conciencia. Aquí es donde entra en escena la elección responsable, como ya hemos visto.

Las tentaciones son parte del aprendizaje en la escuela de la Tierra. Ésta es un dominio de dualidad, y la dualidad requiere elecciones. La elección fundamental en la escuela de la Tierra es la elección entre el amor y el miedo, y esa elección resulta evidente en el caso de una tentación.

No hay castigo por decidir actuar ante una tentación. Eso crea consecuencias destructivas y dolorosas de experimentar. No hay recompensa por elegir no actuar ante una tentación, ya que actuar desde una parte amorosa de la personalidad también crea consecuencias. Éstas son constructivas y felices de experimentar. Es sólo una visión de experiencia que incluye el castigo y la recompensa que ve desde la perspectiva del castigo y la recompensa, y esa perspectiva es la perspectiva del miedo.

El Universo no castiga ni premia, tan sólo apoya tu desarrollo espiritual. Este desarrollo es el propósito de tu encarnación en la escuela de la Tierra. Cuando tomas decisiones que alinean tu personalidad con tu alma, te instalas en la salud, en la conciencia, en la Vida más plenamente y en el Amor por completo. Éstos son los dones de la tentación.

Son para ti.

20

Dinámicas no físicas

Las dinámicas no físicas te ayudan a crecer espiritualmente (creando poder auténtico). En otras palabras, te apoyan en la elección del amor. Te apoyan aunque no sepas de ellas, y si sabes, te apoyan aunque te olvides de ellas. Siempre puedes confiar en ellas.

LEY UNIVERSAL DE LA ATRACCIÓN

La Ley Universal de la Atracción trae a tu vida personas que tienen la misma energía que tú.

Pasé muchas horas en mi cafetería favorita en North Beach, una zona de San Francisco cerca de Telegraph Hill. Me reunía con amigos allí todos los días para tomar un café y conversar. El dulce aroma del café exprés y del capuchino me llenaba de calidez y me encantaba. Sobre todo, hablábamos de física, de filosofía, de otras personas y de nosotros mismos. Era intelectual, arrogante (asustado) y me sentía superior (asustado) a las personas de las que hablábamos, por lo general de manera despectiva. Nos reíamos juntos y lo pasábamos bien. Si hubiera sabido distanciarme lo suficiente de mis experiencias para verlas con claridad, me habría dado cuenta de que todos mis amigos también eran intelectuales, arrogantes y se sentían superiores. Se reían libremente de otras personas, de sus teorías y de las maneras de ser de los otros. Todos los días éramos el centro de atención en la cafetería, la realeza…, pero sólo para nosotros.

A nuestro alrededor, otros clientes reían o discutían seriamente o leían mientras tomaban café. Ahora sé que muchos eran amorosos y afectuosos. Entonces me resultaban prácticamente invisibles. Las personas de mi grupo se preocupaban por nosotros y conectábamos sólo con nosotros mismos y con otros como nosotros. Estaba experimentando la Ley Universal de la Atracción sin la menor conciencia.

En una ocasión, una pareja joven visitó un pueblecito en Vermont.

—¿Cómo es la gente de aquí? –le preguntaron a un anciano que se mecía en su porche.

—¿Cómo son donde vivís? –les preguntó el anciano.

—A ellos no les importan los demás –respondió la pareja.

—La gente de aquí también es así –les dijo el anciano.

La semana siguiente, otra pareja visitante le hizo la misma pregunta al anciano:

—¿Cómo es la gente de aquí?

—¿Cómo es la gente de allí donde venís? –les preguntó.

—Son amables y amigables –respondió la pareja.

—La gente de aquí también es así –dijo el anciano.

Entendía la Ley Universal de la Atracción.

El mundo siempre valida tu creencia: refleja tu energía. Si crees que el mundo es amoroso, te rodeará un mundo amoroso. Si crees que es cruel, te rodeará un mundo cruel. Los humanos de cinco sentidos piensan: «Lo creeré cuando lo vea». En cambio, los humanos multisensoriales piensan: «Lo veré cuando lo crea».

LEY UNIVERSAL DE CAUSA Y EFECTO

La Ley Universal de Causa y Efecto es un sistema de entrega de mensajes. Entrega mensajes tuyos. Tus mensajes siempre llegan al lugar y en el momento correctos. Incluso aunque el destinatario se mude, llegan al lugar y en el momento correctos. ¡Llegan al lugar y en el momento correctos, aunque el destinatario se haya muerto! Envías un mensaje cada vez que actúas con una intención. Como siempre estás actuando y como cada una de tus acciones tiene una intención, siempre estás enviando mensajes. Todos tus mensajes van dirigidos a «DEVOLVER AL REMITENTE».

Dicho de otra manera, cuando una acción que realizas activa una experiencia en otro individuo, la Ley Universal de Causa y Efecto te envía a esa misma experiencia. Por ejemplo, si engañas a tu prometido, la Ley universal de Causa y Efecto te enviará su experiencia. Experimentarás la misma sorpresa, confusión y dolor. En otro lugar y en otro momento, otro prometido puede engañarte, pero no necesariamente. Un líder del pelotón podría abandonarte en pleno combate o un amigo podría estafarte. Es posible que no reconozcas el envoltorio de tu mensaje cuando llegue, pero inmediatamente reconocerás el mensaje cuando lo abras. Has sido traicionado.

Quizás enviaste tu mensaje ayer, hace diez años o cuatro siglos. Si lo enviaste con amor, se percibirá maravilloso cuando llegue. Si lo enviaste con miedo, dolerá. Cuenta con eso. La Ley Universal de Causa y Efecto funciona impecablemente. Piensa en cada mensaje que envías como una comunicación personal tuya que llega a través de un bumerán guiado por láser, por así decirlo.

En otras palabras, *todas tus experiencias son necesidades kármicas.* Cuando veas esto, comenzarás a prestar atención a los mensajes que envías y dejarás de culpar o de dar las gracias a los demás cuando los recibas. La Ley Universal de Causa y Efecto es el maestro impersonal universal de la responsabilidad.

Esta ley no juzga tus mensajes, no los lee, ni los discute. Sólo los entrega.

21

¿Cómo funciona la Ley Universal de Causa y Efecto?

La experiencia de una consecuencia kármica es la experiencia de una emoción que una intención y una acción tuyas activaron en otro individuo. Esa experiencia puede llegarte como el reflejo de un espejo. En otras palabras, los roles que juegas pueden ser idénticos pero invertidos. Es posible que hayas sido jefe, por ejemplo, y hayas tratado a un empleado de la misma manera que tu jefe te está tratando ahora. Las mismas almas están implicadas. Éste no suele ser el caso. Lo que es significativo y central es que ahora te llega una experiencia cuya acción, y la intención que hay detrás de ella, se activó en otro individuo para que puedas experimentar ese mismo intercambio de energía desde otro punto de vista, el opuesto.

Cuando creas poder auténtico, te vuelves capaz de reconocer experiencias dolorosas en ti mismo en términos de conciencia emocional. Son las experiencias que crean las partes asustadas de tu personalidad cuando están activas. Pueden aparecer vestidas de manera diferente, por así decirlo, de la acción y de la intención que tú u otra personalidad de tu alma tomasteis con respecto a otro individuo, que activó partes asustadas similares o iguales en él.

En otras palabras, las partes asustadas de tu personalidad están reaccionando a lo que ellas mismas, u otra personalidad de tu alma, han experimentado hacia otro individuo. Por ejemplo, imagina que un amigo te ha traicionado. Pensabas que estaba tratando de ayudarte y, en realidad, intentaba aprovecharse de ti. Ahora está claro. A medida que lo experimentas y desafías las partes asustadas de tu personalidad que reaccionan ante ello, comienzas a ir más allá del control de esas partes. Cuando vas más, te mueves hacia el amor. Cuando avanzas hacia el amor, cambias tu karma. Cambias las consecuencias que estás creando con tus intenciones y acciones.

No se trata de identificar exactamente qué intercambio de energía ha provocado lo que estás experimentando entre tú y tu amigo. Es la energía misma la que requiere atención, y esa energía es el miedo. A medida que continúas interactuando con otros con la intención del miedo, por ejemplo, para explotarlos, para demostrar que tienes razón, para dominarlos, para aprovecharte de ellos, continúas creando consecuencias dolorosas para ti mismo. Cuando desafías las partes asustadas de tu personalidad a medida que se vuelven activas y reemplazas su intención con la intención de una parte amorosa de tu personalidad, una que está alineada con tu alma –lo que significa que eliges actuar desde una parte amorosa de tu personalidad mientras una parte asustada está activa–, en ese momento cambias el intercambio de energía. En el momento de elegir una intención de amor y actuar con ella lo mejor que puedas en lugar de reaccionar con miedo, vas más allá del control de las partes de tu personalidad que están reaccionando. Ésas son las partes que te provocan consecuencias dolorosas.

El fondo es la energía que se crea cuando eliges una intención para infundir una acción o una palabra, y cuando la intención que eliges es el miedo, puede activar partes asustadas en otro individuo. Puede crear reacciones en él. Esas reacciones son las experiencias que tú, habiendo iniciado el intercambio kármico, experimentarás en tu vida o en la vida de otra personalidad de tu alma. Cuando cambias la energía con la que interactúas con las otras personas, cambias toda la dinámica, o, mejor dicho, toda la dinámica permanece exactamente como es y siempre ha sido, pero lo que crea en ti en términos de experiencia cambia radicalmente a medida que tus intenciones pasan del miedo al amor.

Cuando eliges responder desde la parte más saludable de tu personalidad a la que puedes acceder en lugar de reaccionar desde una parte asustada, creas un karma diferente para ti. En otras palabras, cada experiencia emocionalmente dolorosa es consecuencia de una intención de miedo que tuviste cuando tú, u otra personalidad de tu alma, interactuaste con otro individuo en el pasado. Responder con amor a esa experiencia en lugar de reaccionar con miedo crea experiencias emocionalmente placenteras para ti y evita que crees consecuencias más dolorosas.

A medida que creas poder auténtico y alineas tu personalidad con tu alma, ingresas en una nueva fase de experiencia en la escuela de la Tierra. La fase hacia la que estás viajando, y hacia la cual todos los individuos de la escuela de la Tierra están viajando o viajarán, es aprender a moverse por la escuela de la Tierra con un corazón empoderado, sin apego por el resultado. Esto significa que aportas la claridad de tu corazón a todo lo que haces, sin apego. Cuando éste entra en escena, el dolor también entra, que es lo mismo que decir que el miedo entra en escena. Es redundante decir «un corazón empoderado sin apego por el resultado», porque ese corazón no tiene apegos. Sin embargo, es útil utilizar estas palabras porque iluminan los componentes que es esencial que reconozcas y comprendas: la energía del corazón (el amor), y lo que impide la energía del corazón (el miedo).

Desde un corazón empoderado puedes decir «Esto no es apropiado», «Dejémoslo ahora mismo», «Sigamos» o «Probemos», todas ellas opciones, entre otras muchas, que se pueden tomar sin apego por el resultado cuando la elección se hace con amor. La elección del amor no se hace por otro individuo, aunque el amor no conoce distinciones; se hace para desafiar una parte asustada de tu personalidad.

Lo que otra personalidad hace o deja de hacer no entra en esta imagen. Es una dinámica interna que estás descubriendo o volviendo a reconocer en ti mismo, a la que estás desafiando con la intención de ir más allá. La otra persona está realizando un servicio para ti, por así decirlo. Todos en la escuela de la Tierra realizan ese servicio cuando interactúas con ellos. Activan partes temerosas y amorosas de tu personalidad para que puedas distinguirlas y crear poder auténtico.

La respuesta desde el amor siempre es «Gracias».

22

Profesores no físicos

El conocimiento acerca de los profesores no físicos llega fácilmente a algunos individuos multisensoriales porque sus primeras experiencias con ellos son inequívocas. Saben qué está pasando y sienten la importancia de ello. No todos los individuos que se vuelven multisensoriales tienen esas experiencias o esa presentación a los profesores no físicos. Cualesquiera que sean o sean sus experiencias, sus profesores no físicos los asistirán apropiadamente.

La transformación de la consciencia humana de cinco sentidos a multisensorial incluye el conocimiento de esto profesores, el acceso a ellos y la recepción de su apoyo.

Un profesor no físico es una dinámica de energía impersonal. A veces intentamos personalizarlos dándoles nombres, como Michael o Gideon (me los he inventado), pero no son eso. Están en la escuela de la Tierra pero no son de ella, del mismo modo que un progenitor está en la experiencia de su hijo, pero no es de ella. La perspectiva de los padres es diferente a la del niño. Ven más y saben más. Su consciencia y sus experiencias no pueden ser captadas por el niño. Tu profesor no físico se encuentra siempre contigo, sabe todo sobre ti y te apoya en tu crecimiento espiritual.

Hay formas en las que puedes experimentar con la existencia de profesores no físicos. El primer paso es entender que existen, y que siempre han existido. Los humanos de cinco sentidos los tenían, pero no eran conscientes de su existencia por culpa de las limitaciones de sus experiencias. Ahora que la humanidad se está volviendo multisensorial, todos los humanos se están dando cuenta de su existencia. Como todas las percepciones multisensoriales, estas experiencias son nuevas. Invitas a un conocimiento más profundo de tus profesores no físicos cada vez que te recuerdas que son reales. Eso significa recordarte a ti mismo la historia de nuestra nueva creación y que estás participando en ella.

La manera más fácil de involucrar a un profesor no físico consiste en formularte la pregunta «¿Cuál es mi intención?» antes de hablar o de actuar, sobre todo cuando no estás seguro de cuál es. No estarás solo en tu respuesta. Ésta puede llegar inmediatamente, días después o una vez transcurrido el tiempo necesario. Ten paciencia. Comprende que en el momento en que pides una guía no física, la respuesta llega a raudales. Es posible que necesites relajarte para recibirla, que necesites caminar por la naturaleza o hacer un recado, siempre que esto no te distraiga. La respuesta puede llegarte como una percepción o una idea que es nueva para ti. Puede venir con una sensación de emoción. Es posible que oigas palabras. Puede aparecer un recuerdo, una canción o un acontecimiento en tu conciencia. Deja que se te aparezca el significado de ese recuerdo, de esa canción, de ese acontecimiento o de esas palabras.

Éste también es el proceso de ponerse en contacto con la intuición, porque la intuición es la voz del mundo no físico, y el mundo no físico es el hogar, metafóricamente hablando, de los profesores no físicos. A medida que te vayas dando cuenta de la realidad de la existencia de tus profesores, comenzarás a formularles más y más preguntas, sobre todo cuando te encuentres confundido, lo que significa que las partes asustadas de tu personalidad están activas. A medida que te vayas calmando, a medida que vayas desafiando a esas partes, te resultará más fácil acceder a la intuición, a tus profesores no físicos.

Como ya hemos comentado, estos profesores están en tu vida para apoyar tu desarrollo espiritual. Responderán a tus preguntas, pero tú debes formularlas. Sé consciente de las preguntas que haces. ¿Son preguntas importantes para ti? ¿Cómo utilizarás tu tiempo con un profesor no físico? Tus profesores no físicos responderán a todas tus preguntas. No perderán la paciencia.

Cuando tengas una percepción o sientas que un pensamiento, un recuerdo o una canción está activando tu conocimiento, asume que el conocimiento proviene de un profesor no físico y permítete profundizar la conexión. Un profesor no físico no te dirá qué hacer, pero te ofrecerá ideas o te mostrará posibilidades que quizás no hayas considerado. Debes decidir si aceptas o no experimentar con una idea que sientes que un profesor no físico está compartiendo contigo. Si sientes que te está dando instrucciones o te está diciendo que hagas esto o aquello, debes saber que *no* estás en comunicación con un profesor no físico, sino con una parte asustada de tu personalidad. Aquí es donde la conciencia emocional y la elección responsable entran en escena. A medida que te vayas involucrando en este proceso, te sentirás más cómodo con él y, de hecho, tendrás mucha confianza en él.

No te preocupes por volverte dependiente de un profesor no físico. Disfruta de la dependencia. Deléitate en ella, porque es dependencia del Universo. ¿Qué hay de malo en depender del Universo? Experimenta con tus profesores no físicos. Son fuentes de una inmensa alegría para ti, porque te ayudarán a superar el miedo y a cultivar el amor.

Las personas que cocrean con ellos siempre han caminado entre nosotros. Cada gran religión reclama uno o más de ellos como propios. Los individuos de cinco sentidos no son conscientes de los profesores no físicos. En cambio, los individuos multisensoriales están empezando a descubrirlos. En otras palabras, la interacción con los profesores no físicos se está convirtiendo en un fenómeno de toda la especie humana.

Esto es inseparable de nuestra nueva historia de creación.

23

Como es dentro, así es fuera

Como es fuera, así es dentro parece ser el orden natural del mundo para los humanos de cinco sentidos. Experimentan el mundo como primario y la consciencia como secundario. Es decir, creen que el mundo determina su consciencia. Por lo tanto, se esfuerzan por cambiar el mundo para cambiar su consciencia. Persiguen el poder externo. Lo opuesto a esto, como es dentro, así es fuera, es el orden natural del mundo para los humanos multisensoriales. Experimentan la consciencia como primaria y el mundo como secundario. Es decir, creen que la consciencia determina el mundo. Por lo tanto, cambian su consciencia para cambiar el mundo. Crean poder auténtico.

En otras palabras, las experiencias de los cinco sentidos enseñan cosas sobre el mundo a los humanos de cinco sentidos; por ejemplo, las montañas son altas, la lluvia está mojada o la velocidad de la luz en el vacío es de 299.792,458 kilómetros por segundo. En cambio, las experiencias multisensoriales del mundo enseñan a los humanos multisensoriales sobre *sí mismos*, y aquí radica la relación entre nuestra consciencia y el mundo.

Este drástico cambio en la percepción ha cambiado drásticamente la forma en que los humanos entienden su relación con el mundo. Los humanos de cinco sentidos consideran que cambiarse a sí mismos y cambiar el mundo son cosas completamente diferentes; los humanos multisensoriales consideran que son la misma cosa.

Cambiar tu consciencia no cambia la Tierra. Ésta es una entidad viviente que existe con o sin nosotros. De todos modos, cuando no somos conscientes de la relación que tenemos con el mundo, no podemos aprender sobre nosotros mismos del mundo. Cuando tomamos conciencia de esta relación, el mundo nos muestra partes de nuestra personalidad que aún no conocemos. Por ejemplo, nos muestra partes que no queremos ver, que son demasiado vergonzosas o dolorosas para que las reconozcamos. ¡Hasta que nos damos cuenta de esas partes en nosotros mismos, las vemos en los demás! Esto se llama proyección.

Imagina que te encuentras con un individuo que no es honesto. Si eres consciente de las partes de ti mismo que no son honestas y las desafías, podrás ver a esa persona con mayor precisión como alguien que se encuentra bajo el control de partes de su personalidad que no son honestas. Si, por el contrario, no eres consciente de estas partes asustadas que hay en ti o no las desafías o sientes que no las puedes desafiar adecuadamente, entonces intentarás desafiarlas *fuera* de ti, en el individuo que muestra las mismas partes asustadas.

El poder de la conciencia emocional es el poder de identificar las partes asustadas de tu personalidad y reconocerlas cuando están activas. Lo que las activa es una proyección. En otras palabras, lo que necesita ser sanado está dentro de ti. Lo que parece necesitar ser corregido o desafiado cuando hay una proyección en proceso aparece fuera de ti. Ésta es la relación íntima y poderosa entre lo interno y lo externo. Es fundamental. Es lo que permite que la conciencia emocional te ayude a crecer espiritualmente.

La conciencia emocional es la capacidad de distinguir entre las partes temerosas y las partes amorosas de tu personalidad. Las partes asustadas son aquellas que se imponen porque son dolorosas y compulsivas o adictivas. Cuando hay una reacción (proyección), siempre existirá el intento de detener o reducir el dolor emocional actuando sobre el mundo externo, lo cual es infructuoso.

Consideremos, por ejemplo, una adicción a una droga, al alcohol o a la comida. Cuando llega el dolor emocional (se activa una parte asustada de la personalidad), en lugar de mirar hacia dentro, la atención se dirige hacia fuera en busca de formas de detener el dolor, ya sea una dosis, una bebida, sexo, otra comida u otro postre. Aquello que se busca desde fuera es una sanación ilusoria, porque es lo que hay dentro lo que requiere sanación, lo que significa desafiarlo e ir más allá de su control.

El aprendizaje por proyección y reacción también se da en grandes colectivos, tanto nacionales como internacionales. Por ejemplo, cuando las personas ven falta de integridad o de conciencia en el presidente o en el primer ministro de una nación externamente poderosa, que actúa de manera que podría causar un daño de gran alcance, como acelerar el cambio climático o iniciar una guerra nuclear, se esfuerzan por evitar esas acciones en el mundo sin darse cuenta de lo que representan: partes asustadas de sus propias personalidades que carecen de integridad y que están continuamente en guerra o amenazando siempre con la destrucción.

Cuando lo reconocen, son capaces de desafiar las actividades y las políticas de los individuos responsables sin convertirlos en villanos, lo que significa que no se desempoderan a sí mismos, como Gandhi pudo hacer con los británicos y Martin Luther King Jr., con los supremacistas blancos. Entonces pueden convertirse en activistas efectivos. Ya no buscan refugio en la burla, el desdén y el menosprecio de los demás, o en descargar el disgusto de partes asustadas de sus personalidades en ellos, todo lo cual es inútil.

En vez de eso, pueden mirar dentro de sí mismos lo que desdeñan, rechazan y encuentran repugnante, y desafiar las experiencias de desdén, rechazo y disgusto en su interior. A medida que van más allá del control de las partes de sus personalidades que se activan por lo que ven en el mundo, pueden establecer sus intenciones de cambiarlo no para sentirse mejor ellos mismos ni para hacer que otros sean los villanos, sino para contribuir al mundo con un corazón empoderado, sin apego al resultado.

Esta dinámica de proyección y reacción continúa en nosotros hasta que descubrimos todo aquello ante lo que estamos reaccionando, hasta que nos damos cuenta de que estamos rechazando partes de *nosotros mismos*. Entonces, nuestros corazones se ablandan con aquellos por los que sentíamos repulsión porque podemos reconocer en ellos las partes de nosotros que antes no veíamos, y les damos las gracias por mostrárnoslas.

El mundo nos enseña sobre nosotros mismos cada vez que vemos conexiones entre él y las elecciones que hemos hecho. Por ejemplo, vemos huracanes más violentos, sequías más prolongadas, temporadas de incendios incontrolables más largas. Asistimos a la desaparición del hielo ártico, al derretimiento de los glaciares, al hundimiento de islas en el mar y ciudades costeras que comienzan a inundarse. Vemos acuíferos envenenados por el *fracking* y pesticidas, rodenticidas y fungicidas que hacen que enfermemos. Vemos microplásticos en los océanos, los cultivos se marchitan, el hambre se extiende y compañeros de la escuela de la Tierra mueren de hambre..., y nos damos cuenta de que nosotros hemos provocado todo esto. Nada de eso habría sucedido, podría haber sucedido, sin las elecciones que hemos tomado. Esto es aprendizaje colectivo.

Vemos, cuando miramos, la Ley Universal de Causa y Efecto aportando a nuestra vida experiencias que nuestras elecciones han aportado a la vida de otros, y vemos que nuestras experiencias no cambiarán hasta que cambiemos nuestras elecciones. Esto es aprendizaje individual. Ver lo mismo a nivel de colectivos es aprendizaje colectivo.

A medida que se preparan más misiles para su lanzamiento, caen más bombas, más cadáveres se pudren bajo los escombros y más escasea el agua, millones de humanos multisensoriales se dicen a sí mismos: «Ya no contribuiré a la crueldad que ha caracterizado la experiencia humana».

El mundo nos refleja en todas partes para que podamos cultivar el amor en nosotros mismos, desafiar el miedo y dar los dones que nacimos para dar. ¿Cómo es posible que no hayamos visto antes esta relación que tenemos con el mundo? ¿Cómo no vamos a verla ahora?

¿Dónde está la línea entre el mundo y tú?

24

Como es abajo, así es arriba

La expresión «como es fuera, así es dentro» es tan obsoleta como la comprensión del poder como capacidad de manipular y controlar. Van juntas, y ambas forman parte de la vieja consciencia, la que se está muriendo. «Como es arriba, así es abajo» se encuentra en la misma categoría de malentendidos. Esta sentencia era precisa cuando la humanidad tenía cinco sentidos y la suposición tácita, irrazonable y no reconocida era que el mundo externo determina la consciencia del individuo. Ahora eso también es tan obsoleto como la vieja consciencia.

Desde la perspectiva de la nueva consciencia, la perspectiva de la percepción multisensorial, la realidad en la que ahora estás operando es la opuesta. Esa realidad es como es abajo, así es arriba. ¿Qué significa eso? Significa que tú como individuo en la escuela de la Tierra eres un micro. Lo macro es la experiencia colectiva de la humanidad. Sin embargo, es lo micro lo que determina lo macro. Esto es algo que la percepción de los cinco sentidos no puede discernir y el intelecto no puede comprender.

Eres lo micro con miedo y amor. Lo macro es también un contenedor, por así decirlo, con miedo y amor. Desde la percepción de los cinco sentidos, lo micro y lo macro quedan separados para siempre por un muro. La barrera es la diferencia entre «aquí dentro» y «allá fuera». Es la barrera que ahora se está disolviendo, porque el miedo y el amor en el mundo que deseas cambiar son el mismo miedo y amor que hay en ti. Ahora tienes la habilidad, el poder, de cambiar el miedo y el amor que hay en ti. Ése es el poder auténtico.

La capacidad de distinguir entre el amor y el miedo en ti mismo, de desafiar el miedo eligiendo actuar desde una parte amorosa de tu personalidad en lugar de reaccionar desde una parte asustada, y de cultivar el amor cuando lo reconoces dándote cuenta de que procede de una parte amorosa de tu personalidad, es real. El miedo no es real. Todo eso es la creación de poder auténtico. Por lo tanto, ya no es exacto decir que lo micro cambia a lo macro, porque no hay distinción entre lo micro y lo macro. Esto es lo que el intelecto no puede captar. La sabiduría de los lakota declara que el centro del Universo está en todas partes. Eso es correcto. El centro está en ti. Está en mí.

Cambiar el Universo desde el centro del Universo, desde la antigua percepción, podría pensarse como cambiar el Universo de dentro hacia fuera, si tal cosa pudiera existir. No existe, al igual que no puede ni podría existir tal cosa como cambiar el Universo de fuera hacia dentro, porque tú y el Universo no estáis separados. Eres parte de él. Es parte de ti.

El alcance de tu comprensión a medida que avanzas hacia la percepción multisensorial se vuelve mucho mayor. Desde esa perspectiva, aunque no puedes experimentar la identidad del Universo y tú, puedes sentirla a veces. Son los sentimientos que vienen cuando desapareces, y todo lo que queda es lo que estás viendo. Sin embargo, lo que estás viendo está tanto dentro como fuera de ti. Por ejemplo, piensa en la fascinación que te produce observar el resplandor rojizo de una montaña cuando se pone el sol y pasa de tonos terrosos y blancuzcos por el hielo y la nieve, a rosados, y luego comienza a brillar, se vuelve violeta y, finalmente, se torna púrpura a medida que la oscuridad la envuelve. Te quedas parado absorbiendo la belleza, en la belleza, y la belleza está en ti. Eso es lo que genera el sentimiento de asombro, de aprecio, de plenitud.

Invertir los viejos y obsoletos dichos «Como es arriba, es abajo» y «Como es fuera, es dentro» a «Como es abajo, es arriba» y «Como es dentro, es fuera» te recuerda que el poder para cambiar el mundo es el poder que tú tienes para cambiarte a ti mismo. El poder que tienes para cambiarte a ti mismo es el poder de retirar los obstáculos al amor con el que naciste; en otras palabras, las partes asustadas que tu alma aportó a tu personalidad cuando un aspecto de tu alma se encarnó en la escuela de la Tierra.

Cambiarte a ti mismo no es un asunto trivial, es más que significativo. Naciste para lograr, experimentar y utilizar esta transformación, no desde la percepción de una personalidad, sino desde la percepción expandida del Amor. Desde esa percepción expandida, el Amor es Amor: fuera, dentro, no hay distinción. A medida que desarrollas la capacidad de contribuir con amor, de distinguir el amor del miedo y fomentas la capacidad de cultivar el amor, lo que requiere desafiar el miedo, y a medida que tu conciencia comienza a llenarse de amor, acabas convirtiéndote en amor y reconociendo –no por la deducción, no por la conclusión, no por la suposición, sino por tu experiencia– que el amor es todo lo que hay. Estas inversiones son simplemente recordatorios de que el trabajo que estás haciendo en la Tierra cuando minas tus miedos, los desafías uno a uno y vas más allá de controlarlos está cambiando el mundo.

No intentes llenar los vacíos en la lógica lineal del intelecto, porque no hay nada que pueda llenarlos. Esos huecos no reflejan huecos en el mundo o en la lógica de orden superior y la comprensión del corazón, sino simplemente las limitaciones del intelecto. Es un instrumento que fue diseñado para una cosa: recopilar, evaluar y recomendar datos de los cinco sentidos para ayudar a la personalidad a buscar el poder externo.

Abandónalo. Utiliza tu intelecto para aprender los instrumentos que ha creado la tecnología; por ejemplo, aplica el aprendizaje biológico que la investigación de los cinco sentidos ha descubierto para el bien de toda vida. Sin embargo, la contribución para la que has nacido y has de hacer a toda vida es transformar tu vida, pasar de una vida de miedo e inconsciencia a una de amor y una contribución consciente de amor. «Como es abajo, así es arriba» y «Como es dentro, así es fuera» no son correcciones a los clichés de los cinco sentidos, sino compleciones. Porque como es arriba, así es abajo está incompleto sin el reconocimiento de que como es abajo, también es arriba, y como es fuera, así es dentro está incompleto sin el reconocimiento de que como es dentro, también es fuera. A medida que vas creando poder auténtico, te vuelves más que completo. Te conviertes en la compleción.

Jesucristo transformó la consciencia colectiva del miedo con el poder de su propia consciencia de amor. Éste fue su mayor regalo, el regalo que él nació para dar, y su vida lo modeló. Los humanos de cinco sentidos piensan en Jesucristo en términos de caminar sobre el agua, multiplicar la comida y el vino, sanar a los enfermos, devolver la vista a los ciegos y resucitar un cuerpo muerto en un vehículo físico vivo y dinámico. Cuando pienso en Jesucristo, pienso en su declaración clara y poderosa, inequívoca, inconfundible e impactante: tú puedes hacer todo lo que yo he hecho *y más*.

¿Te lo crees? ¿Cuál podría ser tu primer paso?

Jesucristo se paseó por la Tierra en los tiempos de la humanidad de cinco sentidos. Nos estamos volviendo multisensoriales. Nuestra comprensión de nosotros mismos, del mundo, del Universo y del poder es diferente. Nuestras capacidades son diferentes. Nuestra forma de evolucionar también lo es. Requiere cambiar el abajo y el arriba, el dentro y el fuera: nosotros mismos y el mundo. Requiere que transformemos la consciencia colectiva del miedo con el poder de nuestra propia consciencia de amor. Requiere que lo hagamos con cada elección de amor en lugar de miedo, con cada acción de amor en lugar de miedo, con cada palabra de amor en lugar de miedo, con cada pensamiento de amor en lugar de miedo.

Y más.

25

Asociación espiritual

Los amigos tienen expectativas. Suelen ser intenciones ocultas (e inconscientes), como motivaciones psicológicas (validar mis necesidades, mis sentimientos, mis decisiones), motivaciones físicas (ayudarme a levantar un negocio, aprobar los exámenes, cuidar de mis hijos), emocionales (hacerme sentir adorable, seguro, digno) o financieras (ayudarme a ganar dinero, pedir dinero prestado, conseguir un trabajo), entre otras. Cuando los amigos no pueden cumplir sus motivaciones –cuando no cumplen con las expectativas de los demás–, sus amistades se disuelven. Por ejemplo, si un amigo ya no tiene tiempo para ti, chismea sobre ti, te miente o dice falsedades sobre ti, ¿conservas a esa persona como amigo?

Los amigos son aliados. Se dicen «Apóyate en mí y yo me apoyaré en ti», pero la cercanía no es necesaria. A menudo comparten intereses superficiales, interacciones insustanciales e intercambios sin profundidad. Hablan sobre trabajos, casas, vacaciones o falta de vacaciones, planes, otras personas, salud, hijos… Se esfuerzan por crear comodidad mutua. Cuando no lo consiguen, su amistad se disuelve.

En otras palabras, los amigos persiguen el poder externo. Se preguntan: «¿Qué sacaré de ello?». Si la respuesta es «nada», esa amistad no es posible. Los colectivos también persiguen el poder externo. Se preguntan: «¿Qué sacaremos de ello?». ¿Qué sacaremos nosotros, trabajadores, profesionales, padres? ¿Qué sacaremos los estadounidenses, los europeos, los japoneses…? ¿Qué sacaremos los blancos, los amarillos, los negros…? Si la respuesta es «nada», la alianza no es posible.

Estas dinámicas son invisibles para los humanos de cinco sentidos. En cambio, los multisensoriales las ven. Los de cinco sentidos no pueden ver (y no se creen) la relación entre la amistad y la búsqueda del poder externo. Por lo tanto, no pueden ver la relación entre las amistades y el desastre climático, la extinción de especies y las amenazas para la supervivencia humana.

La nueva consciencia lo está cambiando.

Vivimos en una época de doble visión. En la vieja, la visión como los cinco sentidos, somos mortales e independientes. El mundo es la fuente de nuestro sufrimiento y de nuestra alegría. Somos pequeños, víctimas, y buscamos la realización a través de los demás. El Universo está inerte (muerto). Nos aferramos a las personas o estamos resentidos con ellas, y la muerte es el último desastre.

En la nueva visión, la visión de la percepción multisensorial, somos más que cuerpos y mentes, el mundo nos refleja a nosotros mismos y el Universo es sabio y compasivo. Somos grandes y poderosos, pero no más que los demás. Nuestras luchas son significativas y el cumplimiento es una elección. Creamos nuestras experiencias, y la muerte es la finalización de un viaje a través de la escuela de la Tierra y el regreso a casa de un alma.

Estas visiones ahora se superponen. A veces, la nueva visión nos hace señas como un rostro en las nubes o música en el agua en movimiento…, efímera pero presente, insustancial pero presente, moldeando suavemente nuestra experiencia. A veces nos lleva audazmente hacia nuevos valores y aspiraciones. Rápida o lentamente, atrevida o delicadamente, la nueva visión nos muestra un mundo que está naciendo, un mundo de nuevos significados, entendimientos y formas de ser. Sus habitantes crean poder auténtico.

La vieja visión nos muestra un mundo obsoleto de poder externo, éxitos vacíos y objetivos poco atractivos.

Éstas son grandes diferencias. Las interacciones personales de los humanos de cinco sentidos son amistades. Las conexiones personales de los multisensoriales son asociaciones espirituales. La asociación espiritual es un nuevo arquetipo. *La asociación espiritual es una asociación entre iguales a fin de buscar el crecimiento espiritual.* Esta idea era demasiado avanzada para la humanidad de cinco sentidos. Los humanos multisensoriales saben que poseen alma. Saben que están juntos por una razón, y que ésta tiene que ver con sus almas. Crean poder auténtico y se ayudan mutuamente para crear poder auténtico. La asociación espiritual es parte de la nueva consciencia.

Un arquetipo es una dinámica energética. El matrimonio es un arquetipo antiguo. Es parte de la vieja consciencia. Crea una división natural del trabajo que aumenta las probabilidades de supervivencia. Los cónyuges no son ni se consideran iguales. No comparten experiencias de partes asustadas de sus personalidades, tales como atracciones sexuales por otras personas, celos, ira, superioridad e inferioridad. No «agitan las aguas». La energía del «esposo» (poseedor, amo, dueño) y la energía de la «esposa» (propiedad, esclava) son partes de la vieja consciencia. En cambio, los humanos multisensoriales no se experimentan a sí mismos de estas maneras.

Las asociaciones espirituales están reemplazando las formas de relación de cinco sentidos. La dinámica de la asociación espiritual es completamente nueva. Los compañeros espirituales permanecen juntos mientras crecen juntos espiritualmente y ellos eligen sus roles en sus asociaciones. Dicen que las cosas que más temen destruirán su asociación.[7]

Las asociaciones espirituales no son sólo para parejas, sino también para vecinos, compañeros de clase, de trabajo, familiares, organizaciones, equipos, empresas, comunidades y países. Las cosas que las personas deben aprender en asociaciones espirituales son las mismas que los grupos, las comunidades y los países deben aprender en uniones espirituales.

Las asociaciones espirituales son voluntarias. Sólo son posibles cuando hay apertura al desarrollo espiritual. Se preguntan las unas a las otras: «Si crees que ves una parte de mi personalidad, y crees que yo no la veo, y crees que podría ayudarme a verla, ¿me lo dirás?». Dicen «crees» deliberadamente porque saben que pueden estar proyectando

---

7. Para saber más sobre asociación espiritual, lee ZUKAV, G., et al.: *Spiritual Partnership*. HarperOne, Nueva York, 2010. Para experimentar asociación espiritual, utiliza en tu vida las Guías de asociación espiritual.

en otros partes inconscientes de sus propias personalidades que son demasiado dolorosas o vergonzosas para reconocerlas.

Un tsunami está limpiando la playa de la experiencia humana de todo lo que en el pasado sirvió para nuestra evolución, y depositando sobre ella todo lo que nuestra evolución requiere ahora. Atrás ha quedado la energía externa. Ha llegado el poder auténtico. Atrás ha quedado la evolución a través de la supervivencia. Ha llegado la evolución a través del crecimiento espiritual. Atrás ha quedado la amistad.

Ha llegado la asociación espiritual.

26

La nueva percepción de comunidad

Las comunidades de cinco sentidos están creadas por el miedo. Las más grandes, las más pequeñas y las intermedias están creadas por el miedo. Los humanos de cinco sentidos creen que las comunidades son colectivos de apoyo, cuidado y aprecio mutuos. Ésa es una cara de una moneda, pero las monedas tienen dos caras. Cuando nos volvemos multisensoriales, somos capaces de ver el otro lado de la moneda que llamamos «comunidad».

La otra cara de la moneda es la incomodidad, el peligro y la vulnerabilidad. Los individuos que no forman parte de la comunidad amenazan a la comunidad. Por ejemplo, una comunidad de personas blancas brinda seguridad, comodidad y protección a los miembros blancos. En cambio, las personas que no son blancas experimentan esta comunidad de manera diferente. Se sienten amenazadas por ello, independientemente de que los individuos blancos quieran o no que su comunidad suponga una amenaza. La comunidad (o las comunidades) de personas no blancas brinda seguridad, comodidad y protección a los miembros no blancos. En cambio, las personas blancas experimentan esta comunidad de manera diferente. Se sienten amenazadas por ello, independientemente de que los miembros no blancos quieran o no que su comunidad suponga una amenaza.

La búsqueda del poder externo provoca constantemente estos problemas. Esto significa que el miedo siempre genera comunidades. Los puntos en común que parecen unir a los individuos de cinco sentidos, como la piel y la cultura blancas, la piel y la cultura negras, las creencias cristianas, las creencias budistas, la ciudadanía estadounidense o la historia china, por ejemplo, no los unen. El miedo sí. Cualquier punto en común que parezca ser el núcleo de una comunidad (intelectuales, artistas, atletas, académicos, padres, etc.) no es el núcleo de esa comunidad. El núcleo es el miedo a los que son diferentes. Incluso los miembros de asociaciones profesionales, que no tienen motivos para temer a otros que no son miembros, se suelen sentir más cómodos los unos con los otros. Los dentistas se sienten más cómodos con los dentistas que con los soldadores. Los marineros, los esquiadores, los académicos, los soldados y los estudiantes se suelen sentir más cómodos con quienes comparten sus experiencias. Las comunidades surgen y desaparecen, crecen y se hacen más pequeñas, pero dondequiera que existan, existen por culpa del miedo.

Las comunidades nos separan y nos mantienen separados. Los «otros» no pueden existir sin las comunidades, y éstas no pueden existir sin los «otros». Los humanos de cinco sentidos creen que las comunidades se forman en torno a las similitudes. En cambio, los humanos multisensoriales ven que se forman alrededor de las diferencias.

Cuando hablas desde (en lugar de sobre) partes asustadas de tu personalidad o permites que otros te hablen desde (en lugar de sobre) partes asustadas de sus personalidades, participas en la creación de comunidad.

Estas partes buscan el acuerdo con las partes asustadas de otras personalidades. Buscan a otros que compartan sus ilusiones (los negros son peligrosos, los blancos son opresivos, las lesbianas son anormales, etc.). Te alejan del amor, independientemente de cuán amorosas te parezcan tus comunidades o cuán amorosas quieras que les parezcan a los demás.

Si tienes valor, pregunta a los que no se encuentran en tu comunidad (no comparten tu ilusión) si se sienten reconfortados por tu comunidad (ilusión) o amenazados por ella. Te dirán, si tienen el coraje suficiente, que las comunidades (ilusiones) que más valoras son aquellas en las que la parte asustada de sus personalidades más desconfía u odia.

Participas en la creación de comunidad cuando te identificas con un colectivo. El miedo es el pegamento que os mantiene unidos a ti y a la comunidad, y a los individuos de todas las comunidades.

Toda comunidad es una prisión de miedo. Algunas son prisiones muy grandes, como las comunidades de personas blancas, amarillas, negras o marrones. Incluso las comunidades más pequeñas, como las amistades diádicas, son prisiones. Cada experiencia con una comunidad, como una sensación de seguridad, de pedantería o de superioridad, es una experiencia de miedo.

Cuando veas ambas caras de la moneda de la «comunidad», puedes utilizar tus comunidades para mostrarte tus miedos, si los buscas. Mira atentamente a las personas que no forman parte de tus comunidades y pregúntate por qué no están en ellas.

27

La Comunidad Mayor

La Comunidad Mayor siempre ha existido y siempre existirá. No se hace más grande, y no se hace más pequeña. Estábamos en la Comunidad Mayor cuando nacieron nuestras personalidades, y permaneceremos en ella cuando éstas mueran. No es posible salir de la Comunidad Mayor.

La comunidad Mayor incluye a todos y todo. Los individuos pertenecientes a ella piensan, parecen, hablan, se comportan y creen de manera diferente unos de otros, a menudo de manera muy diferente. La Madre Teresa (inspiración de bondad) y Adolf Hitler, Joseph Stalin y Mao Zedong (salvajes asesinos de millones de seres humanos) forman parte de ella.

Las personas que duermen en áticos también forman parte, al igual que las que duermen en la calle. Las que exploran las maravillas de la naturaleza y las que viven en jaulas de cemento, atormentadas por molestas luces y brutales carceleros, y los propios carceleros, forman parte de la Comunidad Mayor.

Los que perdonan y los que condenan; los que dan de comer y los que privan de comida; los que contribuyen y los que rechazan; los que se preocupan y los que no; todos están en la Comunidad Mayor.

Las montañas, los continentes y la Tierra misma están en ella. Las estrellas, los planetas, los meteoros, las nebulosas y las piedras también. Todo el Universo físico está en la Comunidad Mayor, que incluye mucho más. Innumerables reinos de Vida y Consciencia, muy diferentes de los que experimentamos, se encuentran en la Comunidad Mayor.

Los humanos de cinco sentidos no son capaces de concebir el espacio, las galaxias y los sistemas celestes, incluido el nuestro, en términos de comunidad. Su comprensión se limita a un contexto de tiempo, espacio, materia y dualidad. Éste es el único contexto que el intelecto puede comprender. Hay innumerables otros contextos en el Universo, y también están en la Comunidad Mayor. No hay nada en el Universo que no sea consciente. Cuando exigimos que la consciencia sea sólo tal como la experimentamos, exclamamos como ciegos que no existe el «color» o como sordos que no existe el «sonido». La gran oración navajo de la belleza se convierte en nuestra oda a la ignorancia.

> *Ignorancia ante mí.*
> *Ignorancia detrás de mí.*
> *Ignorancia debajo de mí.*
> *Ignorancia encima de mí.*
> *Ignorancia a todo mi alrededor.*

Ésta es la percepción multisensorial de la percepción de cinco sentidos. Es el antes de la oscuridad y la destrucción en contraste con el después de la luz y la unidad. La luz es nuestro primer indicio de significado y propósito, sabiduría y compasión en nuestras vidas y en el Universo. La unidad es la Comunidad Mayor. Ambas están viniendo a nosotros ahora, y nuestra especie está cambiando por y para siempre. Este cambio (el de la percepción de cinco sentidos a la multisensorial) está surgiendo en millones de humanos. Éstos anhelan vidas constructivas de apoyo mutuo y tienen la intención de crearlas. Viajan hacia la alegría, exploran la totalidad y expresan la nueva consciencia.

El mismo cambio se está produciendo lentamente o ni siquiera se está produciendo para millones de personas. Se aferran al poder externo, reclaman superioridad o se aferran a la inferioridad, blanden logros, se regocijan en las victorias y se desesperan en las derrotas. Sus vidas son luchas interminables para cambiar el mundo, súplicas interminables a poderes más allá de los suyos para salvarse de la insensatez de sus vidas, de la insensible crueldad, del peso insoportable de la pobreza y la opresión, y de la ineludible indiferencia de los demás. No importa lo mucho o lo poco que tengan, tienen miedo de perderlo todo o de que otros se lo quiten. Encarnan y expresan la consciencia moribunda.

Dentro de unas pocas generaciones, todos los humanos serán multisensoriales, y la percepción de cinco sentidos será una experiencia recordada de la cumbre más importante que los humanos de cinco sentidos no escalaron. Los humanos de cinco sentidos llenaron su historia con guerras y tecnología brillante que se volvieron contra ellos mismos. Crearon el arte, la música y la literatura que llamaron a las nobles aspiraciones de sus corazones, pero en su mayor parte ellos mismos no vivieron buscando esas aspiraciones.

Los humanos de cinco sentidos prestaban poca atención a la bondad. Ésta impidió sus búsquedas de poder externo. No aparece en ningún currículum de sus grandes universidades. Tampoco en ninguna parte en la educación de los cinco sentidos. Los humanos de cinco sentidos escribieron su historia con su sangre. Por nobles y audaces que sean sus capítulos, están escritos con sangre.

La humanidad de los cinco sentidos no era negativa, sino limitada. Dentro de la vieja consciencia, destellos de compasión volaban como estandartes llenos de color muy por encima del flujo de brutalidad que barría la historia de los cinco sentidos a través de campos interminables de muerte y depravación y, finalmente, se posaban en un desierto estéril de guerra sin fin, de escasez para la mayoría y abundancia para unos pocos, donde ahora llega a su final vacío, su vitalidad gastada, su potencial insatisfecho. El Paraíso en la Tierra era el brillante potencial de la humanidad de cinco sentidos: agua, refugio, comida, seguridad y comodidad para todos creada por todos. Sin embargo, los humanos de cinco sentidos canalizaron su creatividad en conflictos y conquistas. La vieja consciencia ahora está agonizando y su potencial se ha convertido en polvo.

La electricidad no hizo negativo el potencial de las velas. Éstas cumplieron con su propósito en el momento apropiado, y la percepción con los cinco sentidos hizo lo mismo. El nacimiento de la nueva consciencia humana no hace que la consciencia humana agonizante sea negativa. Es simplemente obsoleta. Impide la evolución. Aquellos en quienes está surgiendo la nueva consciencia no son superiores a los que todavía están limitados a la vieja consciencia o se niegan a soltarla. Todos somos estudiantes en la escuela de la Tierra siguiendo caminos de posibilidades preconsiderados que elegimos con la ayuda de profesores no físicos antes de la encarnación. ¿Quién de nosotros es superior y quién inferior?

Ha llegado la época de los humanos multisensoriales que crean con las intenciones del alma: armonía, cooperación, compartición y veneración por la Vida. Su historia se está llenando de palabras valientes y obras de amor, de consecuciones espirituales en un mundo que aún no reconoce el espíritu, de aportaciones a la Comunidad Mayor. Se esfuerzan por llegar a un mundo de inmenso poder y de inmensa paz.

Los humanos multisensoriales utilizan experiencias de discordia, competencia, acaparamiento y explotación en sí mismos y que ven en los demás para desafiar el miedo dentro de sí mismos y cambiarse a sí mismos en lugar de tratar de desafiar y cambiar a los demás. No hay otros en la Comunidad Mayor. Ésta no existe, no puede existir, nunca podría existir para «nosotros» y no para «ellos». «Nosotros» y «ellos» existen sólo en el contexto y por culpa de comunidades de cinco sentidos. Todo lo que ha sido y será está en la Comunidad Mayor.

Ésta es la comunidad del Humano Universal.

28

Transición

La oscuridad desaparece al amanecer. Lo que estaba oculto se vuelve visible. El amanecer no te lleva a otro lugar o más allá. Te quedas donde estás, pero tu conciencia incluye más. Esto es lo que está pasando ahora que pasamos de la percepción de los cinco sentidos a la multisensorial. Las percepciones multisensoriales aparecen en formas pequeñas y grandes, pero cada vez que aparecen, expanden tu conciencia. Te sientes como algo más que una mente y un cuerpo. Vislumbras propósito y potencial en encuentros «casuales» y acontecimientos «aleatorios». Las palabras y las experiencias adquieren un nuevo significado. Tu vida se vuelve más intensa y rica, como una película en blanco y negro que se convierte en color mientras la miras.

Empiezas a ver cosas en ti y los demás que tus cinco sentidos no pueden mostrarte. Sientes que tu vida tiene un propósito y tienes sed para encontrarlo. Los viejos objetivos se desvanecen y nuevos intereses los reemplazan. Las personas y las circunstancias se vuelven más interesantes. La Presencia benéfica no física se convierte en parte de tu vida. No puedes verla ni tocarla, pero te atrae. Contra toda razón, el mundo a veces se siente completamente apropiado. Hay algo que aprender en todas partes, constantemente, y a veces te acuerdas de buscarlo.

Éstas son percepciones multisensoriales. Hay más. Nos hacemos conscientes de nosotros mismos como almas y personalidades, conscientes de una parte de nosotros mismos que es más que física, que ve más que nosotros, que vive en un lugar más grande. Las cocreaciones con nuestras almas, con otras almas anteriores a la nuestra, y con sabiduría y compasión no físicas se vuelven posibles.

Aparecen nuevos conocimientos. Vemos que podríamos haber perseguido el poder externo con veneración. No necesitábamos matarnos sin razón, mutilarnos, morirnos de hambre y torturarnos los unos a los otros para sobrevivir. No necesitábamos destruir especies, colapsar ecosistemas, envenenar ríos y contaminar océanos para evolucionar. Vemos que perseguir el poder externo ahora sólo crea violencia y destrucción. Un conocimiento sacude el suelo a nuestros pies: ¡Lo mismo que nos permitió sobrevivir y evolucionar, ahora trabaja contra nosotros! Nuestra buena medicina se ha convertido en veneno. Lo impensable está ante nosotros, innegable e ineludible. ¡La búsqueda de poder externo ahora impide nuestra evolución y amenaza nuestra supervivencia!

Sólo el amor, la conciencia, la compasión y la sabiduría nos llevan a donde queremos ir. Sólo crear poder auténtico crea futuros saludables. No hay otros caminos. Cada uno de nosotros debe convertirse en la autoridad en nuestra propia vida, quien decide sobre nuestras propias decisiones, el determinante de nuestro propio futuro. Nadie puede hacer estas cosas por nosotros, y nosotros no podemos hacerlas por otros.

Está naciendo una consciencia como ninguna otra en nuestro pasado, llamándonos a la salud y la integridad, la cordura y la responsabilidad, el significado y la alegría. Una vieja consciencia, cáustica y familiar, gastada y honesta, que desafía la vida y promueve la muerte, está agonizando. Ambas nos rodean en este momento especial, en este lapso especial de algunas generaciones: lo desconocido y lo familiar, lo saludable y lo tóxico, lo vibrante y lo agotado. Una consciencia nos hace avanzar y la otra nos ha llevado tan lejos como puede. Una consciencia es amor y la otra, miedo.

Todas las reglas han cambiado. Lo que nos llevó a la plenitud ahora nos lleva sólo al vacío y al dolor. Lo que permitió nuestra supervivencia ahora la pone en peligro. La conciencia de las emociones es esencial para la evolución humana, no un obstáculo para la felicidad. Las intenciones crean consecuencias, no hechos o palabras. Lo que está detrás de nuestros ojos ahora es más importante que lo que está delante. Se trata de un punto de inflexión.

Somos los nuevos creadores de nuevos mapas. Estamos en este momento inesperado con un pie en el mundo que está emergiendo y el otro en el mundo que se está desintegrando. Debemos elegir a cada momento entre ambos. La percepción multisensorial está reemplazando la percepción con los cinco sentidos a una velocidad sorprendente y un atrevimiento impresionante.

Millones de individuos celebran estos cambios. Les dan la bienvenida. Están asombrados por los cambios. Millones de individuos todavía persiguen el poder externo. Nacieron en la vieja consciencia y niegan el nacimiento de la nueva. La percepción con los cinco sentidos y la búsqueda de poder externo *son* la vieja consciencia. En cambio, la percepción multisensorial y la creación de poder auténtico *son* la nueva consciencia.

Anhelamos la armonía, la cooperación, el compartir y la veneración por la Vida, y estamos despertando en un mundo de discordia, competencia, acaparamiento y explotación, un mundo en el que la vida es una mercancía barata.

¿Qué haremos?

¿Qué podemos hacer?

¿Qué puedo hacer?

29

¿Qué puedo hacer?

Puedes crear poder auténtico donde quiera que estés, cuando quiera y como quiera que sea. Puedes crear poder auténtico cuando estés contento, solemne o sufriendo. Puedes hacerlo en casa, en el trabajo, en la escuela y de vacaciones. Con personas que se preocupan y que no se preocupan, personas sensibles e insensibles, personas que aman y que odian.

Creas poder auténtico cuando conscientemente te cambias a ti mismo para mejor. Buscas el poder externo cuando intentas cambiar el mundo para sentirte valioso y seguro. Perseguir poder externo no puede cambiar ni el mundo ni tus experiencias permanentemente. La única forma en que puedes cambiar el mundo es creando poder auténtico y el único lugar donde lo puedes crear es en ti mismo.

Nuestro mundo está construido sobre poder externo. Las corporaciones cazan clientes de manera más eficiente que nuestros antepasados cazaban alces. Cazan continuamente. Nosotros también lo hacemos. Buscamos individuos para influir con nuestra riqueza, inteligencia, apariencia o sexualidad. Nos cazan por las mismas razones. Las compañías aéreas cambian continuamente los precios para maximizar las ganancias y cambian la disponibilidad de asientos por la misma razón. Buscamos ofertas en Internet. Compramos productos fabricados por niños, esclavos, hijos de esclavos y abuelos que sufren en la servidumbre. La pobreza es servidumbre y se encuentra en todas partes.

Los cruzados cristianos (progenie malévola de la malévola realeza europea) rugieron a caballo por las ciudades musulmanas cortando salvajemente la carne con sus afiladas espadas. Los cosacos, despiadados y viciosos, rugieron a caballo por las aldeas judías cortando salvajemente la carne con sus afiladas espadas. Los soldados de caballería estadounidenses, héroes de Hollywood, rugieron a caballo por las aldeas nativas americanas cortando salvajemente la carne con sus afiladas espadas. Sólo el suelo bajo el golpeteo de los cascos varía de una escena a otra. Los soldados estadounidenses atravesaron Oriente Medio en sus vehículos blindados cortando salvajemente la carne con su afilada metralla.

Las personalidades multisensoriales ven todo esto como un único drama que se desarrolla a lo largo de milenios sin cesar. Los mismos actores interpretan diferentes papeles en diferentes escenas en la misma producción continua. A veces interpretan personajes ricos y otras, personajes indigentes. A veces sus personajes explotan y otras son explotados. A veces matan y a veces son asesinados. Cada personaje es una personalidad. Las personalidades van y vienen, nacen y mueren. Cada actor es un alma. Las almas no mueren. Entran y vuelven a entrar en el dominio de los cinco sentidos: se encarnan y se reencarnan en la escuela de la Tierra, una y otra vez, según elijan en sus viajes hacia la plenitud.

En otras palabras, los humanos multisensoriales están comenzando a ver en sí mismos la avaricia desnuda del banquero brutal, la astucia insensible del especulador financiero y la brutalidad descarada del verdugo nazi. También ven la bondad, el cuidado, la paciencia, la gratitud y el asombro del Universo en ellos mismos. El viaje hacia el poder auténtico requiere desenterrar en nosotros todo lo que creamos con miedo y con amor. Cuanto más viajamos en este viaje, más nos damos cuenta de que nuestro amor y nuestro miedo son los del mundo. Empezamos a experimentar la alegría y el sufrimiento de los demás como nuestra propia alegría y nuestro propio sufrimiento.

Éste es el comienzo de nuestro despertar: nos damos cuenta de que los problemas que nos rodean no están en «ellos». No están en el «mundo», sino en nosotros. No los podemos resolver cambiando a otros o al mundo. El mundo que hemos heredado de la humanidad de los cinco sentidos se basa en el poder externo. No podemos cambiarlo añadiéndole más poder. Perseguir el poder externo no cambia nada. ¿Se puede legislar el amor? ¿Debemos encarcelar a los que no aman? ¿Eso les ayudaría a amar? ¿Nos ayudaría a amar? ¿Encendería en ellos, en cambio, la rabia que ya no podemos ignorar en nosotros mismos? ¿Quién tiene la culpa de la angustia, el sufrimiento y la desesperación del mundo?

No hay forma de avanzar excepto en nosotros mismos, en las junglas más oscuras con las bestias más temibles, llenándonos de terror y desesperanza, peligrosas a cada paso, infinitamente horribles. Ése es el paisaje del que todos huimos, y se encuentra en cada uno de nosotros. Huimos en busca de logros, riqueza, sexo, comida, beligerancia, superioridad, inferioridad, venganza, adquisición y austeridad. Atacamos con palabras y armas. Nos esforzamos por controlar, por manipular lo que sea necesario para evitar el terrible dolor de la impotencia, el de necesitar sin fin y no obtenerlo, el angustioso dolor por el amor y la insoportable incapacidad para amar.

Este dolor impulsa cada acto de ira, cada palabra pronunciada con rabia, la retirada a un silencio desesperanzado, la ola gigantesca de impotencia y la supernova de tristeza y destrucción. Es la fuente de toda explotación, brutalidad, intolerancia y odio. Creamos estas cosas cada vez que buscamos aprecio, sexo, comida, alcohol, cualquier solución para borrar para siempre el dolor insoportable de la impotencia. Huir de él no lo reduce. Nada puede evitarlo. El trabajo, el juego, el estudio y los logros no pueden protegernos. Yace debajo de cada estupor drogado y excitación maníaca. Es el dragón que emerge de su guarida respirando fuego y destrucción. Es nuestra sanación pidiendo atención.

No hay forma de experimentar la altura del amor, de las aspiraciones, del regocijo de la generosidad, del cumplimiento del cariño, los regalos de la gratitud o la gracia de una sonrisa, sin experimentar todo lo que impide estas cosas. No podemos disfrutar de la luz del sol en nuestro interior mientras estemos blindados con la oscuridad suicida, homicida y genocida. No podemos conocernos sin conocernos todos nosotros.

¿Cuál de tus montañas parece inaccesible? ¿Tu ira, tus celos, tu resentimiento, tu necesidad de complacer o tu necesidad de dominar? ¿Tu necesidad de sexo, de alcohol, de drogas o de comida? ¿De cuáles de tus experiencias culpas a los demás? ¿De tu depresión, tu rabia, tu superioridad, tu inferioridad? ¿Qué juicios proclamas? ¿Tu superioridad? ¿Tu inferioridad? ¿Que tu creencia es mejor? ¿La mejor, la única creencia? ¿Que las personas sin hogar no sienten dolor? ¿Que eres víctima de alguien? ¿De cualquier cosa? ¿Del Universo?

La evolución humana ahora requiere un ascenso interior, no una conquista exterior. Tanto las victorias como las derrotas alimentan la necesidad de poder externo. Perseguirlo ahora no conduce a ninguna parte. Estamos despertando a nosotros mismos como espíritus poderosos y creativos, compasivos y amorosos que somos responsables de lo que creamos. Reconocemos la dinámica de nuestras vidas en la escuela de la Tierra.

Cuando tememos que el Universo no nos proveerá y dudamos de que lo haga, aprendemos sabiduría a través del miedo y la duda. Vivimos en el dolor. Cuando amamos la Vida y confiamos en que el Universo cocreará con nosotros las circunstancias más apropiadas para nuestro crecimiento espiritual, aprendemos sabiduría a través del amor y la confianza. Vivimos en la alegría. Vemos las emociones como mensajes enviados desde más allá, empleando las hermosas palabras de Rumi, cada uno de los cuales nos muestra una parte asustada de nuestra personalidad a desafiar y cambiar, o una parte amorosa a cultivar.

Ahora nuestra evolución requiere que creemos un mundo de armonía, cooperación, compartición y veneración por la Vida. No puedes hacerlo sin crear una vida de armonía, cooperación, intercambio y veneración por la Vida. El poder auténtico es el nuevo medio y fin de nuestra evolución. Es la meta y la razón de vuestra encarnación. Nada más basta o satisface. Nada más puede transformarte en un Humano Universal.

Ésta es la nueva disposición de la Tierra. Para cambiar el mundo, debes cambiarte a ti mismo. Debes aprender a distinguir entre el amor y el miedo que hay en ti, y elegir el amor sin importar lo que esté pasando dentro de ti o lo que esté pasando fuera. Entonces, debes hacerlo otra vez.

Y otra vez.

30

La lógica limitada del intelecto

El intelecto es el creador de herramientas y orquestador de posibilidades. Organiza datos de los cinco sentidos para perseguir el poder externo. Identifica ventajas y desventajas. Muestra a los humanos de cinco sentidos cómo sobrevivir.

El intelecto se emociona ante nuevos inventos, conexiones y posibilidades. Utiliza todo lo físico para manipularlo y controlarlo. Crea tanto mejores bañeras como bombas de hidrógeno con pasión. Inventa formas innovadoras de sanar cuerpos y de matarlos. Se deleita igualmente en diseñar máquinas útiles y balas perforantes. El intelecto era más importante para los humanos de cinco sentidos que la fuerza, la velocidad y la resistencia juntas. Les permitió sobrevivir.

El intelecto conecta puntos, por ejemplo, entre una cueva fría y el calor de un árbol en llamas encendido por un rayo. ¡Conexión! Lleva ramas encendidas a la cueva. Conecta puntos entre los bordes afilados de una roca y la piel de un animal demasiado dura como para rasgarla. ¡Conexión! Corta la piel con la piedra afilada.

Los humanos de cinco sentidos utilizaban el intelecto para perseguir el poder externo sin veneración. El intelecto podría haber albergado, alimentado y vestido a la humanidad de cinco sentidos sin dañar la Vida. Sin embargo, los humanos de cinco sentidos lo utilizaron para crear rifles de asalto, portaaviones y armas nucleares. Podría haber creado paz, comida y agua limpia para todos. En cambio, los humanos de cinco sentidos lo utilizaron para crear hambre, agua imbebible, aire irrespirable, violencia y sufrimiento. La humanidad de cinco sentidos se benefició de la agricultura, la ciencia, el arte y la música, pero no la Tierra ni las demás formas de vida que viven en ella.

La búsqueda del poder externo sin veneración envió jinetes mongoles a China, soldados romanos a Palestina y blindados estadounidenses a Oriente Medio. Creó la «Santa» Inquisición Romana y toda forma de crueldad. Inundó Europa de ejércitos nazis y China de ejércitos japoneses, construyó campos de trabajo y de exterminio, explotó animales, plantas y minerales, degradó la Tierra a un «recurso» y la empapó de sangre. Nada de esto era necesario para la evolución de la humanidad de cinco sentidos.

El intelecto explica los efectos físicos en términos de causas físicas que, a su vez, son efectos físicos. Ignora los fenómenos sin una causa física como «azar», «aleatorio», «voluntad de Dios», «accidente» o «abstracto», que significan lo mismo: no tiene explicación.

El intelecto no puede responder a nuestras preguntas más importantes: «¿Quién soy?», «¿Por qué soy yo?», «¿Qué es la muerte?», «¿Qué es la vida?». El intelecto traduce cada «¿Por qué?» por «¿Cómo?». Por ejemplo, no puede explicar por qué un conductor ebrio mató a tu madre. Calcula las trayectorias de sus vehículos en el momento del impacto, pero no puede explicar por qué ocurrió. Recrea las circunstancias que llevaron a su muerte, comenzando en un momento arbitrario, pero no puede decir por qué murió. No lo sabe. No puede decirte cómo las experiencias de otras personalidades del alma de tu madre afectaron sus decisiones porque ha concluido que el alma de tu madre y sus otras personalidades no existen.

La percepción multisensorial revela que la escuela de la Tierra es una parte del Universo, y no la más grande. El intelecto fue creado para comprender sólo la parte más pequeña, pero los humanos multisensoriales residen, por así decirlo, en la parte más grande. El intelecto no puede decirles nada acerca de la parte más grande, y mucho menos guiarlos a través de ella.

El «principio» y el «final» son artefactos de la percepción de los cinco sentidos. ¿Dónde comienza el Universo? ¿Dónde termina? Los humanos de cinco sentidos también ven los límites del intelecto, pero no los reconocen. Utilizan conceptos como «infinito» y «eterno» a pesar de que ningún ser humano ha detectado nunca nada físico que sea infinito o eterno.

El intelecto se alinea perfectamente con las percepciones de los cinco sentidos, pero no lo hace con las experiencias multisensoriales. Esto no es una cuestión de alcance o escala. Las experiencias multisensoriales no son demasiado grandes, pequeñas, grandiosas o complejas como para ser comprendidas por el intelecto. Son *diferentes* de las experiencias para las que el intelecto fue diseñado para comprender. Ahora estamos entrando en un territorio que el intelecto nunca ha visto y nunca verá.

Es el territorio del corazón.

31

Lógica de orden superior
y comprensión del corazón

El orden superior de lógica y comprensión del corazón es un orden superior de comprensión, percepción y comprensión. Es una fusión de experiencia y comprensión, pero la experiencia que infunde la comprensión es la percepción multisensorial. Ésta infunde comprensión, y la comprensión enriquece la percepción multisensorial. Para que esto ocurra se requieren nuevas lógicas y comprensiones. Éstas son la lógica de orden superior y la comprensión del corazón. La relación de la percepción multisensorial con la lógica de orden superior y la comprensión del corazón es tan íntima como la de la percepción de los cinco sentidos con el intelecto.

La lógica de orden superior y la comprensión del corazón son tan diferentes de la lógica del intelecto como la percepción multisensorial lo es de la percepción de los cinco sentidos. Ningún intento de comprender las experiencias multisensoriales desde la lógica limitada del intelecto puede ser satisfactorio o efectivo. Provocará confusión a nivel intelectual. Eso no es difícil de crear; sin embargo, la confusión no resuelve el asunto. Resolver el asunto, por así decirlo, es la función de la lógica de orden superior y la comprensión del corazón, y en esa resolución a menudo hay una contradicción desde la perspectiva de los cinco sentidos y el intelecto.

En otras palabras, hay múltiples verdades o experiencias que son mutuamente excluyentes desde la percepción de los cinco sentidos y la comprensión del intelecto. La evolución sin tiempo es una de las más evidentes, porque las almas evolucionan en una realidad no física y, en cambio, el tiempo existe sólo en la escuela de la Tierra. Tanto la comprensión intelectual como la percepción sensorial de la evolución requieren tiempo. Desde esa perspectiva limitada, la evolución es un cambio en el tiempo. Sin embargo, en la realidad no física existe un movimiento o una dirección cada vez mayor hacia la libertad y la conciencia: más libertad del miedo y conciencia de más.

Dicho de otra manera, desde la perspectiva multisensorial, la evolución es una experiencia atemporal, una nueva orientación en una evolución que no se puede orientar en términos de los cinco sentidos. La percepción multisensorial es su propia orientación. Está ahí. No necesita ser explicada o justificada. Sin embargo, para comunicarla, para comprender completamente la profundidad y el poder de la percepción multisensorial, se requiere un orden superior de lógica y comprensión, y eso requiere involucrar las habilidades del corazón.

El corazón incluye. El intelecto compara. El corazón abraza. El intelecto excluye por cada inclusión que crea. El corazón no tiene limitaciones en su capacidad de incluir. Eso es imposible para la percepción de los cinco sentidos e incomprensible para el intelecto. El corazón se deleita en todo lo que es. Esto también es imposible desde la percepción de los cinco sentidos y el intelecto, porque existe una orientación hacia la supervivencia como la capacidad de manipular y controlar. Lo que es visto como que vale la pena manipular y controlar debido a su capacidad para mejorar la supervivencia se considera superior o más digno de atención y esfuerzo. En otras palabras, el juicio está incorporado, por así decirlo, a la percepción de los cinco sentidos y la comprensión del poder como algo externo.

La comprensión del poder desde la perspectiva de la lógica de orden superior y la comprensión del corazón es la alineación de la personalidad con el alma, la de un vehículo con lo que creó el vehículo, y el vehículo fue creado para la alineación. Eso parece redundante para el intelecto, pero no lo es. Por lo tanto, el poder auténtico es tanto el medio como el fin. Es el medio y el fin. En el reino de los cinco sentidos y el intelecto, un fin tiene medios para alcanzarlo, pero los medios y el fin no son lo mismo. El fin no se puede alcanzar sin los medios. Desde la lógica de orden superior y la comprensión del corazón, el poder auténtico es el medio y el fin de la evolución humana.

El viaje al alma es un viaje sin distancia. No se recorre terreno. No se pasa ningún hito kilométrico; en cambio, muy a menudo hablamos de hitos kilométricos a lo largo de una carretera. Con frecuencia hablamos de un viaje, y eso también es cierto. ¿Cómo puede ser eso cierto cuando el viaje no tiene distancia, ni comienzo ni fin? Comprender estas cosas requiere el corazón. Estas cosas no se pueden articular de manera que no provoquen una colisión de significados o una disonancia de palabras. Sin embargo, no hay disonancia en la lógica del orden superior del corazón. No hay colisiones. Hay lo que hay, lo cual es perfecto.

Eso tampoco puede ser captado por el intelecto o percibido por los cinco sentidos, porque su perfección se mide contra un estándar que es imaginario. Sin embargo, no se puede imaginar. ¿Quién puede imaginar la forma perfecta, el pensamiento perfecto, el movimiento perfecto? Además, desde la percepción multisensorial y la comprensión del corazón, ningún movimiento, pensamiento o forma es perfecto.

La transición de la consciencia humana desde la percepción de los cinco sentidos y la búsqueda de poder externo hasta la percepción multisensorial y la creación de poder auténtico está terminada. Es decir, no hay superposición. La insistencia en mantener los estándares de perfección, moralidad, comportamiento, pensamiento, bondad y brutalidad son parte de un dominio limitado de experiencia de que la humanidad ahora está yendo más allá y hacia nuevos reinos de experiencia.

Cuando haya una diferencia de percepción entre la de cinco sentidos y la multisensorial, experimentará priorizando la multisensorial, no porque sea correcta y la otra incorrecta, sino porque es menos limitada y la otra es más limitada. Cuando haya un aparente desacuerdo o conflicto entre la lógica limitada del intelecto y la l de orden superior del corazón, experimentará abrazando la lógica de orden superior del corazón como guía o estrella polar. Porque, a medida que te acercas a esa estrella, puedes experimentar que incluye todo lo que hay dentro de ella y que todo es perfecto. De todos modos, todo está evolucionando. Todo es distinto y único, y sin embargo todo es uno. Todo es santo.

No hay un «sí, pero» en el ámbito de la lógica de orden superior y la comprensión del corazón. Sólo hay «sí, y». No hay «esto» y «aquello». Sólo hay lo que hay. No hay «más», «menos», «más grande», «más pequeño». Sólo hay lo que hay, y lo que hay es perfecto más allá de todos los estándares de perfección, sin todos los estándares de perfección, incluidos todos los estándares de perfección.

Esto lo ha conocido la humanidad desde su origen. No lo ha entendido. Lo ha temido. La veneración de los cinco sentidos no es sólo una cuestión de asombro, sino también de miedo. El asombro y la maravilla ante el Universo es parte de la experiencia humana. Sin embargo, con esa sensación de pequeñez surge el miedo. No hay pequeñez desde la perspectiva de la lógica de orden superior y la comprensión del corazón. No hay grandeza. Hay todo lo que hay y, al mismo tiempo, no hay nada. En otras palabras, todo lo que hay incluye todo lo que hay y lo que no hay.

Esto no puede ser comprendido, no puede ser percibido y no puede ser aceptado por los humanos de cinco sentidos que entienden el poder como algo externo. Esto es celebrado por el corazón y por los humanos multisensoriales a medida que lo experimentan y se esfuerzan por comprender a través de la lógica de orden superior y la comprensión del corazón.

Piensa en estas cosas, pero no demasiado. Más bien permítete absorberlas. No temas no entender. No temas no entender. No temas. Éste es el orden superior de la lógica y la comprensión del corazón. A medida que te esfuerzas por comprender, te mueves en una dirección opuesta a la que quieres viajar. Sin embargo, al mismo tiempo, no te mueves. Estás donde estás.

Pásalo bien.

32

Confianza

Cuando decimos «confío en algo», queremos decir que la cosa (o la persona) en la que confiamos es lo que parece ser o hará lo que confiamos que haga. Incluso decimos: «No necesito ver que pase. Confío en que sucederá». El sol que sale por la mañana es un ejemplo. Confiamos en que saldrá. Todo en nuestra experiencia nos dice que así será. Por supuesto, sabemos que el cumplimiento pasado no garantiza el futuro, pero nos sentimos cómodos avanzando sin la garantía. Si lo pensamos bien, nos damos cuenta de que estamos dando un voto de confianza, pero esperar que el sol salga mañana no nos hace suponer esto. Ni siquiera se nos pasa por la cabeza.

Sin embargo, ese acto de fe es la fuente de todo dolor emocional. Cuando damos un salto y no volamos, cuando caemos sobre las rocas, cuando exclamamos, desconcertados, «¿Cómo ha podido pasar esto?», nos damos cuenta de que nuestra fe estaba fuera de lugar. No estábamos parados en el suelo como pensábamos, sino en el aire, en alguna parte, y nuestra caída nos ha mostrado inequívocamente dónde está el suelo.

Éste es el origen de todas las emociones dolorosas. Nos apegamos a que las personas o las cosas sean de una manera y luego descubrimos que son de otra. Un buen día, la persona que creíamos que sería nuestra pareja para la eternidad dice: «Ya no te quiero». El médico te dice: «Su hijo se está muriendo». El médico te dice: «Te estás muriendo». Después de pasar por las experiencias que describió Elisabeth Kübler-Ross (negación, ira, negociación, depresión), finalmente llegamos a la aceptación (si nos mantenemos emocionalmente conscientes en lugar de huir hacia el alcohol, las drogas, el sexo, la comida, el trabajo, etc.). Descubrimos dónde está el suelo. Es donde nos ha dejado nuestro salto: en el momento y la circunstancia presente, con nuestras experiencias presentes. Ha llevado abruptamente nuestra conciencia al Ahora.

Esta experiencia es tan dolorosa que mucha gente la utiliza para justificar la falta de confianza. Dicen: «Nunca volveré a confiar. No permitiré que me vuelvan a hacer daño». No se dan cuenta de una cosa. Todavía confían. Antes confiaban en que las cosas serían como ellos deseaban que fueran. Ahora confían en que las cosas no serán como ellos desean. En ambos casos confían en la ignorancia. Ésta es una experiencia común de cinco sentidos.

La ignorancia para los humanos de cinco sentidos es la falta de conciencia de los hechos. Para los multisensoriales es la falta de conciencia del origen de sus experiencias. Hay innumerables más hechos en el mundo de los que tú puedes ser consciente. Desde la perspectiva multisensorial, la experiencia sólo tiene dos orígenes: el amor y el miedo. La conciencia para un ser humano multisensorial es la conciencia en el momento de si su experiencia se origina en el amor o en el miedo. Por ejemplo, si eres agradecido, tu experiencia se origina en el amor. En cambio, si estás enfadado, se origina en el miedo.

Los humanos de cinco sentidos confían en que las circunstancias externas, como personas, acontecimientos, creencias y religiones, cuando se reorganizan como desean, pueden hacerlos sentir valiosos y seguros. Dicho de otra manera, «confían» en estas cosas para enmascarar el dolor de las partes asustadas de sus personalidades que temen no conseguir lo que quieren, necesitan o esperan. Estas partes temen el abandono, la incapacidad de cuidar de sí mismos, perder amigos, ir al infierno, morir, etc. Buscan un lugar firme donde detenerse en un mundo en constante cambio; buscan seguridad frente lo desconocido, siempre inminente y terrorífico.

Finalmente se dan cuenta de que el mundo (las personas, las circunstancias, los acontecimientos, las creencias, las religiones) no puede proporcionar la seguridad que buscan las partes asustadas de sí mismos. No saben qué elegirán otros individuos en el futuro. No saben qué elegirán en el futuro. Ni siquiera sus profesores no físicos saben lo que los estudiantes de la escuela de la Tierra elegirán en el futuro. *Ninguna de estas cosas se puede saber de antemano.*

Por lo tanto, ¿en qué puedes confiar cuando la oscuridad de la depresión y el miedo a la pérdida te envuelven, cuando el terror de la muerte se acerca? ¿En qué puedes confiar cuando, sobre todo, *necesitas* confiar, esperar, ver la Luz, o al menos la posibilidad de la Luz? ¿Qué queda en qué confiar?

Puedes confiar en el Universo, en el proceso de tu vida. Puedes confiar en tus experiencias para apoyar tu desarrollo espiritual. En el Universo incluso cuando las partes asustadas de tu personalidad no quieren las experiencias que encuentran. Puedes confiar en que todas tus experiencias, incluidas las más difíciles, están diseñadas para llevar la conciencia de tu alma a la consciencia de tu personalidad.

Cuando confías en estas cosas, confías en el Universo. Ves desde la perspectiva impersonal del alma. Aparece la gratitud, a veces como la llama de una pequeña vela en una gran catedral, y crece. En ocasiones aparece de repente como una supernova. El aprecio, la paciencia y la satisfacción parpadean en tu conciencia o salen como soles. Te relajas en el momento presente. Te sientes como en casa, a gusto en el mundo y feliz en el Universo. Son experiencias de poder auténtico.

Naciste para crear poder auténtico. Puedes confiar en que todo te apoya en la creación de poder auténtico. La confianza en el Universo es lo que te lleva hacia la plenitud. Cuando confías en lo que te dicen los padres, los predicadores y los compañeros porque te lo dicen a ti, el miedo subyace a tu confianza. Cuando ocurra eso, caerás, y tu caída te ofrecerá lecciones de las que aprender. Cuando el amor subyace a tu confianza, volarás, y tu vuelo te ofrecerá lecciones de las que aprender.

Cuando confías en el proceso de tu vida, en tus experiencias en la escuela de la Tierra, en tu propia plenitud –cuando confías en el Universo–, vas a donde sólo el amor puede llevarte.

33

Plegaria multisensorial

Las experiencias multisensoriales de plegaria son muy diferentes a las experiencias de cinco sentidos de plegaria. Esto se debe a que la percepción multisensorial incluye la comprensión del poder como alineación de la personalidad con el alma, mientras que la percepción como cinco sentidos incluye la comprensión del poder como la capacidad de manipular y controlar. La plegaria multisensorial es cocreación. Es comunión con el Universo. Es una comunicación bidireccional directa con la Inteligencia divina. Los humanos multisensoriales confían en el Universo. Saben que tienen que desempeñar un papel, y lo hacen. Crean poder auténtico: desarrollan conciencia emocional, practican la elección responsable y consultan la intuición. Hacen lo mejor que pueden. Luego viene la plegaria.

Los humanos de cinco sentidos buscan apelar a una divinidad que perciben que está por encima y más allá de ellos, pero que de alguna manera está dentro de ellos. Temen a esta divinidad tanto como dependen de ella y la buscan. Su miedo no tiene nada que ver con la divinidad o la Inteligencia divina. Es una proyección de su propia comprensión de poder en el dominio limitado de los cinco sentidos: la capacidad de manipular y controlar. Cuando los humanos de cinco sentidos luchan por el poder externo, imaginan que su deidad hace lo mismo. En otras palabras, crean su imagen de divinidad a partir de ellos mismos. Proyectan en ella la necesidad de manipular y controlar todo lo que les rodea, incluida la humanidad, la escuela de la Tierra, el Universo.

En otras palabras, imaginan el poder externo concentrado en una fuente, y llaman a esa fuente cualquiera que sea su nombre para lo divino. Por lo tanto, lo temen. Le suplican. Le envían súplicas, y esas súplicas son sus plegarias. Sus plegarias tienen que ver con manipular y controlar, al igual que su proyección. Cuando rezan por la salud y el bienestar de los demás, lo que en realidad piden es el alivio de sus propias experiencias del dolor de la impotencia.

Por ejemplo, cuando un ser humano de cinco sentidos reza por una vida más larga por un padre enfermo, está rezando por él mismo. El alma de su padre regresará a la realidad no física en el momento apropiado de su elección. En realidad, el ser humano de cinco sentidos está rezando por el alivio de la ansiedad o el dolor o la sensación de pérdida que teme que acompañará la partida de un alma de la escuela de la Tierra y la muerte de la personalidad.

La percepción y la comprensión multisensoriales de poder son lo opuesto a esto en todos los sentidos. Por ejemplo, imagina que las personas de cinco sentidos proyectan las partes amorosas de sus personalidades en sus imágenes de la divinidad –las partes de sí mismas que son agradecidas, apreciativas, pacientes, afectuosas y asombradas por la vida– y que naturalmente las ven como partes de la Vida. Imagina individuos de cinco sentidos proyectando en su imagen de divinidad una paciencia y un apoyo interminables para con ellos mismos y los demás en su crecimiento espiritual. Imagina que proyectan que no hay nada que no harían para apoyar a otros de manera saludable para crecer espiritualmente. Los humanos de cinco sentidos no proyectan estas cosas porque no las viven. En otras palabras, si sus vidas fueran experiencias continuas de las partes amorosas de sus personalidades, naturalmente verían el Universo y su comprensión de la divinidad de la misma manera.

Por lo tanto, cuando rezaran, se comunicarían, compartirían sus aspiraciones y miedos. Discutirían con su imagen de divinidad las partes asustadas de sus personalidades que impiden su desarrollo espiritual y amar con la plenitud que desean amar y que son capaces de amar.

Imagina un ser humano sin el dolor de la impotencia. No existe tal cosa en este momento; sin embargo, en el curso de la evolución, emergerá tal voluntad humana. Tal ser humano tendrá una comprensión amorosa, apreciativa, agradecida, paciente y afectuosa de la divinidad porque él o ella es eso. La evolución humana se está desplazando en esa dirección. Más allá del humano multisensorial está el Humano Universal, y más allá hay otras fases de otras expansiones de conciencia y libertad.

Las partes amorosas de una personalidad no ven a los demás como separados, sino como almas originarias del Universo que, como todas las cosas originarias del Universo, *son* el Universo. Los humanos multisensoriales cultivan las partes amorosas de sus personalidades cuando crean poder auténtico. Enfocan conscientemente su voluntad en intenciones de amor y cocrean con su comprensión de la Divinidad que les refleja el amor y la cocreación, no las experiencias de las partes asustadas de sus personalidades. Sus plegarias son celebraciones.

Los humanos multisensoriales rezan con alegría, apertura y amor. El miedo no está presente. Los humanos de cinco sentidos rezan con miedo para satisfacer las partes asustadas de sus personalidades que viven con miedo. La diferencia entre la plegaria multisensorial y la de cinco sentidos es la que existe entre el amor y el miedo. Cuando los humanos multisensoriales rezan, entran en el amor de manera más profunda, más consciente, con más conciencia y con más apertura. En cambio, cuando los humanos de cinco sentidos rezan, hacen lo contrario: entran más profundamente en el miedo, la contracción y la impotencia.

El paso final en la creación de poder auténtico es liberar tu propio poder en uno más grande. No hay mayor poder que el amor. El Universo es amor. Todo en el Universo es amor. Cuando los humanos multisensoriales se comunican con él, se abren a él y cocrean con él, están rezando. Cuando piden ayuda para crear poder auténtico, sus vidas se convierten en oraciones continuas. Finalmente, buscan no dominar o eliminar las partes asustadas de sus personalidades, sino utilizarlas como deben ser utilizadas: mostrarles lo que necesitan cambiar en ellos mismos para poder amar sin límites.

Así es cómo rezan los humanos multisensoriales.

34

Compasión

Comienza con la suposición de que toda experiencia se origina en la compasión, la compasión del Universo. Cuando una experiencia en la escuela de la Tierra activa el miedo, activa una parte de la personalidad que no tiene compasión. Sin embargo, esa parte de la personalidad fue creada con compasión. Fue creada por su alma en consulta con profesores no físicos cuando formó la personalidad que se convirtió en su encarnación en la escuela de la Tierra que se convirtió en ti.

Las partes de la personalidad que se originan en el miedo están diseñadas para llevar la conciencia de la personalidad a las partes de sí misma que le muestran claramente lo que debe cambiar para ir más allá del control de esas partes. Mientras esté bajo el control de esas partes, no puede experimentar compasión ni ternura. Tampoco puede experimentar preocupación por los demás. No puede abrirse a las experiencias de los demás como si fueran sus propias experiencias porque sólo los puede ver como separados. En otras palabras, no puede ver a los demás como otra cosa que no sean objetos.

Dicho de otra manera, cuando las personas experimentan partes asustadas de sus personalidades a través de sensaciones físicas dolorosas en sus centros de procesamiento de energía o pensamientos críticos e implacables, están experimentando partes de sí mismas que no tienen compasión. Esas partes sólo se preocupan por ellas y están impulsadas por el miedo a intentar alterar el mundo exterior. Ésa es la búsqueda de poder externo. No hay compasión en la búsqueda de ese poder.

La conciencia emocional es una parte grande de este proceso. Cuando las personas recurren a ella para distinguir las partes asustadas de sus personalidades de las partes amorosas, de modo que pueden desafiar las partes asustadas y cultivar las amorosas, se mueven hacia la compasión, porque cuando una parte asustada es desafiada repetidamente, el control de esa parte disminuye, y con ello, también lo hace la crueldad, la frialdad, la falta de cuidado y de compasión que controlan la personalidad, y ésta se desplaza más hacia la energía más dulce y sanadora del amor. En este movimiento hay compasión.

Por lo tanto, puedes utilizar o aprovechar todo lo que aprendiste sobre poder auténtico para aprender sobre compasión. Simplemente puedes comenzar a ver la creación de poder auténtico desde otra perspectiva sanadora, la del desarrollo de la compasión dentro de ti mismo.

Una parte asustada de una personalidad no puede ser desafiada sin conciencia y voluntad. Sin ambas, las partes asustadas permanecen fuertes y crean poderosamente a lo largo del tiempo en que la personalidad se encuentra en la escuela de la Tierra. Cuando la personalidad crea sin conciencia, lo hace con miedo. En otras palabras, crea consecuencias dolorosas y destructivas. Cuando, a su vez, no aplica su conciencia y voluntad sobre esas experiencias, crea aún más de lo mismo en la ignorancia, es decir, inconscientemente.

Si el Universo no tuviera compasión, nada de esta dinámica estaría pasando ni sería posible. Los budistas llaman a la creación continua de consecuencias kármicas la Rueda del Samsara. Siempre está girando. La creación de poder auténtico evita que la Rueda cree consecuencias dolorosas y destructivas.

La experiencia misma de la tentación –que, como hemos visto, es el conocimiento de los planes de una parte asustada de la personalidad antes de que actúe sobre ellos– es también una experiencia de la compasión del Universo. A través de las tentaciones, el Universo le muestra a la personalidad qué creará si actúa sobre esas partes. Le ofrece un simulacro, un ensayo general para su consideración, para que pueda optar por implementar esos planes o desafiar la parte asustada que los pretende. En otras palabras, la tentación le ofrece a la personalidad la oportunidad de no actuar sobre una parte asustada de sí misma antes de que la energía del miedo se derrame sobre las esferas de energía de otros estudiantes de la escuela de la Tierra y provoque dolorosas consecuencias kármicas de miedo.

En resumen, la tentación permite la creación de consecuencias conscientes y constructivas de actuar con amor en lugar de consecuencias inconscientes, destructivas y dolorosas de actuar con miedo, en la ignorancia. Todo esto tiene que ver con la compasión, y puedes traerlo todo a tu vida. Lo que haces para crear poder auténtico tiene que ver con la creación de compasión, porque sin crear compasión por ti mismo, en ti mismo, no puedes ser compasivo con los demás. Es imposible.

Por lo tanto, cuando ignoras las partes asustadas de tu personalidad o las complaces, te permites continuar viviendo una vida de dolor, y esa vida de dolor se manifiesta como una falta de compasión por los demás porque ambas cosas son idénticas. Si no tienes poder auténtico, te encuentras bajo el control de partes asustadas de tu personalidad que crean de manera dolorosa y destructiva. Todo lo que has aprendido sobre la creación de poder auténtico es un regalo de la compasión.

Por lo general, los estudiantes de la escuela de la Tierra creen que la compasión tiene que ver con los demás. No es así. Tiene que ver con ellos mismos, porque a medida que se vuelven compasivos consigo mismos, lo que significa que aprenden a reconocer el miedo en ellos mismos y a desafiarlo en lugar de complacerlo, comienzan a actuar con amor. A medida que actúan con amor, se convierten en fuentes de compasión.

La compasión no se puede crear simplemente con la intención o el deseo de volverse compasivo, como tampoco se puede crear el amor tan sólo con la intención o el deseo de volverse amoroso. Primero debes encontrar y eliminar dentro de ti todo lo que impide las experiencias de amor. Crear poder auténtico te aporta un recorrido guiado, por así decirlo, por las partes de tu personalidad que no experimentan el amor ni la compasión del Universo, incluso aunque lo vivan en términos de lo que están creando.

Explora esta perspectiva. Al acercarte a la compasión de esta manera, no necesitas comenzar desde el principio, por decirlo de algún modo. Has estado comenzando por el principio desde tu primer indicio de poder o idea de poder auténtico. Ahora puedes aplicar todo lo que has aprendido sobre él en un contexto de comprensión de la compasión.

En otras palabras, no es como si necesitaras aprender todo de nuevo, porque ya has aprendido mucho. Has aprendido acerca de la transformación de la consciencia humana que ahora está en marcha. Has aprendido acerca de tu sistema interno de procesamiento de energía. Has aprendido acerca de la intuición. Has aprendido acerca de la elección responsable. Y has aprendido sobre todas estas cosas en el contexto de crear poder auténtico. Ahora sólo necesitas cambiar tu percepción para que todo esto se sostenga de una manera diferente. No es que nada de eso cambie, sino simplemente que se controla de una manera diferente o permite una percepción diferente.

Con cada desafío de una parte asustada de tu personalidad, con cada decisión responsable para actuar con amor –de responder en lugar de reaccionar–, surgen experiencias de compasión y percepciones de una vida emergente de compasión. Con cada indulgencia de una parte asustada de tu personalidad –con cada elección para ignorar o descartar una experiencia de una parte amorosa de tu personalidad, con cada experiencia sin oposición de una vida dolorosa sin compasión–, nacen experiencias desprovistas de compasión y percepciones de una vida dolorosa sin compasión.

En resumen, no hay nada nuevo que aprender. Sólo necesitas mirar lo que ya sabes desde una perspectiva ligeramente diferente pero válida y perspicaz. Ofrecer los presentes para los que naciste es un acto de compasión. En cambio, manipular y controlar a otros o al mundo para conseguir los deseos de las partes asustadas de tu personalidad son actos sin compasión.

Finalmente te volverás compasivo con los demás. Hasta entonces, harás girar la rueda, por decirlo de algún modo, intentando volverte compasivo con los demás a la vez que no tienes compasión por ti mismo. Ninguna de las partes asustadas de tu personalidad siente compasión por ti o por los demás. ¿Por qué perder el tiempo haciendo girar la rueda, lo que significa actuar desde partes asustadas de tu personalidad una vez más y crear sin compasión de nuevo? Crear poder auténtico te da tracción.

Cada vez más individuos están descubriendo las herramientas para crear poder auténtico a medida que nuestra especie se vuelve multisensorial, pero muchos no valoran que lo que estas herramientas pueden crear para ellos, y que hemos estado llamando poder auténtico, es lo mismo que compasión.

Si quieres ser compasivo, fracasarás si esa compasión no se extiende hacia ti.

35

Meditación *heartfulness*

Crear poder auténtico es una meditación. Atrae la atención sobre tus dinámicas internas: tus experiencias con ellas, los pensamientos que las acompañan y las intenciones que eliges cuando actúas sobre ellas o las desafías. Al mismo tiempo, atrae tu atención sobre las actividades en el mundo: las actividades que estimulan tus experiencias emocionales, que iluminan dentro de ti lo que necesita ser desafiado y cambiado, y lo que necesita ser cultivado dentro de ti para cumplir tu sagrado contrato con el Universo.

La creación de poder auténtico tiene lugar en el nuevo contexto de una nueva consciencia. Los humanos de cinco sentidos no pueden crear poder auténtico porque los humanos de cinco sentidos entienden el poder como la capacidad de manipular y controlar. Siempre ha habido humanos que no estaban limitados a los cinco sentidos y que se esforzaban por despertar y enfocarse en sus dinámicas internas y la relación de esas dinámicas con sus experiencias externas.

Cuando la nueva consciencia humana reemplaza a la antigua, se convierte en una cuestión de todos los humanos. Sin embargo, ahora hay una diferencia muy grande porque todos los humanos se están volviendo multisensoriales. Son capaces de ver con la perspectiva impersonal del alma el funcionamiento de la escuela de la Tierra para llevar la conciencia del alma a la consciencia de la personalidad. El intelecto y la búsqueda de poder externo que lo acompaña y que le sirve fueron las experiencias comunes de la humanidad antes del nacimiento de la nueva consciencia. La alineación de la personalidad con el alma en el entorno de la escuela de la Tierra es ahora el nuevo contenido de la nueva consciencia y humanidad.

El corazón se encuentra en el centro de la creación de poder auténtico. Eso es lo mismo que decir que el amor se encuentra en el centro de la creación de poder auténtico, y eso es lo mismo que decir que el Universo y la experiencia directa del Universo se encuentran en el corazón de la creación del poder auténtico. La meditación para humanos de cinco sentidos podría llamarse *mindfulness*, ya que llena la mente con conciencia y comprensión. La meditación para los seres humanos multisensoriales se denominaría más precisamente *heartfulness*, ya que llena la conciencia con las experiencias del corazón. Éstas son necesarias.

El compromiso con el crecimiento espiritual es un compromiso del corazón. Esto no está en la consciencia de muchos individuos cuando comienzan el proceso de crear poder auténtico, porque lo comienzan cuando se dan cuenta de la extensión del dolor emocional en sus vidas y su incapacidad para eliminarlo. Es entonces cuando la mayoría de los humanos buscan un camino espiritual. Cuando aprenden a crear poder auténtico, aprenden a distinguir dentro de sí mismos entre el amor y el miedo, entre las experiencias dichosas, sanas, agradables y constructivas del amor, y las dolorosas, destructivas y contractivas del miedo, y aprenden a cultivar el amor. Cuando esto ocurre, el amor comienza a entrar en la conciencia con mayor claridad y frecuencia, y, finalmente, comienza a ser una parte cada vez más grande de la conciencia.

El cambio de la percepción de los cinco sentidos y el intelecto es el cambio a la percepción multisensorial y el corazón. Esto es idéntico al cambio de la comprensión del poder como la capacidad de manipular y controlar a la comprensión del poder como alineación de la personalidad con el alma.

La creación de un poder auténtico es una meditación continua de heartfulness. Es una meditación en la que se anotan, se observan y se sienten todas las experiencias emocionales en términos de sensaciones físicas en los centros de procesamiento de energía. Es una meditación *heartfulness* en la que se identifican y cultivan las corrientes de energía del amor. Es una meditación *heartfulness* en la que se disipa el control de las partes asustadas de la personalidad, y es reemplazado por la energía gratificante, curativa, energizante, vigorizante y creativa del corazón.

Esto no significa que no sean útiles las meditaciones específicas en momentos específicos. Pueden ser muy útiles siempre que se emprendan al servicio de la creación de poder auténtico. Muchas personas buscan escapar del mundo a través de la meditación. Llevan a cabo meditaciones con los cinco sentidos o meditaciones *mindfulness* como una forma de distraerse del dolor. En otras palabras, meditan para ir más allá del dolor emocional de las partes asustadas de sus personalidades. Rápidamente aprenden que no es efectivo, aunque de todos modos sigue siendo su intención hasta que van más allá del control de ese dolor.

La creación de poder auténtico es bastante diferente. Redefine el proceso de «ir más allá» en la experiencia explícita de establecerse en la energía del corazón. Te mete en el mundo a través de la meditación, y cuando entras por completo en el mundo, desafías esas mismas partes de tu personalidad de las que los individuos de cinco sentidos buscan escapar, y conscientemente vas más allá de su control.

La intención es siempre primaria. Cuando un ser humano multisensorial medita siguiendo la meditación *heartfulness*, es para entrar en las experiencias emocionales dolorosas de las partes asustadas de su personalidad y utilizarlas como estaban destinadas a ser utilizadas y como los humanos multisensoriales entienden que deben ser empleadas: para eliminar de sí mismos aquellos aspectos que les impiden dar los dones para los que nacieron, satisfacer su potencial, vivir en el amor, ser amor conscientemente.

No hay necesidad de voluntad en un cierto nivel de conciencia. De todos modos, para alcanzar ese nivel, se necesita la voluntad. En otras palabras, la elección consciente de intención es necesaria. Crear poder auténtico es elegir conscientemente el amor y aprender a hacer esa elección de manera continua.

Como ya hemos visto, a lo largo de la historia de la humanidad de cinco sentidos ha habido humanos multisensoriales que se han esforzado por la conciencia del corazón. Esto no puede distinguirse de la conciencia de la mente una vez que la conciencia del corazón se entiende en términos experienciales. Las meditaciones orientales tradicionales guían a los individuos hacia las experiencias del corazón, la conexión, la unidad con todo lo que es. Crear poder auténtico hace eso continuamente. El Humano Universal es el producto de este proceso. La Humanidad Universal es la fase de la evolución humana que se encuentra más allá de lo multisensorial, más allá del surgimiento de la humanidad multisensorial y de la comprensión del poder como auténtico.

Crear poder auténtico transforma paso a paso las experiencias de la escuela de la Tierra en una meditación. Estas experiencias se producen sin conciencia hasta que la meditación entra en escena. Cuando esa meditación es la creación de poder auténtico, es meditación *heartfulness*. Desde la perspectiva impersonal del alma, la meditación *heartfulness* no transforma al individuo, sino que el individuo se transforma a sí mismo llevando su conciencia a las energías del corazón a través de la creación de poder auténtico.

Este proceso parece circular si consideras un viaje circular como uno que empieza en un punto, avanza y finalmente retorna al mismo punto. Ésa es una forma de ver un círculo. Otra forma de ver un círculo es en términos de completitud. No hay punto en el círculo que no sea el principio y el final de todos los demás puntos del círculo. Eso es lo que eres. Eres completo y a medida que experimentas el círculo, te consciencias del círculo y de su completitud y de tu propia completitud. Las meditaciones de los cinco sentidos llaman a esto de varias maneras, entre ellas, «iluminación».

La meditación *heartfulness* te conduce a la unidad, a la plenitud de la Vida. Es despertar al proceso de tu vida y, sin embargo, es el proceso de tu vida el que te despierta cuando lo utilizas conscientemente.

36

Meditación *heartfulness* y meditación *mindfulness*

Las meditaciones *heartfulness* y *mindfulness* fueron diseñadas para diferentes audiencias. La *mindfulness* fue diseñada para humanos de cinco sentidos; es un producto de la vieja consciencia. En cambio, la *heartfulness* está diseñada para humanos multisensoriales; es un producto de la nueva consciencia.

Crear poder auténtico, como hemos visto, es una meditación. Todo lo relacionado con la creación de poder auténtico tiene que ver con el corazón. Va del amor y la creación del amor dentro de una vida humana en la escuela de la Tierra. La meditación *heartfulness* comienza y termina con el corazón. Abarca toda la actividad humana en el contexto del corazón. El contexto del corazón significa un contexto de amor. El amor es uno de los aspectos de la dualidad fundamental en la escuela de la Tierra; el otro aspecto es el miedo. Crear poder auténtico es distinguir entre el amor y el miedo, y elegir el amor. Es, por lo tanto, una meditación *heartfulness*.

Crear poder auténtico requiere reconocer la diferencia entre el amor y el miedo en todas las formas posibles, lo que significa en términos de sensaciones físicas y corrientes emocionales en el cuerpo, y en términos de pensamientos. Los humanos y los meditadores de cinco sentidos han entendido la diferencia entre la energía que se crea constructivamente y la que se crea destructivamente. De todos modos, su énfasis simplemente se ha enfocado en el reconocimiento de la energía.

La meditación *heartfulness* va sobre ambos tipos de energía, la del amor y la del miedo, y sobre aprender a utilizar la energía del amor y a desafiar la energía del miedo. La meditación *mindfulness* permite a las personas separarse de sus experiencias físicas, mentales y emocionales. Lleva su atención al mundo externo y a sus experiencias internas y lo hace de diferentes maneras dependiendo de la forma de meditación *mindfulness*. Crear poder auténtico hace todo esto y en el contexto del amor.

Por su parte, la *heartfulness* hace todo esto y, además, en un contexto en el que la encarnación es intencional, en el que la energía del alma elige encarnarse de acuerdo con sus obligaciones kármicas y con el potencial que busca lograr. Es más que presenciar los procesos de Vida en la escuela de la Tierra; es involucrarlos conscientemente. Sin embargo, este compromiso se lleva a cabo sin apego por el resultado.

La meditación *mindfulness* enfatiza el desapego de los resultados. La meditación *heartfulness* también lo hace, una vez más en el contexto del amor. La meditación *mindfulness* hace hincapié en permitir que fluyan los pensamientos y las experiencias; permite a los individuos ver la dinámica de la vida en la escuela de la Tierra y cómo cada individuo apoya la dinámica de vida en todos los demás individuos. Nuevamente, la meditación *heartfulness* hace lo mismo, pero en el contexto del amor y de las elecciones intencionales de amor.

Se puede establecer una analogía entre la meditación *mindfulness* y disfrutar de un paseo en un automóvil autónomo. No necesitas concentrarte en conducir, simplemente eres consciente del viaje. La meditación *heartfulness* consiste en sentarse en el asiento del conductor y conducir el vehículo. Pone al meditador detrás del volante, distingue entre aquellas partes de la consciencia que conducirían el vehículo de manera destructiva o hacia destinos destructivos y aquellas partes de la personalidad que lo conducirían hacia destinos constructivos, y a continuación pone esas partes de la personalidad –las partes amorosas– al control de la conducción. El fin de la meditación *heartfulness* es más que disfrutar del viaje, más que experimentar el vehículo; es un cambio de énfasis de la observación y el desapego a la observación, y luego la intención enfocada sin apego por el resultado.

Todas las meditaciones son intencionales hasta cierto punto. La decisión de meditar es en sí misma una intención. En las culturas orientales, las meditaciones se centran en la intencionalidad. Por ejemplo, Buda explicó cómo el deseo es la fuente de todo sufrimiento y luego explicó qué hacer al respecto. Sin embargo, su explicación no estaba en el contexto del amor, sino en el contexto de la percepción con los cinco sentidos y sus explicaciones fueron diseñadas para humanos de cinco sentidos que evolucionaban persiguiendo el poder externo.

La meditación *heartfulness* excava en la palabra «deseo». La explica en términos claros y sencillos. La explica como el miedo nuclear de todos los individuos en la escuela de la Tierra. La explica como el dolor de la impotencia. En otras palabras, la meditación *heartfulness* va más allá de la aserción, la aserción precisa, de que el deseo genera todo el sufrimiento y en términos más precisos explica eso como miedo que genera todo el sufrimiento. El miedo que genera todo deseo. La búsqueda de poder externo que genera todo deseo.

La meditación *mindfulness* se centra en desapegarse del resultado de las intenciones. La meditación *heartfulness* también se enfoca en el desapego del resultado de las intenciones y distingue las intenciones de amor de las de miedo. El objetivo de la meditación *heartfulness* es un individuo que va por la escuela de la Tierra con un corazón empoderado, sin apego por el resultado, más allá de controlar el miedo, capaz de expresar amor sin reservas, sin límites, y de recibir amor sin límites y sin reservas.

El foco de la meditación *mindfulness* es la mente. Se supone que todo comienza y termina en la ella. Se dice que la fuente de toda experiencia es una mente original. Desde la perspectiva de la meditación *heartfulness*, se podría decir que la fuente de toda experiencia se origina en un corazón original, ya que el Universo no es una mente. No es pensamiento. Es consciencia. Es amor.

La meditación *mindfulness* separa la consciencia de todo lo demás, lo cual es una forma de decir que la consciencia es todo lo demás. La meditación *heartfulness* ilustra lo mismo, pero también que la Consciencia, el Amor y la Vida son idénticos. La meditación *mindfulness* se esfuerza por incluir todas las experiencias en el contexto de la mente, en una comprensión y una experiencia expandidas de la mente. La meditación *heartfulness* incluye toda la experiencia humana posible en el contexto del amor, en un contexto de amor expandido y clarificado muy diferente al de la experiencia sentimental del amor, que es una experiencia de miedo.

La meditación *mindfulness* abarca todas las intenciones y el desapego del resultado de todas las intenciones. La meditación *heartfulness* se centra en las intenciones de amor y desapego del resultado de las intenciones de amor y la eliminación de las intenciones de miedo. Tiene un propósito. Refleja el nacimiento de una especie que entiende su lugar en el Universo de nuevas maneras y está dispuesta a aceptar su nuevo conocimiento y experimentar con él.

El propósito de la meditación *mindfulness* es desapegarse de todo y experimentarlo. Consiste específicamente en no alinearse con corrientes de energía, pensamientos, acciones. Por su parte, el propósito de la meditación *heartfulness* es alinear la personalidad con el alma y con sus intenciones: armonía, cooperación, compartición y veneración por la Vida. Es la disciplina de aprender a crear con esas intenciones sin apego por el resultado.

La meditación *heartfulness* ilumina el Universo como una fuente de amor, y ese amor se encuentra en todos los aspectos del Universo y en todas las experiencias. La meditación *mindfulness* diría, en efecto, todo lo que es, es. En cambio, la meditación *heartfulness* diría, todo lo que es, es amor.

La meditación es valiosa en todas sus formas, ya que permite a los individuos desapegarse de sus experiencias, sus pensamientos y sus emociones. La meditación *heartfulness* es valiosa para las nuevas especies multisensoriales porque les permite utilizar conscientemente este desapego para crear poder auténtico, cultivar amor y desafiar todas las partes de uno mismo que impiden el amor.

La meditación *mildfulness* en sus múltiples formas es una práctica para toda la vida. El objetivo es la conciencia y el desapego. La meditación *heartfulness* también es una práctica para toda la vida, pero en este caso el objetivo es el amor y la creación continua y natural de consecuencias con amor. El propósito de la meditación *mindfulness* es tomar conciencia de la naturaleza de tu propia vida, mientras que el propósito de la meditación *heartfulness* es convertirte en la autoridad en tu propia vida.

Si eres multisensorial, que es lo que eres, ya estás comenzando a experimentar la naturaleza de tu vida, que es más que aspectos físicos, que es parte de una realidad mayor, que la realidad mayor la influye y que la vida influye sobre esa realidad. La meditación *mindfulness* apunta hacia estas realizaciones. La meditación *heartfulness* también incorpora intención, dirección y uso conscientes de todo lo que trae la nueva conciencia para alinear la personalidad con la energía del alma. Es una meditación continua, para toda la vida. Su foco es el corazón. Su destino es el corazón. Su medio para lograrlo es el corazón.

En su corazón está el corazón.

NUESTRAS NUEVAS
ESTRUCTURAS SOCIALES

37

¿Qué son estructuras sociales?

Las montañas emergen de la Tierra. Las montañas y la Tierra son inseparables. La Tierra es su fuente. Las estructuras sociales humanas emergen de la experiencia humana. Las estructuras sociales humanas y la experiencia humana son inseparables. La experiencia humana es su fuente.

Las montañas se desarrollan espectacularmente. La lava fundida es arrojada al aire desde las fisuras o emana a partir de cráteres considerados durante mucho tiempo cumbres seguras, construidos sobre la Tierra. Cuando la lava alcanza el mar, como ocurre a menudo con la lava de los volcanes situados en una isla, se acumula sobre la Tierra en violentos encuentros de agua y fuego. Las montañas crecen, las islas crecen, el suelo se eleva y se mantiene elevado. En otros casos, las placas tectónicas del tamaño de un continente chocan, empujando nuevas montañas hacia cielos desprevenidos. Aparecen montañas donde no había ninguna, y permanecen elevadas.

Las montañas dan forma a la Tierra a medida que emergen y se desarrollan. Cadenas de montañas cruzan continentes: Sierra Nevada, la Cordillera de las Cascadas, las Montañas Rocosas, los Pirineos, los Alpes, los Andes, el Himalaya… No pueden ser ignoradas. La Tierra es su madre. Cuando el Monte Lassen, situado en la Cordillera de las Cascadas, en Estados Unidos, entró en erupción en 1915, la ceniza sobrecalentada se elevó más de 3 000 m hacia la estratosfera. Y cuando el volcán Santa Helena, también situado en la Cordillera de las Cascadas, entró en erupción en 1980, ¡400 m de la ladera de la montaña desaparecieron en un instante!

Podemos construir carreteras y hoteles en las montañas, perforar túneles a través de ellas, minar sus cumbres y talar sus bosques, pero no podemos cambiarlas. Nuestras actividades son triviales comparadas con los procesos que producen las montañas. Sólo cambiar la propia Tierra podría cambiar los procesos que producen las montañas.

Las estructuras sociales humanas se desarrollan de manera similar. Esfuerzo tras esfuerzo, emergen de la experiencia humana. La exploración del mundo físico con herramientas primitivas se transformó a lo largo de milenios en exploración con aceleradores de partículas subatómicas. Los asentamientos se transformaron en metrópolis.

Así como las montañas dan forma a la Tierra a medida que emergen y se desarrollan, las estructuras sociales humanas dan forma a la experiencia humana a medida que emergen y se desarrollan. No pueden ser ignoradas. La experiencia humana es su madre. Dan forma a la actividad humana a través de culturas, costumbres, épocas y geografía. La estructura social del comercio, por ejemplo, es la misma en Asia, Europa, la India y África. Es la misma en las culturas latina, caucásica, budista y aborigen. Es la culminación siempre actual de innumerables individuos que persiguen poder externo. En la actualidad llamamos a algunas de estas actividades negocios.

La estructura social del cuidado de la salud es la culminación de innumerables intentos durante decenas de miles de años de escapar de la enfermedad y la muerte. Podemos nacionalizar la atención médica o privatizarla, pero no podemos cambiar la estructura social de la atención médica. Podemos reemplazar el capitalismo por el socialismo, pero no podemos cambiar la estructura social de la economía. Podemos reemplazar las dictaduras por democracias, pero no podemos cambiar la estructura social de gobierno. Podemos reemplazar los planes de estudios basados en hechos por planes de estudios basados en la fe, pero no podemos cambiar la estructura social de la educación. Nuestros cambios son triviales comparados con los procesos que producen las estructuras sociales. Sólo cambiar la propia consciencia humana podría cambiar los procesos que producen las estructuras sociales humanas.

¡ESE CAMBIO HA TENIDO LUGAR! La consciencia humana se ha transformado más allá de la capacidad de los cinco sentidos para comprender o imaginar. Esta transformación cambia la experiencia humana en todos los sentidos. Cambia la forma en que nos vemos a nosotros mismos y a los demás, al mundo y al Universo. Cambia nuestras estructuras sociales.

La nueva consciencia humana es épica y no tiene precedentes. Está sustituyendo un mundo construido sobre la percepción de los cinco sentidos y el poder externo por otro construido sobre la percepción multisensorial y el poder auténtico. Está remodelando un terreno conocido por nuestros antepasados durante decenas de miles de años y conocido por los antepasados de nuestros antepasados durante millones de años. Está sustituyendo nuestras estructuras sociales de cinco sentidos de la personalidad por estructuras sociales multisensoriales del alma. Esto está pasando AHORA. Éste es el gran momento, el gran día, la gran época, y nos encontramos en la planta baja.

Los humanos de cinco sentidos no pueden crear nuevas estructuras sociales humanas porque crean con la vieja consciencia humana. Los humanos multisensoriales dan vida a nuevas estructuras sociales humanas a medida que crean con la nueva consciencia humana, a medida que crean poder auténtico.

Nuestras estructuras sociales en desintegración son el producto de humanos de cinco sentidos. Ahora estos humanos están desapareciendo, al igual que sus estructuras sociales. Nuestras nuevas estructuras sociales son productos de humanos multisensoriales. Están apareciendo humanos multisensoriales, y también sus estructuras sociales.

Esto no era visible antes, pero es evidente ahora.

38

¿Por qué nuestras estructuras sociales se están desintegrando?

Hace años encontré en un pueblo costero en el norte de California una casa en ruinas que alguna vez habría sido muy bonita. Ese pueblo era mi nuevo hogar. Cercano pero lejano de San Francisco, me dio un respiro de mi vida en la ciudad. Me encantó su aislamiento, su sentido de comunidad y su íntima relación con el océano. Supuse que éstas eran las cosas que habían atraído a la gente durante décadas, y ahora me habían atraído a mí.

La casa estaba condenada. Cinta amarilla acordonaba un patio cubierto de maleza y un amplio porche situado más allá. Era una casa victoriana, como muchas que había visto en San Francisco. Unas molduras de pan de jengibre conectaban los pilares torneados del porche y una torreta redonda con la parte superior cónica le daba una distinción elegante. Podía imaginar vidrieras en las ventanas. Desde la acera donde me encontraba, la vieja casa continuaba desprendiendo el gusto llamativo de esa época. Era claramente la casa de verano de una familia rica. Desprendía ciertos aires familiares.

Me enamoré de la casa de inmediato. Sabía que la vista al mar desde atrás sería magnífica. Me sorprendía que nadie no la hubiera renovado desde hacía mucho tiempo. En mi fantasía me imaginaba haciendo precisamente eso. Me puse a andar por el sinuoso camino que conducía a la playa para tener otra vista de la casa. Miré hacia arriba y me quedé sin aliento.

¡La casa, antaño separada del borde del acantilado por un gran patio, se extendía precariamente sobre un espacio vacío! En voladizo sobre una estructura podrida, la mitad se cernía sobre un vacío entre el suelo expuesto y la playa rocosa de abajo. Parecía flotar muy por encima de mí, como si estuviera a punto de viajar hacia el mar como un globo aerostático. De hecho, estaba a punto de precipitarse barranco abajo y su destino era inminente.

Espectacularmente equilibrada en el momento de su desaparición, la casa se encontraba en un precipicio como un trapecista muy por encima de una multitud silenciosa. Esta aparición surrealista de ignorancia majestuosa y desastre inminente colgaba suspendida bajo un cielo vacío. La playa acordonada esperaba en silencio al enorme intruso. A medida que el acantilado continuaba erosionándose imperceptiblemente, más parte del suelo iba quedando expuesto. Los letreros descoloridos y la cinta amarillenta en las rocas daban testimonio de la longevidad de este drama a cámara lenta.

Nada de esto era visible desde lo alto del acantilado. La cinta y los conos mantenían a los transeúntes en la acera, la maleza ocultaba el océano detrás de la casa y en ninguna parte era evidente el problema del acantilado. Sólo quedaba una fachada triste y agrietada de una estructura que alguna vez fue feliz en la, por lo demás, agradable calle. El mar se había apoderado del suelo sobre el que se había asentado la casa. Pronto tomaría la casa. Antaño sólida y fuerte, se había vuelto inestable y débil, y su propio peso pronto acabaría derribándola. Nada podría evitarlo.

La percepción de los cinco sentidos es como la vista desde la acera. Vemos desde una perspectiva limitada y, por lo tanto, vemos menos. Miramos a nuestro alrededor y vemos nuestras estructuras sociales en disfunción. Buscamos razones, pero no podemos ver las causas más profundas que hay debajo de las disfunciones, del mismo modo que no podemos ver desde la acera la razón por la que la casa está condenada. Sin embargo, hay una razón. Los análisis, los cálculos o los nuevos planes no pueden eliminarla. Si no reconocemos esa razón, no hay forma de saber que está en marcha un colapso imparable. Ninguna reingeniería, renovación o remodelación puede salvar la casa. Está condenada.

Ocurre lo mismo con nuestras estructuras sociales. Desde la acera, por así decirlo, sus crecientes disfunciones parecen comprensibles y reparables. Sin embargo, desde la playa desaparece la esperanza de salvarlas. La realidad borra las ilusiones. La creatividad se reenfoca hacia metas alcanzables y alejadas de lo imposible. En el caso de la casa, esto significa hacer que el colapso sea lo más seguro posible, planificar la limpieza posterior al colapso y construir una casa nueva y más apropiada.

En el caso de nuestras estructuras sociales, significa mirar hacia estructuras nuevas y diferentes que estén construidas sobre una base fuerte y sólida. Estas nuevas estructuras están comenzando a emerger y su nueva base ya es visible. Son completamente nuevas y sus funciones son del todo diferentes. Las nuevas estructuras expresan, manifiestan y encarnan el nuevo potencial de la especie humana: el poder auténtico.

La percepción multisensorial nos lleva a la playa, metafóricamente hablando. Revela una visión sorprendente. ¡Nuestras estructuras sociales ya no tienen cimientos! Han desaparecido. ¡Desaparecidos por completo! Como la casa vieja, se ciernen sobre un vacío, extendiéndose hacia el espacio vacío. Sólo les espera un futuro: colapsar, y eso es lo que están haciendo. No se pueden salvar, porque la circunstancia que los llevó a su fin es irreversible. Nada puede recuperar el acantilado debajo de la casa, y nada puede reconstruir los cimientos que una vez sostuvieron nuestras estructuras sociales.

Esos cimientos eran el poder externo: la capacidad de manipular y controlar. Nuestras estructuras sociales reflejan el poder externo, lo expresan y lo perpetúan. Éste es tan inseparable de nuestras estructuras sociales como el agua de una cascada. Su arquitectura, su infraestructura y su razón de ser son poder externo. El poder externo determinaba sus formas y funciones. Fueron construidas con el poder externo y por el poder externo, y el poder externo es su base. Ahora, su búsqueda sólo conduce a la violencia y la destrucción. Los cimientos que una vez sostuvieron nuestras estructuras sociales, como el acantilado de debajo de la casa condenada, se han desvanecido.

Al igual que la vieja casa, nuestras estructuras sociales se encuentran al borde de la destrucción y no se pueden salvar. No se pueden salvar cuando caen. No hay forma de bajar la casa condenada a las rocas de abajo y no hay forma de reconstruirla donde está. Nuestras estructuras sociales son productos de una consciencia moribunda, y no se pueden salvar. Como la vieja casa, están condenadas. Tan familiares y antiguas, ahora todas ellas deben ser reemplazadas por estructuras sociales nuevas y diferentes, levantadas sobre unos cimientos sólidos y distintos.

• • •

Imagina una locomotora de vapor tronando por las vías. Es más poderosa que todo lo anterior: salvaje, fuerte, imparable. Es un símbolo de progreso, la presencia concreta de una nueva era. Detrás de la locomotora se encuentra el vagón de combustible, cargado de carbón. Un maquinista palea carbón en la enorme caldera donde el agua se convierte en vapor, el cual impulsa los enormes pistones que empujan la locomotora hacia delante. Detrás hay van los vagones de carga y los de pasajeros que se dirigen a un nuevo destino. La gente no piensa en la locomotora que posibilita su viaje, si no es para admirarla.

Dentro del tren, todo es maravilloso. La campiña pasa de largo, hora tras hora, más rápido de lo que puede correr un caballo. Se sirve comida. Los pasajeros intercambian conversación y los cojines hacen que su viaje sea más cómodo. Las vías inamovibles lo mantienen estable a propósito. Por dentro y por fuera, el tren es un objeto de belleza e inspiración.

Ahora imagina que la locomotora se ha quedado sin combustible y no hay más disponible. El maquinista ya ha metido el último trozo de carbón en la caldera y ésta se está enfriando. No se produce vapor y los enormes pistones ya no se mueven.

No hay fuego en su vientre ni humo en su chimenea, pero la locomotora avanza. Su tremenda inercia no puede ser parada. Su masa y su velocidad aseguran un impulso continuo, aunque no indefinidamente. El gran motor se ha quedado en silencio y acabará por enfriarse. Al principio, el tren frena casi imperceptiblemente y luego más apreciablemente. Los pasajeros perciben la desaceleración y lo comentan entre ellos. Especulan que quizás el motor se ha quedado sin combustible, sin saber que no hay ni habrá más combustible disponible. Finalmente, el tren se detiene. En este punto los pasajeros no tienen más opción que bajar del vagón y buscar otra forma de continuar su viaje.

Esto es lo que nos está pasando ahora. La locomotora es la consciencia moribunda. Sigue avanzando, pero sólo por inercia. Sentimos la desaceleración. Vemos una creciente disfunción a nuestro alrededor. Vemos que las viejas formas de tratar las cosas las empeoran. La consciencia moribunda se ha quedado sin combustible. No hay más disponible, y no lo habrá. El combustible era poder externo. Ahora la búsqueda de ese poder nos ha llevado tan lejos como puede. El tren se está desacelerando.

Los productos de la consciencia moribunda se desintegran.

39

Cómo reemplazar nuestras estructuras sociales en desintegración

La relación de las estructuras sociales multisensoriales con el poder auténtico es la misma que la de las estructuras sociales de cinco sentidos con el poder externo.

Es la relación del océano con la humedad. El océano ES húmedo. Todo en el océano es húmedo. Todo sobre, dentro y como resultado de estructuras sociales multisensoriales tiene que ver con el poder auténtico. Las estructuras sociales multisensoriales son el océano y el poder auténtico es húmedo. Todo sobre, dentro y como resultado de las estructuras sociales de cinco sentidos tiene que ver con el poder externo. Las estructuras sociales de cinco sentidos son el océano y el poder externo es húmedo.

La percepción de cinco sentidos es invisible para los humanos de cinco sentidos. No tienen nada con qué compararlo, nada con qué contrastarlo. Por lo tanto, no piensan en la percepción de los cinco sentidos como la característica definitoria de su especie, y mucho menos como su limitación fundamental. La evolución de los humanos de cinco sentidos requiere supervivencia, y ésta, poder externo. Éste es el suelo del que emergen y crecen las estructuras sociales de cinco sentidos, el reino de la percepción de cinco sentidos y el poder externo, la vieja consciencia, el reino de la personalidad.

Los humanos multisensoriales reconocen la diferencia entre la percepción de cinco sentidos y la multisensorial. Saben que la multisensorial es la característica definitoria de su especie. Su evolución requiere crecimiento espiritual, y éste, un poder auténtico. Éste es el suelo del que emergen y crecen las estructuras sociales multisensoriales, el reino de la percepción multisensorial y el poder auténtico, la nueva consciencia, el reino del alma. En otras palabras, las estructuras sociales de cinco sentidos no tienen relación con el alma, sus intenciones o su energía. Son obsoletas, inviables, irreparables y peligrosas.

Son obsoletas porque se basan en energía externa y necesitamos crear energía auténtica para poder evolucionar. Son inviables porque crean discordia, competencia, acaparamiento y explotación, cuando necesitamos crear armonía, cooperación, compartición y veneración por la Vida para poder evolucionar. Son irreparables porque no están rotas: sirvieron a una especie cuyo tiempo ha expirado. Son peligrosos porque ahora la búsqueda de poder externo sólo provoca violencia y destrucción. En resumen, nuestras estructuras sociales de cinco sentidos son irrecuperables. Lo inimaginable ha llegado con atrevimiento. Se encuentra ante nosotros sin remordimientos e inamovible: *las estructuras sociales que se están desmoronando a nuestro alrededor ya no apoyan nuestra evolución.*

Las estructuras sociales multisensoriales brotan como la hierba en primavera por entre las grietas de las aceras. Éstas, metafóricamente hablando, son estructuras sociales de cinco sentidos. La hierba que crece acabará por hacerlas añicos. Nada lo puede evitar. La inversión socialmente responsable, las corporaciones benéficas, la feroz oposición a los cultivos modificados genéticamente, las modalidades alternativas de sanación, los mercados florecientes de alimentos ecológicos y suplementos para el cuidado de la salud, la justicia restaurativa en lugar del castigo penal y la autorresponsabilidad del paciente que se infiltra en las relaciones médico-paciente son atisbos de las emergentes estructuras sociales multisensoriales del alma.

●   ●   ●

Cuando era niño en Kansas, afilaba mi navaja con una piedra mojada. Todos los chicos que conocía lo hacían. Entonces descubrí que una muela abrasiva hacía el trabajo más rápido, mejor y más espectacularmente. Las chispas saltaban aparatosamente hacia abajo cuando la cuchilla tocaba la muela. Por analogía, la cuchilla es poder externo, la muela lo busca y las chispas son el producto de la búsqueda.

La ciencia, la tecnología, los aviones, las naves espaciales, los antibióticos, los ordenadores e Internet son algunas de las chispas. Los humanos de cinco sentidos se fijan en ellas. Los multisensoriales también ven otras chispas, por ejemplo, ven que las compañías de seguros priorizan los «ahorros médicos» sobre los «gastos de tratamiento» y los clientes mueren mientras los inversionistas y los ejecutivos se benefician. Ven a los ricos culpables más seguros en los tribunales penales que a los inocentes indigentes. Ven a los servidores públicos (políticos) pidiendo sobornos (donaciones) sin vergüenza ni miedo. Ven a los gobiernos registrando cada correo electrónico, cada mensaje de texto y cada llamada que reciben, y cada correo electrónico, cada mensaje de texto y cada llamada que envían. Ven empresas enormes que registran todas sus compras, sus cambios de localización y los clics del ratón para manipularlos, y luego venden esa información a otras empresas que también los manipulan. Ellos ven las chispas de la oligarquía, la dictadura, las armas nucleares, la pobreza, la esclavitud, la guerra sin fin, el asesinato institucional y la contaminación global saliendo de la hoja de la navaja.

Girando la muela, ven competencia por los clientes, los inversionistas, la influencia y las parejas sexuales. Ven las chispas de la discordia, la competencia, el acaparamiento y la explotación que salen disparadas de ella. Se preguntan: «¿Por qué desarrollar antibióticos para las vacas que se dirigen al matadero?». Ven que las vacas sanas no son el problema. El beneficio es el problema. La explotación es el problema. El beneficio propio es el problema. Ven corporaciones que se esfuerzan sin descanso por obtener ganancias trimestrales e inversores que las exigen sin descanso. Ven que el bienestar de empleados, clientes, comunidades y países no viene al caso. La vida no viene al caso. El objetivo es el poder externo. Ven que nada de esto es saludable, nada aporta vida y nada es gratificante.

Cuando creas poder auténtico, ninguna muela gira ni saltan chispas. Tus experiencias cambian de las consecuencias de miedo destructivas y elegidas inconscientemente a las consecuencias de amor constructivas y elegidas conscientemente. Tu creatividad ya no soporta las

estructuras sociales de cinco sentidos en desintegración de la personalidad. En vez de ello fluye hacia nuevas estructuras sociales multisensoriales del alma.

No es necesario que decidas hacer esto. Tus opciones de amor contribuyen a nuevas estructuras sociales del alma. Tus elecciones de miedo no lo hacen. El amor es la ruta directa a donde quieres ir. El miedo
es la ruta directa hacia donde quieren ir las partes asustadas de tu personalidad. Al elegir el amor, las estructuras sociales de cinco sentidos de
la personalidad dejan de emerger de la vieja consciencia humana y las
estructuras sociales multisensoriales del alma comienzan a emerger de
la nueva consciencia humana.

Crear poder auténtico requiere que entres en la oscuridad del miedo
y el miedo a la oscuridad, que los superes conscientemente y que entres
en la luz del amor con los brazos abiertos.

Ésta es la única manera de reemplazar nuestras estructuras sociales
en desintegración.

40

El Gran Templo del Poder Externo

Una estructura social es la madre de todas las estructuras sociales de cinco sentidos. Al igual que ellas, se basa en la percepción del poder como la capacidad de manipular y controlar, y provoca las consecuencias destructivas que ahora crean sin excepción las búsquedas de poder externo. Éste es el Gran Templo del Poder Externo.

Todos los que entran en el Gran Templo del Poder Externo adoran el poder externo, y no hay nadie que no entre. Sus libros de himnos cantan los aumentos de poder externo. Sus escrituras explican el poder externo. Sus meditaciones iluminan el poder como algo externo. Su arte revela la gloria del poder externo: los templos de la antigua Babilonia, las pirámides de Egipto, todos los palacios de todos los monarcas y los rascacielos de la ciudad de Nueva York, Shanghái y Dubái. Continuamente se construyen otros nuevos, y siempre son más grandes, más impresionantes y caros. Enormes casas, ropa elegante, joyas deslumbrantes, yates espectaculares, jets privados y, pronto, naves espaciales privadas revelan la gloria del poder externo de maneras más limitadas.

Los Discípulos del Poder Externo rezan por él, incluso en monasterios y conventos, escuelas de ciencias, salas de justicia y hospitales. Se reconocen los unos a los otros, aunque nunca hayan pensado en el Gran Templo del Poder Externo o en la idea del poder como algo externo. Se conocen a través de su práctica, y todos tienen la misma práctica. Evalúan el valor de lo que crean y de lo que otros crean, y cómo intercambiarlos. Asignan significado en términos de yenes, dólares y pesos. Asignan valor en términos de kilogramos de manzanas, cestos de bayas o cargamentos de cereales. Lo asignan en función de la educación que reciben y la que reciben los demás, la atención médica que reciben y la que reciben los demás, y la justicia que experimentan y la que experimentan los demás.

Los Discípulos del Poder Externo no necesitan edificios ni lugares que les recuerden lo que es importante. Nunca olvidan. Los que tienen más dinero, educación, fama, comodidades, comida y seguridad los recuerdan. Los que tienen menos los recuerdan. Los que viven en el lujo y lo tienen todo, los que viven en la pobreza y no tienen nada, y todos los que están en el medio, los recuerdan. Los símbolos de poder externo están por todas partes. Los uniformes y las armas son símbolos de poder externo. El dinero es un símbolo de poder externo. Las gerencias en los pisos altos son símbolos del poder externo. La cantidad de vacas, cabras, bueyes y olivos son símbolos. Los discípulos con menos quieren más. Los discípulos con más quieren más. El hambre de poder externo es insaciable. Es un agujero sin fondo, una necesidad sin fin.

Los Discípulos del Poder Externo buscan lo máximo que pueden obtener por lo mínimo que deben perder. Cuanto más necesitan los demás lo que ellos tienen, más piden por ello. Cuanto menos necesitan los demás lo que ellos tienen, menos piden por ello. La ganancia y el beneficio para ellos mismos es la regla. Esta regla define cada una de sus interacciones, transacciones y esfuerzos. En la escala más grande y en la más pequeña, su intención es la misma (ganancia propia), su energía es la misma (manipulación y control) y las consecuencias que ahora crean son las mismas (violencia y destrucción).

• • •

Cuando era niño me encantaban los aviones. Mi habitación estaba llena de modelos que hacía minuciosamente pegando estructuras de madera de balsa y luego pegando papel a algunas de las piezas, rociándolo con agua y viendo cómo el papel se secaba tenso como el lienzo estirado que cubría las verdaderas máquinas voladoras de la Primera Guerra Mundial, del estilo de las que combatieron en las grandes batallas aéreas con el Barón Rojo. Conocía todos los bombarderos y cazas de la

Segunda Guerra Mundial y todos los aviones de la guerra de Corea, desde nuestros famosos aviones de caza F-86 Sabre hasta los casi idénticos MiG.

Tras graduarme en Harvard quería ser piloto de cazas para las Fuerzas Aéreas o de cazas para la Marina desde un portaaviones, pero mi vista limitada me lo impidió. Hice mi primer vuelo en solitario en Okinawa un fin de semana mientras estaba en el Ejército. Fue en un viejo biplaza cubierto de lona muy parecido a mis primeros modelos tempranos, despegando desde una pista de aterrizaje rural del ancho de una carretera de dos carriles. Me emocioné con la belleza de las playas blancas y el agua turquesa clara que se deslizaba debajo de mí e inmediatamente me volví a dirigir a tierra, por si acaso. Entonces me invadió el terror ante la idea de aterrizar. No había nadie conmigo para ayudarme a hacer descender el avión, pero estaba enganchado.

Después del Ejército me saqué una licencia privada, una licencia comercial, una habilitación de vuelo instrumental, una de vuelo multimotor y una licencia de instructor en tierra. Fui pasando incesantemente de sencillos aviones monomotor de tren fijo a aviones de hélice de velocidad variable y a aviones multimotor con tren de aterrizaje retráctil. Me encantaba volar y hacer acrobacias aéreas. El viejo anhelo de volar en combate con un caza supersónico todavía lo llevaba conmigo. Entonces descubrí algo sorprendente. Había asumido que volar con el avión pequeño y sencillo que estaba a mi disposición se encontraba en un universo de experiencia diferente al de volar con el avión de alta gama que anhelaba. ¡Descubrí que ambos vuelan igual!

¡*Todos* los aviones de ala fija vuelan igual! Todos tienen los mismos controles y esencialmente los mismos instrumentos. Todos requieren las mismas habilidades y los mismos conocimientos básicos. Los aviones más complejos tienen procedimientos más complejos y se requieren habilitaciones especiales para aprender a dominarlos, pero la aerodinámica de los aviones pequeños de aviación general es *idéntica* a la de los aviones de pasajeros y de carga más grandes y de los cazas más rápidos. Si sabes cómo vuela uno, sabes cómo vuelan todos.

Lo mismo ocurre con el Gran Templo del Poder Externo. La dinámica que hay detrás de las interacciones más grandes en el Gran Templo del Poder Externo y la que hay detrás de las interacciones más pequeñas en el Gran Templo del Poder Externo son idénticas. Algunas son más complejas, como la financiación de un rascacielos o acuerdos comerciales internacionales, y se necesita una formación especial para aprender las complejidades, pero si sabes cómo funciona una interacción, sabrás cómo funcionan todas. Los vendedores ambulantes, los trabajadores, las corporaciones multinacionales y las naciones siguen la misma regla. Los mercados financieros y las bolsas de materias primas siguen la misma regla. La regla es la máxima ganancia, el máximo beneficio propio y el máximo beneficio. Cada vez que nos esforzamos por beneficiarnos a expensas de otro, seguimos esta regla.

Buscamos los mejores precios y los vendedores nos atraen con ofertas especiales, descuentos por volumen y envíos gratuitos. Los mayores fabricantes de armas del mundo hacen exactamente lo mismo cuando venden a los gobiernos (incluido el suyo), del mismo modo que la misma aerodinámica permite que vuelen los aviones jumbo y los fabricados en un garaje. Negociar el precio de un bombardero y el de una sandía tiene la misma dinámica. Sólo difieren los detalles.

Un participante en una de nuestras actividades, una mujer de edad avanzada de una familia aristocrática europea, nos estaba describiendo parte de su maravilloso arte (Picasso, Chagall, Monet, Rembrandt) cuando exclamé:

—¡Qué increíble debe ser vivir con estas pinturas!

— No las tengo en mis casas –dijo con sorpresa–. Se encuentran en cámaras acorazadas en Suiza. Cuelgo duplicados en mis paredes.

Al principio pensaba que sólo los muy ricos escondían la belleza donde nunca se podía ver, y mucho menos apreciar, hasta que recordé a mi madre en nuestro pequeño pueblo de Kansas guardando (escondiendo) la porcelana familiar de forma segura fuera de la vista.

Todos estamos en el Gran Templo del Poder Externo, y hasta hace poco no nos habíamos dado cuenta. Este templo es el dominio de los cinco sentidos. En el Gran Templo los discípulos buscan el beneficio propio sin cesar, ni siquiera un momento. No les importa lo que eso provoca en los demás. Ésta es la búsqueda del poder externo.

Cuando sus interacciones involucran bienes y servicios, sus actividades crean una «economía».

41

Contribuidores y consumidores

Una economía es una zona donde se producen, distribuyen y consumen bienes y servicios. Puede ser una zona grande, como un continente, o una zona pequeña, como un pueblo. Puede ser la zona de cinco sentidos más grande: todas las naciones y culturas, todos los lugares y personas. Es la economía global. Es un producto del miedo despiadado, agresivo, feroz y egoísta. Por lo general, escuchamos más noticias sobre esta economía, pero también nos afectan las nacionales, regionales y municipales. Incluso podemos reconocer «economías» en vecindarios, relaciones y familias. El interés propio es indistinguible del concepto de «economía». Es la base de toda actividad económica (mutuamente abusiva) de los cinco sentidos.

La economía también es el estudio de cómo utilizamos las oportunidades para sacar un beneficio propio: cómo las «aprovechamos», «capitalizamos», «explotamos» y «monetizamos». En 1776, el escocés Adam Smith describió su conocimiento de una «mano invisible» en el «mercado». El «mercado» era (y es) la intersección siempre confiable de intenciones de codicia que determina el precio de venta de cualquier cosa. Un trato se hace cuando un comprador dispuesto acuerda un precio con un vendedor dispuesto.

Una vendedora podría estar dispuesta a vender su casa, por ejemplo, porque sus hijos tienen hambre y su esposo moribundo necesita medicinas, pero al comprador no le preocupa esta circunstancia. De hecho, los compradores buscan tales circunstancias. La intención del comprador (interés propio) no se ve afectada por la del vendedor (interés propio). El beneficio propio es la intención de todo comprador y de todo vendedor en toda economía.

Ningún economista ha encontrado aún una forma o un motivo para desafiar la afirmación de Smith de que el interés propio (insensible) racional (miedo) y la competencia (miedo) conducen a la prosperidad (cinco sentidos). Smith construyó este edificio del miedo sobre las experiencias fundamentales de cada parte asustada de cada personalidad. Todos temen no conseguir lo que quieren y temen perder lo que tienen. Todos persiguen poder externo. Perseguir poder externo es huir a la fantasía de que la manipulación y el control pueden producir autoestima y alegría. «Consumismo» es otra palabra para esa huida. Los consumidores son el motor de toda economía. Incluso los propietarios y directores de empresas son consumidores. El mundo entero es su fuente de bienes y servicios consumibles: consumen lo que necesitan para producir más bienes y servicios consumibles. Ellos deciden cuánto mineral de hierro, pasta de celulosa, ordenadores, material de oficina, maquinaria, información y capital de inversión consumirán sus empresas.

Los consumidores consumen. Hacen que las cosas resulten inaccesibles para los demás. Sea lo que sea, los consumidores lo consumen: alimentos, agua, electricidad, gasolina, todo. Agotan, devoran, defolian y destruyen. Agarran lo que pueden y lo utilizan para sí mismos. Acumulan porque nunca tienen suficiente. Compiten con otros consumidores por los mismos bienes y servicios. No confían en que el Universo les proporcione lo que quieren consumir, necesitan consumir y están desesperados por consumir. Son como hámsteres en una rueda de ejercicios.

Los consumidores no se hacen responsables de lo que consumen. Forman parte de un sistema más grande (economía) que no se hace responsable de lo que consume. Incluso se ven a sí mismos y a sus relaciones como consumibles. Dicen cosas como: «No me canso de ella», «Ella es una fuente de sabiduría» o «Quiero más de él».

Compran casas, vehículos, ropa y todo lo que pueden. Son doblemente importantes para una economía porque también son «trabajadores» que producen los bienes y servicios que consumen. Las personas que no tienen «recursos» para consumir y no trabajan para producir bienes y servicios consumibles son inútiles para la economía. Duermen sobre cartones, pasan hambre en las aceras y mueren bajo los puentes. Los contribuidores añaden, aumentan y hacen que las cosas sean accesibles para los demás. Crean, innovan y comparten. El mundo es más y está más lleno gracias a ellos. Aportan cosas nuevas y beneficiosas a la escuela de la Tierra. Su generosidad y compasión, los actos de heroísmo desinteresado, la celebración de los demás y la creatividad constructiva los unen. Consideran la visión a largo plazo, la visión de séptima generación. Plantan cultivos para aquellos que los cosecharán en el futuro. Saben que la semilla nunca ve la flor. Los contribuidores confían en el Universo para proporcionar lo que es apropiado. Mi tío adoptivo lakota me preguntó una vez:

—Sobrino, ¿sabes que las crías de búfalo siempre se sitúan en el centro de la manada, donde están seguras? Los búfalos más grandes se trasladan a la parte externa donde se entregan a sus hermanos, los lobos —reflexionó un momento antes de proseguir—. Ahora soy como uno de esos viejos búfalos. Mi vida es toda para la gente.

Se refería a *todas* las personas.

¿Qué se pierde cuando un búfalo se entrega a los lobos? ¿Puede disminuir o aumentar el Universo? ¿Disminuye o aumenta cuando el fuego consume la madera? Los físicos dicen que no. Dicen que el fuego transforma la energía potencial de la madera en energía radiante (luz) y energía térmica (calor). ¿El Universo disminuye o aumenta cuando un motor quema combustible? Los físicos dicen que la energía potencial del combustible se transforma en energía cinética (un vehículo se mueve) y energía química (dióxido de carbono). ¿Las plantas y los árboles consumen dióxido de carbono? Los biólogos dicen que ambos transforman el dióxido de carbono en oxígeno. ¿Consumimos oxígeno cuando respiramos? Los fisiólogos dicen que lo transformamos en dióxido de carbono (que alimenta a las plantas y los árboles) y formas de energía que las células de nuestro cuerpo utilizan para crecer. De hecho, nos dicen que todo ser vivo transforma (metaboliza) energía. Antes de la batalla más grande del mundo, Krishna, una gran deidad hindú, se dirigió a Arjuna, el guerrero más grande del mundo, con estas palabras: «El que piensa que puede matar y el que piensa que puede ser asesinado, están equivocados».

Podría haber estado hablando de energía (creo que lo estaba). Las escrituras hindúes afirman que «el fuego no puede quemar el alma, las espadas no pueden cortarlo». ¿La muerte de una personalidad hace más pequeño el Universo? ¿El nacimiento de una personalidad lo hace más grande? La transformación de la Energía, de la Vida, de la Consciencia, del Amor, de una forma a otra no tiene principio, y no tiene fin. La energía no puede aumentar ni disminuir. (Ésta es la primera ley de la termodinámica). El Universo no puede disminuir ni aumentar.

«Consumir» es un artefacto de la percepción de los cinco sentidos, como «azar» y «aleatorio». La «contribución» es la realidad de los humanos multisensoriales. Contribuimos (transformamos) energía con cada respiración y movimiento. Todo proceso metabólico utiliza y produce energía. La energía química se convierte en radiante, la potencial se convierte en cinética, y así. Esta dinámica siempre ha sido una parte muy importante de lo que somos y de lo que hacemos.

Cuando buscamos poder externo inconscientemente transformamos el miedo (como los celos) en otras formas de miedo (como la ira y el resentimiento). Cuando creamos poder auténtico transformamos conscientemente el miedo en amor (como gratitud, paciencia y aprecio). Somos espíritus poderosos y creativos, compasivos y amorosos. Contribuimos con cada intención de amor y con cada intención de miedo. No podemos dejar de contribuir. En cada momento respondemos a la pregunta, consciente o inconscientemente, «¿*Con qué* debo contribuir?».

Contribuir con amor no aumenta el Amor en el Universo. Contribuir con miedo no disminuye el Amor en el Universo. El Universo es Amor. Nuestras contribuciones determinan nuestras experiencias en la escuela de la Tierra. Cuando contribuimos con amor, experimentamos creatividad, significado y alegría. Cuando contribuimos con miedo, nuestras vidas se llenan de dolor y de desesperanza.

Ahora nos estamos convirtiendo en contribuyentes *conscientes*.

Estamos ocupando nuestro lugar en una nueva economía.

42

La nueva economía

La nueva economía es tan diferente de la vieja como la percepción multisensorial lo es de la percepción de cinco sentidos, como el poder auténtico lo es del poder externo, y como la nueva especie en la que nos estamos convirtiendo lo es de la vieja especie que estamos dejando atrás. Es tan diferente como el amor lo es del miedo. La vieja economía es exclusivamente el producto de la humanidad de cinco sentidos y totalmente inadecuada para la humanidad multisensorial.

La vieja economía requiere la búsqueda de poder externo. Esta búsqueda sólo provoca violencia y destrucción. Este obstáculo impide nuestra evolución. La vieja economía no es el obstáculo. La búsqueda de poder externo es el obstáculo. La vieja economía proyecta el conocimiento del poder de cinco sentidos como manipulación y control sobre el dominio de la producción, la distribución y el uso de bienes y servicios.

La vieja economía reduce la actividad humana a ganancias y pérdidas, elimina el cuidado y la conexión de la experiencia humana, y divide a los participantes en ricos y pobres, poderosos e impotentes, hambrientos y satisfechos, seguros y vulnerables. Es destructiva en todos los sentidos, sus cimientos están fallando y se está derrumbando.

Desde la perspectiva multisensorial, toda la estructura de la vieja economía es una creación inconsciente de partes asustadas de personalidades. Es un retrato sorprendentemente simple y totalmente preciso, en el lienzo de la experiencia colectiva, de aquellas dinámicas que hay dentro de cada uno de nosotros más dolorosas y destructivas.

Es una confluencia inconsciente de intereses propios. Es una definición aterradora en tiempo real y en la vida real de «insostenible». Se basa en la discordia, la competencia, el acaparamiento y la explotación. Es de la personalidad. Contribuimos a la vieja economía con cada elección de miedo y duda. Todo lo que obstruye la evolución de la humanidad multisensorial, es vieja economía.

Al final del verano las zarzamoras crecen por todas partes en Oregón. Crecen junto a caminos y arroyos. Crecen en las ciudades, en el campo y en los patios, incluido el nuestro. Crecen rápidamente y son fuertes y espinosas. Aquí bromeamos diciendo que hay una enorme raíz de zarzamora creciendo debajo de todo el estado. Eso explicaría por qué arrancar algunas plantas aquí y allá, o decenas de miles de ellas, no puede erradicar las zarzamoras; para ello se tendría que arrancar una raíz del tamaño del estado.

El poder externo es la raíz del tamaño de la especie que se encuentra debajo de todas las estructuras sociales de cinco sentidos. Hasta que lo arranquemos, nuestras estructuras sociales seguirán impidiendo la evolución de los humanos multisensoriales. El único lugar donde podemos arrancar esta raíz es en nosotros mismos. Esto significa que nuestras estructuras sociales no cambiarán hasta que no cambiemos. Desde la perspectiva multisensorial el mundo refleja nuestra dinámica interior del mismo modo que un espejo refleja las apariencias. La vieja economía es una de nuestras reflexiones. Nos muestra la brutalidad de las partes de nuestra personalidad que explotan en lugar de contribuir.

La competencia, la discordia, el acaparamiento y la explotación son la esencia de la vieja economía. Son la vieja economía. En otras palabras, la vieja economía es el compendio académicamente aprobado para partes asustadas de personalidades que toman decisiones inconscientemente por miedo, que persiguen el poder externo.

La armonía, la cooperación, el compartir y la veneración por la Vida son la esencia de la nueva economía. Los individuos multisensoriales crean estas cosas cuando toman decisiones responsables, decisiones que crean consecuencias por las que están dispuestos a asumir la responsabilidad. Dicho de otra manera, la nueva economía no puede sustituir a la vieja hasta que la comprensión del poder como alineamiento de la personalidad con el alma no reemplace la comprensión del poder como la capacidad de manipular y controlar. Esto está empezando a pasar.

Millones de inversores que antes sólo buscaban ganancias monetarias ahora buscan más. Imponen criterios de «no hacer daño» a sus inversiones. Por ejemplo, se niegan a invertir en empresas que fabrican armas, producen productos poco saludables, contaminan el medio ambiente o desprecian a la humanidad, tales como aquellas empresas que buscan controlar las necesidades básicas para la vida: el agua y los alimentos. Esto se conoce como inversión socialmente responsable. Es una actividad de inversión *mainstream*. Estudiantes de todo el mundo exigen que sus universidades se deshagan de las acciones de empresas socialmente irresponsables y comienzan a exigir que sus fondos de pensiones también se deshagan de ellas.

Ahora los inversores están pasando de criterios pasivos de «no hacer daño» a criterios proactivos de «hacer el bien». Exigen que aquellas empresas de las cuales han comprado acciones contribuyan al bienestar de sus empleados, de las comunidades y de los países donde están establecidas, y del medio ambiente. Esto es inversión de impacto. Se está convirtiendo en *mainstream*. En otras palabras, millones de inversores en todo el mundo, antaño unidos inconscientemente por la codicia, ahora se están uniendo conscientemente en apoyo de la Vida.

Está emergiendo una nueva economía.

• • •

No sólo los árboles hacen un bosque. Cada árbol es el hogar de muchas especies de insectos y otros animalitos. Se entierran en su corteza y entre sus raíces. Pequeños pájaros se comen a los insectos y los pájaros grandes se comen a los pequeños. Las contribuciones de un árbol no terminan cuando cae, sino que comienzan nuevas contribuciones, que continúan a medida que el árbol se descompone (se transforma). Además, las nuevas formas de energía que produce la transformación contribuyen a la creación de aún más especies de animales y organismos microscópicos.

El nacimiento, el crecimiento y la muerte de los bosques son incesantes. Los incendios crean espacio para nuevos árboles. Los humedales se convierten en prados y los prados en bosques, y el ecosistema (la maravillosa economía en la que el nacimiento, la vida y la muerte se entremezclan, contribuyen y reciben mutuamente) continúa, beneficiando a todas las partes y recibiendo el beneficio de todas las partes.

La nueva economía también es un ecosistema. Refleja la pertinencia que en todas partes es evidente para la percepción multisensorial. Cuando cada experiencia humana es una necesidad kármica (lo es), ¿qué es lo escaso? (Nada). ¿Qué es abundante? (Nada). ¿Qué es apropiado? (Todo). Construimos la nueva economía con cada elección de amor y confianza.

La nueva economía es una proyección del poder como auténtico sobre el dominio de dar y recibir dones con la Tierra viviente y entre nosotros. Es un retrato bellamente sencillo, siempre preciso, creado continuamente, en el lienzo de la experiencia colectiva, de la dinámica más saludable y alegre dentro de cada uno de nosotros.

Para los humanos de cinco sentidos, una economía basada en los valores del alma es un ideal imposible. Para los humanos multisensoriales, la vieja economía es el ideal imposible. Crea más y más violencia y destrucción a medida que se desintegra, impidiendo nuestra evolución y amenazando nuestra supervivencia. Encarna el poder externo, mientras que nuestra evolución ahora requiere poder auténtico. Por eso ninguna de nuestras estructuras sociales, incluida la vieja economía, tiene futuro.

Sopla un nuevo viento, y sopla desde una nueva dirección.

43

La nueva intención de negocio

La economía es un altar en el Gran Templo del Poder Externo. El negocio es otro. Ambos están uno al lado del otro, y los adoradores de uno adoran fácilmente y con frecuencia al otro. La economía es análoga a un océano de poder externo. Las empresas son análogas a los barcos de pesca que navegan por el océano de energía externa.

Algunas de las embarcaciones son pequeñas y pescan con redes pequeñas. Otras son enormes y arrastran redes de kilómetros de longitud por el fondo del océano. Esto destruye casi todos los seres vivos. Aún otras son barcos de guerra y luchan entre sí siempre que sea posible. Las embarcaciones no arrastran redes para pescar, sino para obtener ganancias. Los peces no son importantes para ellas, excepto por el papel que desempeñan en la obtención de ganancias. Cuantos más peces pescan las embarcaciones, más ganancias obtienen. Las ganancias son tan importantes para ellas que destruyen innumerables formas de vida acuática para conseguirlas. Sin embargo, los capitanes de los arrastreros (ejecutivos de las empresas), las tripulaciones (empleados de las empresas) y los propietarios (accionistas) no se desaniman.

En esta analogía, los peces en el océano son clientes e inversores. También persiguen el poder externo. Los clientes buscan ofertas. Los inversores buscan acciones devaluadas, apuestan contra el bienestar de otros inversores, acuden en masa a fondos y empresas que les ayudan a obtener beneficios y los abandonan con la misma rapidez cuando no es así. Del mismo modo que los clientes buscan gangas y las compran donde pueden, los inversores sólo son leales a su propio beneficio. ¡Todo el pescado en este océano de peces!

Por ejemplo, en este océano las embarcaciones no tiran las redes en aguas vacías y no capturan peces. Una gran industria atrae a los peces hacia ellos. Es la industria de la publicidad. Ésta no está interesada en el bienestar de las embarcaciones, sino en las ganancias. También es pesca. Las empresas de publicidad son clientes de otras empresas, como emisoras de radio y televisión, periódicos, proveedores de servicios de Internet, diseñadores gráficos, etc. Cada una de estas empresas también está interesada únicamente en las ganancias y, a su vez, es cliente de otras empresas que están interesadas únicamente en las ganancias. Todo en el océano del poder externo está interesado sólo en las ganancias. Ésta es la naturaleza del océano de poder externo.

Las ganancias son exceso. Es más dinero del que necesita una empresa para pagar sus gastos, es decir, más de lo que necesita para pagar todo lo que le debe a todo el mundo. Es más de lo que necesita para pagar a los empleados, a otras empresas que le venden, a los inversores para que sigan invirtiendo y, en el caso de las corporaciones multinacionales, los salarios y los beneficios de los ejecutivos, que son *centenares* de veces mayores que los que reciben otros empleados. ¡Todo lo que queda después de todo eso son ganancias! Por lo general, a las corporaciones multinacionales les sobra *mucho*. ¿Qué hacen con sus ganancias? Las emplean para obtener más ganancias. Nunca pueden tener suficiente.

¿Te suena familiar? Las partes asustadas de nuestra personalidad requieren implacablemente más: admiración, reconocimiento, aprecio, dinero. La necesidad de más es intensa porque el dolor de la impotencia que hay debajo de ella es intenso. Partes asustadas de nuestra personalidad buscan poder externo para enmascarar ese dolor. Las corporaciones multinacionales no experimentan el dolor de la impotencia porque no pueden experimentar nada. No son personalidades. Son reflejos de nuestra dinámica interior destructiva.

Las partes asustadas de nuestra personalidad no contienen un indicio de compasión ni un rastro de sabiduría. Por lo tanto, no hay un indicio de compasión ni un rastro de sabiduría en las corporaciones multinacionales. Sus objetivos son huecos y destructivos, su búsqueda de ganancias es tóxica, su presencia es despreciada y temida, producen las mismas actividades depredadoras y combativas que nuestras propias búsquedas de poder externo. Sus ejecutivos y sus inversores codiciosos son nuestros terceros actores. No producen estas monstruosidades despiadadas y rapaces. *Nosotros* somos su origen. La enormidad de su intención destructiva y el salvajismo de su búsqueda de poder externo se originan en *nosotros*.

Las corporaciones multinacionales reflejan todo lo que es insensible, destructivo y brutal *en nosotros*. No podemos cambiar estos reflejos sin cambiarnos a nosotros mismos. Espejo mágico, ¿quién es el más amoroso del reino? ¿Quién es el más cruel? ¿Cuál eres tú?

Ralph Waldo Emerson[8] describió un punto de inflexión de esta manera:

Cada hombre cuida que su vecino no lo engañe. Pero llega un día en que comienza a preocuparse de no engañar a su vecino. Entonces todo va bien: ha cambiado su carrito de compras en un carro del sol.

Nos encontramos en un punto de inflexión, y nos estamos inclinando hacia el sol. Centenares de millones de humanos multisensoriales crean poder auténtico en lugar de buscar poder externo. Nuevos negocios exploran una nueva frontera donde la necesidad de obtener ganancias cumple con los requisitos del corazón. La fusión de la sociedad espiritual y el comercio nos llama. La brújula por la que las empresas fijan su rumbo está actuando de forma extraña. Ya no apunta hacia las ganancias, el antiguo verdadero norte. Los nuevos negocios siguen una estrella polar diferente. Se dirigen hacia un destino diferente. Participan en una dinámica de servir a los demás que es posible gracias a las ganancias en lugar de la dinámica obsoleta que está motivada por las ganancias que se generan al servir a los demás. Más allá de esta dinámica se encuentra el potencial de la más nueva de todas las intenciones comerciales, la intención de puro servicio, así como la más antigua de todas las intenciones comerciales es la pura ganancia.

---

8. El escritor y filósofo estadounidense Ralph Waldo Emerson (Boston, 1803 – Concord, 1882) fue un gran defensor del trascendentalismo, movimiento que defiende que la esencia de las cosas se consigue mediante un proceso de contemplación, intuición y éxtasis. *(N. del T.)*

¡Los nuevos negocios invierten la dirección en la que fluye la energía empresarial! Transforman el tomar en dar. Buscan conexiones en lugar de clientes. Contribuyen a la vida en lugar de explotarla. ¡Cambian el resultado final del negocio a amor desde el miedo!

Los nuevos negocios están poniendo patas arriba los negocios, y por primera vez vemos que es así como debe ser. Por primera vez vemos que ahora nuestra evolución requiere contribución en lugar de explotación, conexión en lugar de consumo y cocreación constructiva en un dominio de experiencia más grande que el que hemos podido imaginar.

Está emergiendo la nueva estructura social de los negocios y nosotros somos parte de ella.

¿Quién más podría ser?

44

Gobernanza multisensorial

Todos los gobiernos, tengan el nombre que tengan, fueron creados por humanos de cinco sentidos que evolucionaron sobreviviendo y sobrevivieron persiguiendo poder externo. En otras palabras, todos los gobiernos se basan en el poder externo, sin importar dónde se originaron, cómo se llamen, cómo estén estructurados o qué profesen. Por lo tanto, hoy en día todos los gobiernos son inestables, inviables y destructivos.

Estamos en un territorio nuevo. Nuestros gobiernos están fallando y no se pueden arreglar porque no están rotos. Son obsoletos y no se pueden modernizar. Antaño apoyaron la evolución de humanos de cinco sentidos. Ahora impiden la evolución de humanos multisensoriales.

Las formas de gobierno de cinco sentidos crean y hacen cumplir reglas que gobiernan a los colectivos, por ejemplo, reglas que prohíben casarse fuera de una tribu o dentro de un clan. Las democracias parlamentarias y los consejos de ancianos son formas de gobierno de cinco sentidos. El origen de un gobierno de cinco sentidos puede ser un señor de la guerra o un monarca absoluto (en origen son lo mismo). El control fluye desde arriba (señor de la guerra o monarca) hacia abajo (todos los demás). En la mayoría de estos gobiernos, la resistencia asegura prisión, tortura y muerte. Los monarcas de la Europa medieval, los zares rusos, los emperadores japoneses y chinos y los gobiernos de Arabia Saudí, Rusia y China son algunos ejemplos.

En este capítulo y el siguiente, el gobierno de Estados Unidos ilustra la relación sin futuro entre un gobierno de cinco sentidos y la evolución de los humanos multisensoriales, pero esta relación es aplicable a todos los gobiernos de cinco sentidos y todos los humanos multisensoriales. Algunos estudiosos consideran que las catedrales son nuestras mayores creaciones colectivas. Algunos científicos dicen que la exploración espacial es lo más grande. Creo que la mayor de todas las creaciones colectivas es nuestra forma avanzada de gobierno de cinco sentidos.

Atenas, una ciudad-estado griega (500 a. C.), fue probablemente la primera democracia. La élite ateniense (hombres educados y dueños de propiedades) eran sus únicos ciudadanos. Las mujeres y los esclavos no lo eran. Los hombres elegían su gobierno por sorteo y participaban en él. Las mujeres y los esclavos, no. Dos mil trescientos años después, la democracia estadounidense era esencialmente la misma (excepto por el sorteo). La élite colonial –hombres educados y dueños de propiedades (blancos)– eran sus únicos ciudadanos. Las mujeres y los esclavos, no.

La historia que conecta estas democracias es violenta. Por ejemplo, en 1215, matones ingleses (barones) en guerra con un matón jefe (rey) llegaron a un acuerdo que fue negociado por la Iglesia católica matona. Brutalidad significa fuerza bruta, la búsqueda vacía de poder externo. El rey matón les concedió a los barones matones algunas de las cosas que querían. Luego, todos los involucrados rompieron este acuerdo y volvieron a la matonería, pero en el proceso sucedió algo nuevo. ¡El rey matón accedió a limitar sus actividades! Esto nunca había ocurrido antes. Los reyes matones (y las reinas matonas) afirmaban gobernar por «autoridad divina», lo que significaba que sus decisiones eran voluntad de Dios.

El acuerdo entre estos barones y este rey matones se conoció como la Carta Magna (una carta es una concesión de derechos). La Carta Magna («Gran Carta») fue un intento fallido de poner fin a un conflicto sin violencia, pero contenía el núcleo de una idea que finalmente se conoció como el «Imperio de la ley». En la actualidad, las formas avanzadas de gobierno de cinco sentidos están diseñadas para poner fin sin violencia a los conflictos por el poder externo; específicamente, están diseñadas para transferir el poder externo sin violencia.

El gobierno estadounidense es uno de ellos. Los padres fundadores de Estados Unidos (no hubo madres fundadoras) crearon una democracia representativa constitucional para aprovechar las búsquedas conflictivas del poder externo para el bien común. Incorporaron las mejores ideas sobre gobernanza que pudieron encontrar de colegas anteriores y contemporáneos.

John Adams veneraba al romano Cicerón (106-43 a. C.), defensor de la República. Cicerón también influyó en Thomas Jefferson, quien redactó la Declaración de Independencia. El inglés Thomas Hobbs (1588-1679) abogó por la igualdad entre ciertos hombres (pero no la igualdad con las mujeres). Propuso el poder político «representativo» (basado en el consentimiento de los gobernados) como el único poder político legítimo. El también inglés John Locke (1632-1704) defendió la separación de los poderes gubernamentales y declaró que la revolución era un derecho –y, en ciertos casos, una obligación–, lo que influyó profundamente sobre la Revolución Americana, la Declaración de Independencia y la Constitución de Estados Unidos. El francés Montesquieu (1689-1755) describió una separación del poder gubernamental entre los poderes legislativo, ejecutivo y judicial, que, en conjunto, constituyen el «controles y contrapesos» fundamentales del gobierno estadounidense. De hecho, los padres fundadores de Estados Unidos citaron a Montesquieu más que a cualquier otra fuente, excepto la Biblia.

Ahora, el gobierno que estos hombres crearon, por notable que haya sido, está condenado por la misma razón por la que la casa que se extiende sobre el vacío está condenada: sus cimientos han desaparecido. Ya no existe un bien común en la búsqueda de poder externo. No hay ningún bien de ningún tipo en la búsqueda de poder externo. Al igual que la casa, se desmoronará, junto con todas las demás formas de gobierno de los cinco sentidos.

Las democracias (las montañas más altas en el rango de la gobernanza de cinco sentidos) siempre han sido calderos de presunción, engaño, traición y mezquindad, en otras palabras, de búsquedas de poder externo. No obstante, sus ventajas eran grandes. Los perdedores de las guerras políticas, incluso las más brutales, podrían reagruparse, volver a planificar y atacar con mayor fuerza en las siguientes elecciones (en lugar de ser asesinados). Y los ganadores se atrincheraban, se fortalecían y volvían a atacar con ventaja (como cargos públicos) en las siguientes elecciones.

Ahora todo esto es contraproducente para la evolución de los humanos multisensoriales.

No importa cuántos gobiernos de cinco sentidos creemos o destruyamos, ni cuán inteligentes, sensibles, refinados y solidarios, o cuán viles, malvados, ordinarios y violentos sean los individuos que elijamos para gobernarnos; ahora la estructura social de gobierno de cinco sentidos sólo conduce a la violencia y la destrucción.

Esta circunstancia es permanente. Las grandes revoluciones americana, francesa, rusa y haitiana ya no nos muestran el camino a seguir. Las revoluciones sólo hacen girar la rueda. Transfieren poder externo de unas manos a otras, de un conjunto de valores a otro. La evolución reemplaza la rueda con formas y funciones antes inimaginables.

Nos encontramos en una evolución, no en una revolución.

45

Gobernanza multisensorial:
Los primeros destellos

La estructura social de gobierno de cinco sentidos se basa en el poder externo y lo expresa. Sin embargo, ahora el poder externo sólo provoca violencia y destrucción. Éste es el marco general con el que abordar la cambiante estructura social de la gobernanza.

La relación entre los gobernados y los que gobiernan podría verse como una relación de unidad, es decir, no puede haber gobernados sin gobernantes, como tampoco puede haber gobernantes sin gobernados. En otras palabras, siempre hay aquellos que son gobernados y aquellos que gobiernan. Éstas son las divisiones que ahora se están desmoronando, por así decirlo: las divisiones entre «yo» y «el otro», entre «el otro» y «yo». Estas divisiones están basadas y ancladas en la percepción de los cinco sentidos.

Desde la perspectiva impersonal del alma, lo que significa desde la perspectiva de un ser humano multisensorial, aquellos que son gobernados y los que gobiernan no son individuos o incluso entidades que existen por separado. *Individuo*, tal y como los humanos de cinco sentidos entienden este término, significa una personalidad. En cambio, para los humanos multisensoriales individuo significa «personalidad más alma». Cuando el alma entra en escena, la imagen cambia radicalmente.

Cada alma tiene infinidad de personalidades, y desde la perspectiva del alma, todas sus personalidades y todas las interacciones de sus personalidades existen simultáneamente. Esto no puede ser entendido o apreciado por el intelecto, y no hay indicación de ello para los cinco sentidos. Sin embargo, a medida que la especie humana se vuelve multisensorial, esta realidad se vuelve más evidente. Una víctima en una encarnación se convierte en villano en otra. Los papeles se invierten. Se experimenta con variaciones de papeles. Toda esta experiencia se acumula, por así decirlo, en el alma.

¿En qué parte de este panorama más amplio aparece la comprensión de «gobernado» y «gobernante»? Es transitorio. Es prácticamente efímero, aunque no se siente de esa manera y no es experimentado de esa manera por una personalidad en la escuela de la Tierra. Por lo tanto, cuando preguntamos: «¿Cuál es la alternativa a la estructura social de gobernanza de cinco sentidos?», la respuesta correcta, la respuesta precisa y la perspectiva general es «una estructura social emergente de gobernanza basada en las percepciones y los valores del alma en lugar de las percepciones y los valores de la personalidad». Sin embargo, las preguntas siguen siendo: «¿Qué significa eso para los individuos?» y «¿Qué pueden hacer éstos para contribuir al surgimiento de una estructura social multisensorial de gobernanza basada en los valores, la energía y las intenciones del alma?». Nuevamente, la respuesta general es «crear poder auténtico». No hay otra manera de contribuir al surgimiento de las estructuras sociales que experimentan las personalidades de tu alma y que las personalidades multisensoriales están creando a medida que crean poder auténtico.

Sin embargo, desde una perspectiva de los cinco sentidos, esta respuesta es insatisfactoria, ya que la perspectiva de los cinco sentidos consiste en cambiar el mundo físico para encontrar alivio del dolor, la inseguridad, la ansiedad, el desprecio hacia uno mismo, la falta de valor y el continuo querer y no tener. Por lo tanto, desde una perspectiva de cinco sentidos, la respuesta es «*hacer* algo». Debe hacerse algo, y el individuo debe hacerlo o el colectivo debe hacerlo. Ésta es la orientación sobre la cual se construye la estructura social existente de gobernanza y, de hecho, todas las estructuras sociales de los cinco sentidos. Por lo tanto, el primer paso para contribuir al surgimiento de una estructura social de gobernanza multisensorial basada en los valores, la energía y las intenciones del alma es liberar el imperativo de los cinco sentidos de hacer algo, de cambiar el mundo.

El mundo no ha cambiado por este imperativo. Tus experiencias del mundo han cambiado. Tus obligaciones kármicas no han cambiado. Continúan produciendo experiencias, y éstas continúan brindándote oportunidades para elegir de manera más sabia y compasiva. Podríamos decir que las partes asustadas de una personalidad son sus aspectos gobernantes. Exigen de la personalidad lo que consideran que es necesario que la ésta haga, que produzca. Al desafiar las partes asustadas de tu personalidad, estás desafiando la misma división sobre la cual se arma la construcción de cinco sentidos de la gobernanza: los gobernados y los gobernantes.

En lugar de intentar cambiar a quienes gobiernan en el mundo externo o a quienes son gobernados en el mundo externo, cambias en ti mismo lo que gobierna y lo que es gobernado, pero dentro de ti esa distinción existe sólo mientras existan partes asustadas de tu personalidad y sigan ejerciendo el control. A medida que se desafían las partes asustadas de tu personalidad, pierden el control que están buscando y, a medida que son desafiadas, se cultivan las partes amorosas de tu personalidad. Cuando desafías una parte asustada que juzga, por ejemplo, cultivas una parte amorosa que acepta. Las partes amorosas no buscan controlar. Buscan contribuir, y lo hacen.

Las personalidades de los cinco sentidos se dicen a sí mismas: «¿Cuánto bien pueden hacer mis contribuciones cuando miles de millones de otras personas en la escuela de la Tierra contribuyen de manera diferente a como yo lo hago?». El intelecto plantea esta pregunta y busca la respuesta en el dominio de los cinco sentidos. En el dominio de la percepción multisensorial, la respuesta es evidente. El mundo, incluidas las estructuras sociales humanas –y en ese grupo la estructura social de gobernanza–, es un espejo, una proyección, una forma de entenderse a uno mismo. Cuando intentas cambiar el reflejo, no cambia excepto en otro reflejo, un reflejo nuevamente de alguien que está tratando de cambiar el reflejo, lo que significa el mundo externo. Sin embargo, cuando vuelves tu enfoque hacia tu interior y te cambias a ti mismo, eso cambia el reflejo de manera significativa. Elimina del reflejo la búsqueda de poder externo.

En otras palabras, una estructura social es una experiencia en lo macro. Sin embargo, lo macro no puede existir sin lo micro. El único lugar donde el cambio es posible es en lo micro, porque lo macro refleja lo micro, y es aquí donde el intelecto colapsa, por así decirlo, con mucha objeción.

La estructura social de gobernanza de cinco sentidos se basa en el poder externo y en quién lo tiene. La estructura social de gobernanza en la que surgió la democracia representativa constitucional aún refleja esta circunstancia sin cambios. Los que tienen más votos tienen más poder externo. Los que tienen más influencia tienen más poder externo. No hay forma de cambiarlo buscando influencia y poder externo.

En otras palabras, esta pregunta, «¿Qué puedo aportar a una estructura social de gobierno emergente?», va al corazón de la percepción multisensorial y la lógica de orden superior y la comprensión del corazón. Pone a los individuos que se encuentran en un estado de transición, como tú, en una posición desafiante, porque las partes asustadas de sus personalidades exigen que se haga algo y descartan como infundada o ridícula la idea de que la transformación interna puede generar una transformación externa. Sin embargo, la lógica de orden superior y la comprensión del corazón lo ven claramente, incluidos los intentos de eludir esta percepción, por ejemplo, intentando convertirse en una persona mejor, por así decirlo, para crear un mundo mejor. De nuevo, esto es una percepción del mundo de cinco sentidos que separa el yo y el otro, el yo y el mundo, el interior y el exterior. No hay distinciones entre ambos desde la perspectiva impersonal del alma.

Esta circunstancia desafiante surge porque por primera vez toda la especie humana se está transformando de una que está limitada a las percepciones de los cinco sentidos, y que entiende el poder como la capacidad de manipular y controlar, a una especie que es multisensorial y ve el poder, y experimenta el poder, como la alineación de la personalidad con el alma, y ve también la emergente estructura social multisensorial de gobernanza. ¿Quién gobierna? ¿Quién es gobernado? Es aquí donde una elección responsable es inevitable e ineludible. Sin embargo, desde esa perspectiva, tú gobiernas y no hay nada que gobernar.

Si éste es el caso, ¿qué pasaría con la injusticia social, la inequidad, el racismo, la intolerancia, el autoritarismo, la brutalidad? Todos ellos también son reflejos de dinámicas internas y todas esas dinámicas internas existen en ti, en cada individuo. Desde la perspectiva de los cinco sentidos, son maldiciones u obstáculos. Desde la perspectiva multisensorial, son signos o indicaciones de lo que debe cambiarse. De todos modos, lo que necesita ser cambiado, necesita ser cambiado en ti.

Estas experiencias, estas intuiciones, que chocan con las demandas del intelecto y las limitaciones de los cinco sentidos, son en sí mismas los primeros destellos de la emergente estructura social multisensorial de gobernanza.

46

Salud desde un lugar más profundo

La atención médica tiene cuatro partes: compañías de seguros, farmacéuticas, hospitales y médicos. Las tensiones dentro y entre estas partes han provocado una consecuencia grotesca en Estados Unidos: asistencia sanitaria que está más interesada en su propia salud que en la de los pacientes que la conforman.

Las compañías de seguros, como ya hemos comentado, niegan el tratamiento a los clientes moribundos para aumentar las ganancias de ejecutivos y accionistas. Los clientes moribundos acaban muriendo.

Los hospitales estadounidenses dan prioridad a que les paguen. Los pacientes de la sala de emergencias suplican la asistencia de los médicos mientras los empleados introducen nombres, direcciones y números de pólizas de seguros en las bases de datos.

Las farmacéuticas cobran lo máximo que permite la mano invisible de Adam Smith por sus medicamentos, incluidos los que salvan vidas cuando se administran o acaban con ellas cuando se dejan de administrar. Cuando los clientes no pueden pagar, dejan de tomar los medicamentos necesarios y acaban muriendo.

Los médicos son peones de este sistema o empresarios aliados con las compañías de seguros, las farmacéuticas y los hospitales.

Ésta es la brutal «atención médica» estadounidense. Millones de personas deben elegir cada mes, cada semana o cada día entre el alquiler, la comida, la calefacción y la medicina. (¿Qué escogerías tú?).

Independientemente de que sea un sistema de atención médica privado, nacionalizado o una combinación de ambos, la estructura social de cinco sentidos de la atención médica en la que funciona se basa en el poder externo. La atención que ofrece se basa en el poder externo.

La medicina de los cinco sentidos manipula y controla los cuerpos a nivel molecular (productos farmacéuticos) y a nivel de los órganos (cirugía). Define la salud como salud física e identifica toda disfunción física como el efecto de una causa física. Afirma que toda falta de salud es una falta de salud física. Desde la perspectiva de los cinco sentidos, no es posible ningún otro tipo de salud, del mismo modo que no es posible ningún otro tipo de poder aparte de la capacidad de manipular y controlar.

La salud mental, la emocional, la psicológica e incluso la « espiritual» se reducen a causas y a efectos físicos. Ninguna causa de enfermedad es más profunda que la física, y ninguna cura es más profunda que la física. La salud antes de la concepción y después de la muerte son inconcebibles. En el dominio de los cinco sentidos, el cerebro es el lugar de nacimiento y muerte de toda experiencia. Todos los pensamientos, las emociones, las intuiciones y las revelaciones conducen al cerebro y allí finalizan. Toda experiencia humana (trascendencia, éxtasis, inspiración) es un subproducto de la química orgánica. La muerte del cerebro es la muerte de la consciencia.

Los médicos de los cinco sentidos diseccionan cadáveres para entender la vida, pero no pueden entender la Vida de esa manera. No entienden sus propias vidas…, sus emociones e intenciones, y sus energías de amor y de miedo que hay dentro de ellos mismos y cómo eligen entre ambas. No tienen pensamientos de crecimiento espiritual, de apoyar a otros en el crecimiento espiritual o de recibir el apoyo de otros para crecer espiritualmente. No pueden distinguir entre personalidades mortales y almas inmortales. Por lo tanto, ignoran las relaciones entre ambas.

No reconocen el nacimiento de una personalidad como la entrada voluntaria de un alma en la escuela de la Tierra, o su muerte como el retorno de un alma a la realidad no física en el momento de su elección. No reconocen la diferencia entre una curación, la manipulación de un proceso físico, y una sanación, el movimiento de la consciencia hacia el amor. Buscan la fuente de la juventud como hicieron los reyes y los conquistadores antes que ellos, pero no reconocen la causa del envejecimiento que hay a su alrededor y dentro de ellos: la negatividad.

Vidas más largas, mejor salud física y menos dolor son los grandes dones de sus esfuerzos, pero ahora se necesita más para crear y mantener la salud, y se ofrecen entre ellos dones mucho mayores. La salud procede de un lugar más profundo. Los orígenes de la salud y la enfermedad físicas no son físicos. Los individuos de cinco sentidos consideran que las disfunciones físicas agudas (como los ataques cardíacos, por ejemplo) son emergencias repentinas. Se abalanzan sobre las salas de emergencia con luces intermitentes y sirenas aullando. Desde la perspectiva multisensorial, las «emergencias» de los cinco sentidos se desarrollan a lo largo de la vida. *Toda disfunción física es una emergencia cuando aparece en la escuela de la Tierra.* Sólo la creación de poder auténtico es un cuidado de la salud preventivo a largo plazo.

La estructura social multisensorial del cuidado de la salud apoya y refleja las consecuencias sanas y constructivas del amor. Se basa en elecciones conscientes. Identifica los efectos de causas no físicas (intenciones) sobre fenómenos físicos (tales como enfermedades y lesiones) y fenómenos no físicos (experiencias emocionales). Reconoce la salud física y la tranquilidad emocional como lo mismo (amor) y la falta de salud física y la enfermedad emocional como lo mismo (miedo). Reconoce la compasión y la sabiduría que modelan las vidas en experiencias de humildad, claridad, perdón y Amor, y la falta de compasión y de sabiduría que las convierte en experiencias de arrogancia, ignorancia, odio y miedo.

La inseparabilidad de salud y poder auténtico es la base de la estructura social multisensorial del cuidado de la salud. Las relaciones entre personalidades, almas y salud son su contenido. Requiere autorresponsabilidad. Entiende la salud como amor (ausencia de miedo) y la enfermedad como miedo (ausencia de amor).

Las relaciones cocreativas entre médico y paciente, los mercados multimillonarios de suplementos y vitaminas, y las asociaciones espirituales que se apoyan mutuamente en la creación de salud son destellos de la estructura social multisensorial del cuidado de la salud que está emergiendo a nuestro alrededor. Sirve a la experiencia consciente, constante y estabilizada del Amor y a nada más.

¿Cuán fuerte es tu convicción de que es imposible una estructura social del cuidado de la salud que sirva a la experiencia consciente, constante y estabilizada del Amor?

¿Cuán fuerte es tu convicción de que es inevitable?

47

El milagro del coronavirus: ¿Por qué?

Mientras escribo esto en la primavera de 2020, aquí es donde estamos y esto es lo que veo. El coronavirus es simbólico, como lo es todo en la escuela de la Tierra, pero es una experiencia en la escuela de la Tierra que está afectando a prácticamente todo el mundo al mismo tiempo. Por lo tanto, vale la pena aprender de él.

Los humanos de cinco sentidos están aprendiendo los aspectos físicos de una infección por coronavirus y cómo contenerla. Los humanos multisensoriales pueden aprender de maneras que los de cinco sentidos no pueden. Podemos observar nuestras experiencias al respecto. Podemos utilizar nuestra conciencia emocional y nuestras elecciones responsables para desafiar los miedos que está activando en nosotros, y mientras esos miedos estén activos, podemos responder desde partes sanas y amorosas de nuestra personalidad. Podemos aplicarlo a lo que decimos y lo que hacemos. Podemos ver nuestras intenciones en todo lo que decimos y hacemos.

Por ejemplo, ¿te mantienes distanciado de los demás porque temes estar cerca de ellos e infectarte? ¿O te mantienes distante de los demás porque te preocupas por ellos, tu amor llega hasta ellos y pretendes protegerlos de la infección? Cuando hablas o actúas, ¿estás hablando desde el miedo y aceptando el miedo de los demás? ¿O lo haces desde una parte amorosa de tu personalidad y ejemplificando a otros una forma alternativa de hablar, de actuar y de interactuar durante estos tiempos? Esto es lo que el coronavirus puede enseñarte, y también puede enseñar a otros al mismo tiempo, si están dispuestos a aprender.

Es el miedo en la especie humana lo que ha producido el coronavirus. Todos los comportamientos necesarios para contenerlo son expresiones gráficas e inequívocas del comportamiento del miedo: separación, distanciamiento, cuidarse físicamente a uno mismo en solitario. Sin embargo, estos mismos comportamientos se pueden tener en el amor. Mirar los comportamientos necesarios para limitar la propagación del coronavirus, y ver que sin la intención de amor que hay detrás de ellos expresan perfectamente las intenciones del miedo, te permite enfocarte y reconocer dentro de ti la diferencia entre el amor y el miedo, y elegir el amor. Ésta es la diferencia que puedes hacer tú en tu contribución a la erradicación del coronavirus.

La única forma de erradicar este virus y todas las demás expresiones de miedo en la especie humana es que la especie humana utilice su percepción multisensorial emergente y su comprensión del poder como auténtico para crear con amor en lugar de con miedo. ¿Cómo sería un mundo que se crea con amor en lugar de con miedo, que se crea conscientemente con las partes de tu personalidad que están alineadas con tu alma en lugar de con las que encarnaste para experimentar e ir más allá del control? Sería un mundo de armonía, de cooperación, de compartir y de veneración por la vida. Todos ellos son muy diferentes del miedo, y las experiencias de todos ellos son muy diferentes porque también son muy diferentes de las experiencias del miedo.

Mantén tu distancia con respecto a los demás, pero conviértela en una distancia social. Cuando es por miedo no es una distancia social, sino una distancia egoísta. Mantente limpio. Lávate las manos con frecuencia. También mira estos actos desde el punto de vista simbólico. Imagina que limpio significa libre de miedo. Imagina que lavarte las manos significa dejar todas esas actividades y esos pensamientos de miedo, santificar tus manos, convertirlas en instrumentos de amor.

La pandemia de coronavirus es una poderosa oportunidad de aprendizaje. ¿Qué aprenderás de ella? ¿Aprenderás a complacer aún más tus miedos, a hundirte más profundamente en sus limitaciones y su dolor hasta hundirte hasta llegar a la experiencia primaria del dolor de la impotencia, que es un dolor insoportable? ¿O utilizarás tu experiencia con el coronavirus para comenzar a elevarte por encima de los campos magnéticos del miedo que hay en ti mismo y a tu alrededor, que en última instancia son lo mismo, y desafiarlos creando con amor, actuando con amor, pensando con amor, dando tu vida al amor?

Ésa es la alineación de tu personalidad con tu alma. Ello requiere crear poder auténtico; utiliza todo lo que estás experimentando en esta época del coronavirus para crear poder auténtico. Diviértete. ¿Suena chocante que puedas divertirte? Pregúntate el origen de ese pensamiento: la inadecuación de la alegría en cualquier momento de tu vida, incluso cuando otros tienen miedo. Ese pensamiento proviene del miedo que hay en ti. Ese pensamiento por sí mismo contribuye al coronavirus, al igual que todo pensamiento y toda energía del miedo contribuyen a la manifestación del miedo y a los productos del miedo en la escuela de la Tierra.

Hacer estas cosas requiere convertirse en una persona espiritual en un mundo que todavía no reconoce el espíritu, aunque tú reconoces el espíritu y eres parte del mundo. Deja que tu presencia en la escuela de la Tierra sea parte de un mundo emergente que no sólo reconoce el espíritu, sino que también se construye sobre el espíritu y las intenciones del alma, que crea individuos de humildad, claridad, perdón y amor en lugar de individuos arrogantes, individuos que sienten odio hacia sí mismos cuyas percepciones están continuamente contaminadas con miedo, que no olvidan ni perdonan, que se esfuerzan por utilizar a otros individuos, que explotan en lugar de venerar, que toman en lugar de contribuir, que no valoran la Vida excepto si no es desde la perspectiva del miedo.

La transformación de la consciencia humana desde la percepción de los cinco sentidos y la comprensión del poder como externo, hasta la percepción multisensorial y la comprensión del poder como alineación de la personalidad con el alma, permite esta comprensión. Esta comprensión no estaba al alcance en tiempos de infecciones generalizadas anteriores. No estaba al alcance en la época de la peste bubónica. No estaba al alcance en la época de la viruela. No estaba al alcance en la época de la polio. Todas ellas fueron manifestaciones de miedo en la escuela de la Tierra. Existe ahora, y tu conciencia y la nueva consciencia humana pueden influir sobre esta manifestación de miedo en la escuela de la Tierra. Para eso está aquí.

Siempre ha existido el poder simbólico y la sustancia de todas las manifestaciones de miedo en la escuela de la Tierra. Sin embargo, los humanos de cinco sentidos están ciegos ante ellos, por lo que la historia de cinco sentidos es una crónica de guerra, de sufrimiento, de enfermedad. Ahora nos encontramos en el proceso de crear una nueva historia, una nuestra historia de amor.

La época del coronavirus es un buen momento para comenzar este proceso.

48

El milagro del coronavirus: La pandemia

El coronavirus está haciendo estragos a mi alrededor. El miedo a él, el hablar de él y su realidad se encuentran por todas partes. Millones de puestos de trabajo desaparecen a diario, la economía mundial se tambalea y los hospitales desde Roma hasta Shanghái y la ciudad de Nueva York carecen de personal, no están suficientemente equipados y se ven impotentes cada vez que una oleada de personas infectadas con el coronavirus los arrasa. Muchas personas han muerto. Muchas personas están muriendo. Las circunstancias más difíciles están por llegar en países y colectivos económicamente subdesarrollados. De todos modos, los efectos profundamente positivos del coronavirus ya son visibles.

El coronavirus nos está dando oportunidades para descubrir cómo hemos estado creando y cómo podemos crear de otra manera si así lo decidimos. Cada emoción dolorosa nos brinda esta oportunidad, pero el coronavirus es diferente. Una generación después del nacimiento de la nueva consciencia, el coronavirus está ofreciendo a todos los humanos de todas las culturas, religiones, etnias y circunstancias económicas, al mismo tiempo y en el mismo contexto, oportunidades para concienciarse y responsabilizarse, o para implosionar bajo el miedo del colectivo. El potencial de implosión es grande cuando tantos individuos tienen miedo como ocurre ahora. Pero también lo es el potencial de amar.

Desde la perspectiva de la nueva consciencia, la pandemia de coronavirus es un gran comienzo y final, una gran ganancia y una pérdida necesaria. Puede verse como el comienzo de una vida consciente y el final de una vida complaciente, el comienzo de la gratitud y el final de las interacciones superficiales, el comienzo de un profundo sentimiento de comprensión, aprecio y amor, y el final de la indiferencia.

En otras palabras, la pandemia de coronavirus puede percibirse como el mayor surgimiento de amor en la conciencia de la especie humana jamás visto, y al mismo tiempo como un desastre de centenares de millones de personas que se hunden en el miedo a los demás y al futuro. Cómo lo vemos depende de cómo elegimos verlo. Si elegimos inconscientemente, lo vemos a través del filtro de nuestros miedos, con contracción, competencia, desinterés y apatía, en lugar de utilizar nuestras experiencias para aprender sobre nosotros mismos y aplicar lo que aprendemos para crear poder auténtico. Estas percepciones (amorosas y asustadas) nos enseñan, cada una a su manera, lo que necesitamos aprender sobre nosotros mismos para crear alegría, significado y amor en nuestras vidas.

Veo el coronavirus como amor furioso. Cuando te abres a la posibilidad de que el coronavirus es amor furioso, te abres a la posibilidad de que todo, cada experiencia, cada circunstancia en la escuela de la Tierra, sea amor. Una nueva realidad se hace visible, débilmente al principio y luego más sustancial: la escuela de la Tierra existe para apoyarte en alinear tu personalidad con tu alma, con armonía, cooperación, compartición y veneración por la vida.

Es posible malinterpretar el coronavirus porque los comportamientos que son necesarios para contenerlo reflejan comportamientos de miedo. Son aislamiento, separación y distanciamiento. Sin embargo, el coronavirus no es simplemente un virus, sino una experiencia sin precedentes que abarca toda la especie y que ofrece *simultáneamente* a todos los humanos la oportunidad de *elegir amor* mientras experimentan miedo. Ésta es la oferta continua e interminable de la escuela de la Tierra, pero esta versión nos llega a todos al mismo tiempo con las mismas ropas.

El coronavirus no es tan letal como la viruela o la peste bubónica (excepto para los que acaban muriendo por su causa), pero mata. No se puede jugar con eso. Los individuos que se sienten sanos, vitales y creativos pueden infectarse sin sospecharlo, e infectan a otros sin saberlo, que también infectan a otros sin saberlo, y así sucesivamente. En otras palabras, el coronavirus nos muestra a cada uno de nosotros que el bienestar de los demás y nuestro bienestar no son diferentes.

En estos tiempos de fuego y esperanza, centenares de millones de humanos comienzan a reconocer que «somos uno» es más que un eslogan. La estructura social de cinco sentidos de la atención sanitaria es ciega a esto, aunque, es la esencia de la salud. La estructura social de los cinco sentidos de la atención sanitaria concibe el coronavirus como una consecuencia de circunstancias físicas del mismo modo que concibe la salud y la enfermedad como una consecuencia de circunstancias físicas. No reconoce que todas las experiencias en la escuela de la Tierra, incluido el coronavirus, tienen un valor y sirven a un propósito. Ese propósito es mostrarnos en la pantalla de nuestras experiencias colectivas los comportamientos de miedo y que el único remedio para el miedo es amor. En otras palabras, el propósito de la escuela de la Tierra es enseñarnos a amar.

La estructura social multisensorial emergente de la atención sanitaria explora cada disfunción física y su remedio en este nuevo contexto: la causa de cada disfunción física y no física es el miedo, y el remedio es el amor. Sin embargo, el amor no es una sustancia que pueda ser embotellada, etiquetada y prescrita, o que deba serlo, ya que todos los que experimentan el amor en sí mismos la dan libre y conscientemente. En otras palabras, es ofrecido por individuos que están desafiando las partes asustadas de sus personalidades llegando a las partes amorosas y actuando desde ellas. Se trata de individuos que están creando poder auténtico.

El campo magnético del miedo en la Tierra es inmenso mientras escribo. Todos los individuos lo sienten. Ese miedo existe en ellos mismos y lo están viendo proyectado en la pantalla de sus experiencias colectivas. La pandemia de coronavirus nos ofrece oportunidades para proyectar cuidado, compasión, paciencia, sensibilidad y amor en la pantalla de nuestras experiencias colectivas. Nos muestra la única forma en que ahora podemos evolucionar. Ahora la evolución humana requiere amabilidad, cuidado y contribución proactivas, especialmente cuando las partes asustadas de nuestra personalidad están activas, cuando nos sentimos inadecuados, indignos, superiores, inferiores, justos, enfadados o con cualquier otra forma de miedo. Requiere la intención consciente de amor y las acciones que lo expresan. Cada acción que expresa amor es grandiosa, independientemente de cuán pequeña parezca: una llamada telefónica, un mensaje de texto, un correo electrónico, una sonrisa a un vecino o un saludo desde una ventana.

La pandemia de coronavirus es diferente de todas las experiencias globales anteriores de una manera fundamental. Es diferente de las guerras mundiales, de las plagas que diezmaron nuestra especie y de nuestras innumerables experiencias de privación, sufrimiento y hambre. Todas ellas fueron vividas por los humanos de cinco sentidos como circunstancias físicas que fueron creadas por circunstancias físicas. En cambio, los humanos multisensoriales ven el coronavirus como una circunstancia espiritual creada por circunstancias espirituales.

Lo ven todo como espiritual.

49

El milagro del coronavirus: La protesta

Protestas en ciudades estadounidenses, europeas y asiáticas, protestas en todo el mundo… llenan los titulares. Tres meses después de que el coronavirus cayera sobre nosotros, centenares de miles de personas se manifiestan como forma de protesta, día tras día, noche tras noche, dejando la seguridad de sus hogares en medio de una pandemia mundial para hacer una declaración. En cuestión de semanas, las protestas se han extendido a dos mil ciudades y pueblos estadounidenses y mucho más allá a muchos países y la mayoría de los continentes. Protestan por la brutalidad.

Los humanos de cinco sentidos han pasado de una era de turbulencia a otra, de masacres a hambrunas, a guerras, a dominación y a destrucción a escalas cada vez más masivas. Esta turbulencia es diferente. Tiene un propósito, y muchos individuos lo perciben como un propósito. La pandemia ha concedido a personas de todo el mundo una pausa obligatoria en sus vidas, lejos de las actividades que solían ocultar sus emociones dolorosas y las partes asustadas de sus personalidades que las generan. Ha interrumpido patrones establecidos y refugios familiares de distracción: ir y volver del trabajo, llevar a los niños a jugar, ir de compras, quedar con los compañeros de la oficina, ir a clase, jugar a cartas, practicar algún deporte, jugar al ajedrez, invertir, preocuparse por la moda, caminar por el parque, por el campo, viajar o ir de vacaciones. Todas estas actividades y otras muchas más quedaron interrumpidas por el coronavirus y en muchos casos hechas añicos.

Como consecuencia de todo ello, el asesinato público y sin remordimientos de un hombre negro indefenso por parte de un policía blanco en una ciudad estadounidense provocó una protesta mundial. La violencia de este tipo no es nueva para los estadounidenses. Está escrito con grandes letras en la historia estadounidense, desde los dueños de esclavos coloniales hasta la matanza de nativos americanos por parte de la caballería de Estados Unidos y el horrible ahorcamiento de personas negras por parte de innumerables personas blancas. Entonces no hubo protestas. ¿Por qué hay una protesta mundial ahora?

Ahora hay una protesta mundial porque nuestra especie ha entrado en una nueva consciencia. Entonces éramos una especie de cinco sentidos que evolucionaba sobreviviendo, y sobrevivía persiguiendo poder externo. Ahora somos una especie multisensorial que evoluciona creciendo espiritualmente y lo hace creando poder auténtico. La diferencia va más allá de la medida. Es la diferencia entre el amor y el miedo, entre una especie basada en el miedo y una basada en el amor. Éramos la especie basada en el miedo. Ahora nos estamos convirtiendo en la especie basada en el amor. Esto requiere elecciones de amor en lugar de miedo, y los humanos multisensoriales las están tomando. Su protesta es pacífica y decidida. Ejemplifican la paz y el propósito de manera consciente. Todo esto está pasando ahora, y los individuos lo han encontrado lo suficientemente importante como para arriesgar su salud y sus vidas. «Traje a mis hijos para que vieran esto. Quiero que sean parte de la historia en creación», explicaba un padre.

La protesta comenzó contra la brutalidad policial porque esa brutalidad era la más evidente. A continuación, millones de estadounidenses blancos, la mayoría de ellos por primera vez, reconocieron la realidad del racismo sistémico –su truculencia, su horror, su peso sobre sus hermanos afroamericanos– y la protesta se expandió para incluir el racismo sistémico. A continuación, se expandió nuevamente para incluir el genocidio de los nativos americanos por parte de los invasores blancos (colonos), y más estadounidenses vislumbraron, también por primera vez, el sistema de castas estadounidense. Como bloques de hielo y nieve que se fracturan bajo el estrés, se desprenden y se deslizan montaña abajo, enormes bloques de ignorancia y sueño inconsciente comenzaron a desprenderse y a moverse. Individuos de todo el mundo se unieron a este movimiento y una gran avalancha estaba en marcha. Y lo sigue estando.

He visto avalanchas. Rompen árboles altos como ramitas, lo entierran todo bajo la nieve y el hielo, y cambian permanentemente el terreno a su alrededor. Nada queda como antes. Ya estamos viendo parte del nuevo terreno: individuos enfrentándose a la violencia sin volverse violentos, manifestantes entrelazando los brazos para proteger a un policía separado de sus colegas; manifestantes protegiendo las tiendas frente a los saqueadores; guardias nacionales en los tejados de los edificios saludando a los manifestantes que pasan por debajo, y el mundo respondiendo a estas conexiones de alma a alma con plenitud de corazón a medida que disuelven todas las diferencias.

Esta avalancha es global. Toda la montaña se está moviendo. Los manifestantes están saliendo a las calles en París, Karachi y Tokio. Están viendo la brutalidad de la vieja consciencia por lo que es: la búsqueda de poder externo. Se dicen los unos a los otros: «Estamos todos juntos en esto». Siempre lo hemos estado, y ahora estamos dándonos cuenta de ello. Estos individuos tienen la intención de reemplazar los sistemas obsoletos y destructivos basados en el poder externo por nuevos sistemas constructivos basados en las intenciones del alma. Están recorriendo el camino que Gandhi, King, Jesús e innumerables santos, conocidos y desconocidos, recorrieron antes que ellos.

Podemos ver todo esto en términos de poder auténtico, de cómo se ven estas circunstancias en nuestras vidas y experiencias a medida que la humanidad evoluciona rápidamente hacia la percepción multisensorial y el reconocimiento de que ahora el poder externo sólo provoca violencia y destrucción. La elección entre el amor y el miedo siempre ha sido gráfica, pero ahora hay más personas que son conscientes de ello. Cuando sean tratadas brutalmente por la policía y los vecinos que no están de acuerdo con ellas, ¿reaccionarán con miedo o responderán con amor? Hay innumerables ejemplos de brutalidad policial sin motivo. También hay innumerables ejemplos de conexiones amorosas, apoyo amoroso y diferentes formas de interactuar.

Está surgiendo un apoyo hacia individuos que antaño se habían separado de los demás por tener experiencias, apariencias o creencias diferentes, y dentro de grupos que antes estaban divididos, entre ellos grupos étnicos. Los estudiantes blancos de la escuela de la Tierra están sedientos por comprender lo que los estudiantes negros de la escuela de la Tierra experimentan en Estados Unidos y las minorías de todo el mundo han experimentado siempre. La búsqueda de poder externo es brutalidad. No pueden escapar de esta brutalidad volviéndose brutales ellos mismos. Si actúan con brutalidad por culpa de sus experiencias de brutalidad, se adentran en un pozo de dolor que se hace cada vez más profundo. En cambio, en contraste con eso, están apareciendo experiencias de conexión, unidad y deseo de estar juntos y de ayudarse mutuamente, todo ello en el contexto de individuos que se ven obligados a estar separados por el bienestar de los demás.

Se trata de una época intensa. Es un momento para ser consciente de los acontecimientos que te rodean y de tus experiencias con ellos desde la perspectiva de la evolución de nuestra especie, desde la perspectiva del nuevo contexto en el que está ocurriendo *todo*: la transformación de la consciencia humana misma.

50

El milagro del coronavirus: El símbolo

El coronavirus será visto como un punto de inflexión en el comportamiento y la evolución humana. El punto de inflexión inicial, la emergencia de la percepción multisensorial y la comprensión del poder como alineamiento de la personalidad con el alma, había pasado prácticamente desapercibido. En cambio, este punto de inflexión es inequívoco y no será olvidado. La pandemia y la comunicación electrónica lo han hecho parte de cada ser humano de la Tierra, desde aquellos alejados del sufrimiento y la muerte hasta aquellos que están sufriendo y muriendo. Es una invitación del Universo a crecer espiritualmente. Es una invitación que podemos rechazar, pero que no desaparecerá.

El coronavirus nos ofrece oportunidades para ver nuestras experiencias individuales y colectivas desde la percepción ampliada de la nueva consciencia. Los humanos de cinco sentidos intentan verlas desde la percepción limitada de la vieja consciencia, pero la magnitud del coronavirus, su oportunismo, su omnipresencia, su energía, son mucho más grandes de lo que los cinco sentidos pueden percibir y el intelecto puede concebir, deducir o concluir. Se encuentra más allá del alcance y las limitaciones de los humanos de cinco sentidos, aunque muchos individuos de la escuela de la Tierra son de cinco sentidos. Por lo tanto, este acontecimiento, tan importante en comparación con todos los demás acontecimientos humanos contemporáneos, está provocando confusión. Esta confusión ofrece oportunidades de aprendizaje para todos los implicados.

Este evento es tan grande e impactante como la Edad de Hielo o la extinción de especies que eliminó a los dinosaurios de la faz de la Tierra. Afecta a todos los seres humanos, pero los afecta de maneras que no son tan definitivas como las Edades de Hielo y las extinciones de especies. En este momento está en marcha una gran extinción de especies. Sin embargo, esto por sí solo no basta para despertar a los individuos en los que ha surgido la percepción multisensorial ante la relación del coronavirus y todo lo que aporta a la evolución de la especie humana. El coronavirus lo hace con una inclusividad que coincide con los acontecimientos globales más grandes del pasado humano, pero sin la amenaza inmediata para la supervivencia de la especie humana. Los individuos multisensoriales están comenzando a sentir esto, su magnitud. No es algo que viene y se va rápido.

Los seres humanos de cinco sentidos sueñan con un remedio de cinco sentidos, y crearán uno que beneficiará a sus creadores más de lo que la mayoría de las organizaciones e individuos en la historia de la humanidad se han beneficiado de un único esfuerzo. Sin embargo, todo eso es y será búsqueda de poder externo. No hay una vacuna para el miedo. Un remedio más profundo para esta circunstancia es la creación de poder auténtico, y ese remedio más profundo es el único. Ése es el mensaje que la pandemia de coronavirus nos presenta gradualmente. El coronavirus en sí no es amable. Ha infectado a millones de personas, y muchas de ellas están sufriendo mucho. Ha matado a muchas personas. Sin embargo, la mayoría de los seres humanos en la Tierra no están infectados. Por lo tanto, hay aprendizaje, pero un aprendizaje que no es mortal para toda la especie humana.

Cuando los individuos alejados de otros individuos tienen tiempo para reflexionar, incluso aunque no deseen reflexionar, comienzan a apreciar esta circunstancia. Esta pandemia es un regalo compasivo del Universo, un acontecimiento que apoya a toda la especie humana en su avance hacia su nuevo camino evolutivo. No tiene la intención de castigarnos o asustarnos, sino que está diseñada para apoyar el despertar del amor en la nuestra especie: la creación de poder auténtico.

Como hemos visto antes, la muerte de una personalidad viene determinada por su alma. Es una decisión tomada por el alma para regresar a casa a la realidad no física. Esto siempre ha sido así, incluso cuando el número de muertes ha sido grande, como sucedió en la Segunda Guerra Mundial o en el Holocausto de la Segunda Guerra Mundial. Sin embargo, ésas fueron experiencias de humanos de cinco sentidos que infligieron dolor y destrucción a humanos de cinco sentidos. No es destrucción lo que ahora se está infligiendo a la especie humana.

La pandemia nos brinda innumerables oportunidades para crecer espiritualmente. Se las ofrecen a humanos multisensoriales que han afirmado que ya no contribuirán con la brutalidad que ha caracterizado la experiencia humana. ¿Qué harán cuando los compañeros de la escuela de la Tierra se nieguen a tenerlos en cuenta, cuando, por ejemplo, los compañeros se nieguen a usar mascarilla, uno de los regalos más simples que se pueden dar? ¿Reaccionarán con juicio e ira? ¿O responderán con amor?

La resistencia a usar mascarilla no tiene nada que ver con el acto de usar mascarilla. Es una reacción de miedo. Es una objeción a que el mundo sea como es. Las personas que se niegan a usar mascarilla se niegan a reconocer los cambios en el mundo que son reales, y en lugar de experimentar el dolor de esos cambios, eligen un tema como éste para distraerse de lo que sienten. Todas estas oportunidades son regalos dentro de los regalos del Universo, cada uno de ellos adaptado a las necesidades espirituales de quienes los reciben. Por espiritual me refiero a lo que tiene que ver con el alma.

El confinamiento no es una respuesta, aunque es necesaria para contener el coronavirus. El confinamiento no es posible porque todos los individuos están comenzando a ver cuán dependientes son los unos de los otros. Sin embargo, esta dependencia, esta cercanía, no se puede expresar físicamente, por lo que se presenta a cada individuo desde dentro, para ser reconocido y apreciado.

El coronavirus está provocando los potenciales más constructivos y gratificantes de la especie humana emergente: respuestas amorosas en lugar de reacciones temerosas, aprecio por los demás y por la vida en lugar de explotación, e innumerables cocreaciones que nos unen una y otra vez.

Éste es un momento especial para ser apreciado. Los humanos de cinco sentidos no pueden entender cómo se puede apreciar la muerte y el sufrimiento, pero es visible desde el contexto más amplio. Desde la lógica de orden superior y la comprensión del corazón, se siente y se comprende.

Pierre Teilhard de Chardin, un sacerdote jesuita, siguió su corazón hasta un lugar que su orden no le permitiría compartir mientras viviera, pero ahora cientos de millones de humanos multisensoriales están explorando ese lugar. «Algún día, después de dominar los vientos, las olas, las mareas y la gravedad, vamos a aprovechar para Dios las energías del amor, y entonces, por segunda vez en la historia del mundo, el hombre habrá descubierto el fuego», escribió.

¿Cuántos regalos más como el coronavirus nos brindará el Universo?

Tantos como necesitemos para cocrear en nuestro camino hacia el Amor.

51

La estructura social multisensorial de la educación: Alegría

La educación multisensorial es una de las partes más alegres del ser humano. Es una asociación espiritual. Compartes libremente con los demás y recibes abiertamente de los demás, y esto continúa. A medida que cocreas, te llega una dirección amorosa y conocimientos de parte de profesores no físicos. Eres un aprendiz y un profesor para el beneficio de todos. Eso es educación multisensorial.

La palabra operativa es alegría. La educación avanza de manera más efectiva, más útil y completa cuando es alegre. Sin alegría la educación se convierte en una tarea no deseada. La diferencia entre el aprendizaje con alegría y sin alegría es la intención. Aprender historia porque se necesita es una experiencia, y aprenderla porque estás profundamente interesado en ella es otra experiencia.

¿Por qué algunas personas tienen poco interés en un determinado período de la historia de Francia y otras están muy interesadas en ese mismo período? ¿Por qué algunas personas tienen el deseo de aprender sobre la sanación y otras lo tienen de aprender a trabajar con las manos? Toda experiencia en la escuela de la Tierra está influenciada, y en muchos casos determinada, por el karma. Eso significa que a menudo está determinada por las experiencias de otras personalidades del alma, que a veces conocemos como otras vidas. Estas consideraciones están ausentes en la educación de los cinco sentidos.

Se necesita un amplio abanico de temas para el bienestar equilibrado de un individuo, como la capacidad de escribir, hablar, calcular y comunicarse sin ambigüedades. Sin embargo, no se trata de actividades que satisfagan la vida, sino que abren la puerta a nuevas formas de aprender, y éstas abren la puerta a la pasión. Ser mecánico porque trabajar con herramientas y motores te satisface es una experiencia diferente a ser mecánico porque esa es la única forma de mantenerte a ti y a tu familia. El primero tiene pasión; en cambio, el segundo, no.

La pasión y las vidas anteriores a menudo van juntas. Es por eso por lo que algunas personas se sienten cómodas trabajando con las manos e incómodas trabajando con conceptos, y algunas personas están tan acostumbradas con las palabras y el lenguaje que la poesía se convierte en su pasión y su poesía conmueve profundamente a otros. También es por eso por lo que algunas personas tienen pasión por manipular conceptos, como formulaciones matemáticas, mientras que otras no.

La educación multisensorial es tan amplia y específica que necesita ser dada a las necesidades del alumno. Uno de sus primeros aspectos es comenzar el proceso de explorar qué genera pasión en el estudiante. Si un estudiante no tiene unos fundamentos amplios, no podrá dominar o expresar todo lo que se requiere. De todos modos, independientemente de cuán amplia y reflexiva sea la educación, ésta seguirá siendo limitada si no reclama su pasión.

Suele ocurrir que el aprendizaje se hace sin pasión porque se considera necesario. Ésta es una experiencia común entre los estudiantes de la estructura social educativa de los cinco sentidos. No les importa lo que aprenden, pero sienten que deben aprenderlo o se les dice que deben aprenderlo. Pero cuando hay ganas de aprender porque lo que se aprende canaliza la pasión que sienten, transforma la educación y la experiencia de aprender. Esa pasión siempre es un indicador de un interés que satisface el alma.

Puede ser en la música, en el arte o en el teatro. Puede ser en matemáticas o en historia. Puede ser en idiomas, culturas o el desarrollo de tecnologías de la comunicación. Puede ser en carpintería o fontanería. El contenido en sí proporciona una puerta, un vehículo, para la pasión. Sin pasión, no hay interés para atravesar la puerta. Por lo tanto, la estructura social multisensorial de la educación se basa en la alegría. Esto significa que se basa en la pasión, y que es relevante para las necesidades de la personalidad que el alma ha elegido para su viaje a través de la escuela de la Tierra.

La estructura social de la educación multisensorial, como la de cinco sentidos, no se limita a edificios o campus. Se encuentra en todas partes. Es la experiencia humana de perseguir poder externo y el miedo que lo impulsa. De la misma manera, la estructura social multisensorial de la educación no se limita a edificios o campus. Existe en todas partes. Es vida en la escuela de la Tierra revelada por la percepción multisensorial. Es exploración del milagro de que algunos individuos se sientan atraídos por intereses muy diferentes de los que atraen a otros.

La estructura social multisensorial de la educación comienza con esto y aporta la base necesaria que permite a los individuos aprender a través de la lectura, expresarse a través de la escritura y mantenerse a través de la aritmética y las matemáticas, pero lo que es más importante, les permite sentir la pasión que llena sus vidas a medida que encuentran esos esfuerzos que les permiten ofrecer los dones para lo que nacieron. Esos regalos siempre tendrán que ver con otros individuos y con la Vida, pues ¿cómo pueden ser regalos para dar si no hay deseo de darlos, y si no hay otros para recibirlos?

Los estudiantes no pueden experimentar su pasión cuando crean con miedo. Por lo tanto, el poder auténtico (aprender a crear con amor y no con miedo) es la base de la educación multisensorial. Sin la creación de poder auténtico en educación no puede haber pasión.

Si no hay consciencia de la diferencia entre el amor y el miedo, el miedo será la intención que se encuentra detrás de las acciones de los estudiantes en la escuela de la Tierra. El miedo es una intención inconsciente. Los individuos no necesitan pensar en intenciones de miedo para actuar sobre ellas. Por ejemplo, no necesitan pensar en estar celosos o enfadados o en sentirse superiores o inferiores para sentirse de esa manera. No necesitan pensar en explotar o en utilizar a otros para su propio beneficio para encontrarse haciendo estas cosas.

La creación de poder auténtico es el desafío a todo esto, lo que significa que es el desafío al miedo. La creación de poder auténtico proporciona las herramientas (conciencia emocional y elección responsable) que permiten las experiencias de creación de poder auténtico, que son íntimas, a menudo dolorosas y gratificantes. Lleva el corazón a la conciencia de una vida en la escuela de la Tierra. Lleva emociones (emociones conscientemente elegidas y cultivadas) a una vida en la escuela de la Tierra. El deseo de significado y propósito es siempre el deseo de armonía, cooperación, compartición y veneración por la Vida.

Siempre es el deseo por el alma.

52

La estructura social multisensorial de la educación: Cumplimiento

Crear poder auténtico permite distinguir entre el amor y el miedo. La creación de poder auténtico aporta significado al dolor emocional y la capacidad de utilizarlo para ir más allá del control de las partes asustadas de la personalidad. Es al ir más allá del control de las partes asustadas cuando surge el significado de la pasión. Ésta es el motivo por el cual algunas personas se sienten atraídas por hablar chino, otras por estudiar el océano y otras por educar a los niños.

Nada de esto encaja en el marco o la comprensión de la estructura social de la educación de los cinco sentidos. No se reconoce el alma porque la educación de los cinco sentidos se basa en las percepciones de los cinco sentidos. No se reconoce la intención porque la intención del amor no persigue la búsqueda de poder externo. La previene. La conciencia emocional no tiene importancia en la estructura social de cinco sentidos de la educación porque las emociones se ven como obstáculos para la búsqueda de poder externo.

El término «inteligencia emocional», cuando se refiere al empleo de las emociones y la capacidad de suprimirlas o reprimirlas para perseguir el poder externo, no forma parte de la estructura social multisensorial de la educación. En la estructura social multisensorial de la educación, el corazón es central, lo que significa que las emociones son centrales, para la creación de poder auténtico.

Las elecciones significativas son de intención, y en la escuela de la Tierra las únicas dos intenciones significativas son el amor y el miedo.

A medida que un individuo crea poder auténtico, estas intenciones se vuelven claras y también la relación entre ellas y las consecuencias que crean, hasta que hay una pasión por ir más allá del control del miedo y establecerse en la libertad y el cumplimiento del amor. Todo esto es del mismo tejido, porque un individuo en la estructura social multisensorial de la educación descubre que esas cosas que son atracciones naturales (como este o aquel idioma, esta o aquella cultura, trabajar con las manos o con la mente) son todos medios de expresión y entrega.

Cuando no hay pasión y no hay alegría, todo lo que una estructura social de educación puede proporcionar carece de sentido. Es por eso por lo que a menudo hay tanta resistencia a la educación, porque ha llegado a significar la búsqueda de poder externo, ser más eficaz en la búsqueda de poder externo y convertirse en una herramienta más útil para otros que lo persiguen, por ejemplo, convertirse en un trabajador necesario para una línea de montaje o un programador imprescindible para desarrollar un *software*.

Una misma acción, como ya hemos visto, puede tener distintas intenciones. Si la intención es el miedo, produce una falsa excitación, la excitación de la posibilidad de ir más allá de una limitación, como una desventaja o una carencia. Ir más allá de ese tipo de limitación conduce a la felicidad temporal, el fruto ilusorio de poder externo, y luego a una caída libre en el miedo de nuevo cuando pierdes lo que has ganado o alguien te lo quita.

Cuando la limitación de que la acción va a ir más allá es una constricción impuesta por el miedo, produce crecimiento espiritual. Puede llevar mucho tiempo sin el conocimiento de la creación de poder auténtico. Cuando un individuo está limitado por una circunstancia kármica, por ejemplo, la pobreza o los prejuicios, ir más allá de esas limitaciones a menudo comienza con resentimiento contra lo que parece ser su origen, que es el mundo, que es la ignorancia de otras personas. Sin embargo, finalmente la fuerza que puede emerger es la fuerza de la experiencia de ir más allá de las constricciones del miedo, recurriendo a los propios recursos, pero sin juzgar a los demás. Eso es poder genuino. El otro es el poder externo.

El poder auténtico es el contenido de la estructura social multisensorial de la educación, y con eso viene todo lo que ya hemos comentado: el acceso al corazón, la lógica de orden superior y la comprensión del corazón, el cumplimiento de la contribución, el cumplimiento de la pertenencia. Sin estas cosas no hay alegría, y no hay pasión. Todas estas cosas las ofrece la estructura social multisensorial de la educación. No funciona por imposición, sino con amor. Honra el amor. Honra la pasión, la pasión por dar los dones por los que uno ha nacido, por criar una familia, enseñar, escribir, construir con las propias manos, crear arte o sanar.

Cuando un estudiante encuentra la pasión, comienza a ver que lo que ha aprendido gracias a la estructura social de la educación de los cinco sentidos es útil, pero que se ha entregado con miedo. Se ha aprendido con miedo y no conduce a la satisfacción de dar y de contribuir, porque esas cosas no forman parte de la estructura social de la educación de los cinco sentidos.

Éste es el motivo por el cual la amabilidad no forma parte del plan de estudios de la estructura social de la educación de los cinco sentidos, y, de hecho, no puede estudiarse como se estudia un tema en la estructura social de la educación de los cinco sentidos. La estructura social de la educación multisensorial va directamente a la creación de esas experiencias que esclarecerán lo que lleva a la pasión en los diferentes individuos, y eso es siempre la creación de poder auténtico.

El proceso de crear poder auténtico –las herramientas para crearlo– sigue siendo el mismo, pero las partes asustadas que surgen son diferentes. Las pasiones que surgen son diferentes. La satisfacción que surge con el aprendizaje de un nuevo idioma o la que surge con la enseñanza o la expresión a través de la escritura son diferentes. La educación multisensorial utiliza esas diferencias porque son fundamentales. Expresan intereses y aptitudes para cada estudiante de la escuela de la Tierra que reflejan experiencias previas, y esas experiencias son a menudo anteriores a la encarnación del alma de la personalidad.

La creación de poder auténtico es el foco de la educación multisensorial, pero eso en sí mismo no se puede aprender si no hay apertura a ello, porque si no la hay, no puede haber pasión. A medida que la especie humana se vuelve multisensorial, sus intereses cambian. Sus caminos hacia el significado y el cumplimiento cambian. Su contenido cambia, y ese cambio de contenido es el cambio del miedo a la aparición del amor, y luego el cultivo del amor y el desafío del miedo.

El horizonte de los estudiantes en la estructura social de la educación multisensorial ofrece diferentes destinos para diferentes estudiantes, pero estos destinos no se pueden alcanzar sin la creación de poder auténtico. Toman forma a medida que los estudiantes se acercan a ellos. Por ejemplo, un niño pequeño que se siente atraído por tocar un instrumento musical no puede saber a dónde lo llevará ese interés. Otro niño que se ve obligado a aprender a tocar un instrumento musical no se preocupa por el instrumento ni hacia dónde lo llevará su aprendizaje; sabe intuitivamente que no lo llevará a ninguna parte. El otro niño sabe intuitivamente que lo llevará a la riqueza, aunque no piensa en esos términos.

Cada uno de nosotros es profesor, a la vez que estudiante. Los profesores en la estructura social de la educación de los cinco sentidos enseñan miedo. No saben distinguir en ellos mismos el miedo del amor. Se espera que enseñen el miedo. La búsqueda de poder externo es el plan de estudios de la estructura social de la educación de los cinco sentidos. Todo el mundo en la estructura social de la educación de los cinco sentidos lo enseña, y no sólo en las escuelas o en los campus. Los padres, los colegas y los compañeros también lo enseñan. En cambio, lo que enseñas cuando creas poder auténtico es muy diferente, y lo que aprenden quienes te rodean es muy diferente. Enseñas lo que se anhela, lo que es necesario, lo que se desea. En el dominio de los cinco sentidos, es la búsqueda de poder externo, el producto del miedo. En la estructura social de la educación multisensorial, es la creación de poder auténtico, y eso conduce a la apreciación de la emoción, la necesidad de la elección responsable y el cumplimiento, el significado y la alegría.

Y tú, ¿qué estás enseñando?

53

La ciencia del alma

La ciencia de los cinco sentidos explora los fenómenos físicos. La ciencia multisensorial explora las dinámicas que crean y sustentan el mundo físico. Explora una realidad más amplia más allá de la valla de los cinco sentidos. Esta realidad más amplia es la nueva frontera de la ciencia.

La ciencia multisensorial explora el alma y su relación con la escuela de la Tierra. Desde la perspectiva de la ciencia de los cinco sentidos, el alma no existe y la vida es una anomalía. En otras palabras, la ciencia de los cinco sentidos es irrelevante para esta frontera. Es ciencia «empírica». Es un producto de cinco percepciones sensoriales. En cambio, la ciencia multisensorial es la ciencia del alma. Es un producto de la nueva consciencia.

Por impresionante que fuera y siga siendo la ciencia de los cinco sentidos en el ámbito de los fenómenos físicos, tiene un agujero central, fundamental y vergonzoso para los científicos de los cinco sentidos. En los años transcurridos desde que Newton creó la física hasta ahora, esta vergüenza ha continuado sin interrupción. A pesar del transporte supersónico, los alunizajes, los aterrizajes en otros planetas y la capacidad de destruir la vida en la Tierra innumerables veces, la vergüenza, el agujero que no se puede llenar, persiste y crece cada vez más y más.

Lo único que la ciencia de los cinco sentidos no puede explicar, lo más significativo que no puede explicar es la CONSCIENCIA. Desde la perspectiva de la ciencia de los cinco sentidos, la consciencia no existe. Esto es absurdo, por supuesto, porque estoy pensando en la consciencia, escribiendo sobre ella, y ahora todos los que leen este libro son conscientes de que hago estas cosas. Los científicos de los cinco sentidos lo saben, y por eso se avergüenzan.

¡¡Vaya vergüenza sorprendente!! La ciencia de los cinco sentidos no puede medir, pesar o localizar la consciencia. Los microscopios electrónicos no pueden encontrarla en los reinos de lo muy pequeño. Los radiotelescopios no pueden encontrarla en los reinos de lo muy grande. La ciencia de los cinco sentidos ni siquiera puede definir la consciencia excepto en términos de cosas y procesos que no son conscientes.

La forma en que esta ciencia aborda esta vergüenza es aún más vergonzosa. Sus científicos explican el origen de la consciencia de la misma manera que los humanos hace cuatrocientos años explicaron el origen de los gusanos en la carne en putrefacción, es decir, por «generación espontánea». Según esta explicación, en algún momento del proceso de descomposición de la carne, ¡puf!, aparecen los gusanos. De acuerdo con la explicación actual de la consciencia, en algún momento durante el proceso de complejidad creciente, ¡puf!, aparece la consciencia. (En serio).

Esta vergüenza no existe para los científicos del alma. La premisa de la ciencia del alma es que la Vida es e impregna todo lo que es. En otras palabras, la premisa de la ciencia del alma es que el Universo ES consciencia. Todo es consciencia, aunque no necesariamente como la reconocen los humanos de cinco sentidos. Las estrellas y las galaxias son consciencia. Las montañas, los planetas y el espacio son consciencia. El Universo es una empresa espiritual, no material. Espiritual significa «que tiene que ver con el alma».

El amor, el miedo, la emoción, la intención y la elección son fundamentales para la ciencia del alma. Explora el alma, su relación con el mundo físico y la relación de las emociones, las intenciones y la elección con la evolución del alma. La ciencia de los cinco sentidos explora el mundo físico y cómo éste funciona.

Esta ciencia ha llegado a su fin. Ha comenzado la ciencia del alma. Aborda las preguntas más importantes de los humanos de cinco sentidos: «¿Por qué estoy aquí?» y «¿Cuál es mi propósito?». También aborda las preguntas importantes de los humanos multisensoriales: «¿Qué es mi alma?», «¿Qué quiere mi alma de mí?» y «¿Qué puedo hacer por mi alma?».

La ciencia del alma es diferente de todo lo que has leído, experimentado o pensado sobre la de los cinco sentidos. Somos los nuevos científicos del alma. A medida que desarrollamos la conciencia emocional y practicamos la elección responsable, nos convertimos en científicos del alma. Cuando creamos poder auténtico, somos científicos del alma.

Tu vida es tu laboratorio. Entras en ella en la intimidad de tu experiencia. Experimentas continuamente (eliges intenciones) y aprendes de las consecuencias que provocan. Tus compañeros espirituales también son científicos del alma.

La ciencia del alma explora la encarnación y la reencarnación de las almas en la escuela de la Tierra. Sin este conocimiento, no podemos reconocer los efectos de largo alcance de nuestras elecciones ni apreciarlos, aceptarlos o aprender de ellos. No podemos comprender el poder de nuestra capacidad creativa y hasta qué punto somos responsables de cómo la utilizamos. No podemos captar la belleza, la perfección y la inmensidad de la dinámica en la que desempeñamos un papel central.

La ciencia del alma estudia el karma. Sin su conocimiento, fantaseamos con que nuestras acciones no crean consecuencias. La Ley Universal de Causa y Efecto, el profesor universal impersonal de la responsabilidad, hace añicos esta fantasía.

La ciencia del alma estudia la intuición, la voz del mundo no físico, la principal facultad de toma de decisiones de los humanos multisensoriales. La dirección y la asistencia de los profesores no físicos fluyen a través de la puerta de la intuición. Como bellamente describió Rumi, la puerta es redonda y está abierta.

La ciencia del alma estudia la intención, la cualidad de la consciencia que infunde una palabra o una acción. El amor y el miedo son las dos intenciones en la escuela de la Tierra.

La ciencia del alma estudia el poder auténtico, eligiendo el amor independientemente de lo que pase dentro o fuera de ti.

Los científicos del alma cocrean la literatura de la ciencia del alma. En cambio, los de cinco sentidos compiten para crear la literatura de la ciencia física.

Los laboratorios de los científicos de cinco sentidos se encuentran en edificios. Sus experimentos requieren aparatos reales o imaginados. Sus resultados deben ser verificables por cualquier científico en cualquier lugar. Por ejemplo, el resultado que obtiene un experimentador en el acelerador lineal de partículas de Stanford, en Estados Unidos, debe ser verificable por otro experimentador en el acelerador de partículas del CERN, en Suiza. Estos experimentos no cambian a los experimentadores. Si un experimentador está enfadado o es ambicioso, cariñoso o competitivo antes del experimento, será siéndolo después.

Los resultados experimentales obtenidos por un científico del alma en su laboratorio (vida) también deben ser verificables por cualquier científico del alma en cualquier lugar. Por ejemplo, si la consecuencia de una intención de amor es constructiva en el laboratorio (vida) de un científico del alma, este resultado debe ser verificable en el laboratorio (vida) de cualquier otro científico del alma. Si la consecuencia de una intención de miedo es destructiva, también debe ser verificable. Estos experimentos cambian a los experimentadores: se vuelven conscientes de su dinámica interna, de su responsabilidad de cómo emplean su conciencia y de sus relaciones entre sí como personalidades y almas.

Los científicos de cinco sentidos estudian las innumerables interacciones físicas en el mundo físico, mientras que los del alma estudian las innumerables interacciones físicas y no físicas entre personalidades, entre almas y entre personalidades y almas.

54

La ley

La ley de los cinco sentidos es poder externo. Las leyes de los cinco sentidos nos dicen qué podemos y qué no podemos hacer. Manipulan y controlan nuestros comportamientos con brutalidad y violencia. Por ejemplo, conducimos (aproximadamente) dentro de un límite de velocidad para evitar una multa (manipulación). Si nos negamos a pagarla (e íbamos con exceso de velocidad), aumenta. Si nos resistimos físicamente al policía que nos ha puesto la multa, las consecuencias se vuelven rápidamente brutales y violentas.

Las leyes del Antiguo Egipto (3000 a. C.), Sumeria (2200 a. C.) y Babilonia (1760 a. C.), las antiguas leyes indias y chinas, la ley católica (canon), la ley islámica (sharía), la ley romana, las leyes europeas y estadounidenses son todas de los cinco sentidos. Los tabúes que gobiernan tribus y clanes son leyes de cinco sentidos en la práctica. Las demandas religiosas son leyes de cinco sentidos para aquellos que se ven obligados a obedecerlas (piensa en los cruzados y la «Santa» Inquisición romana). Son búsquedas perceptiblemente desnudas de poder externo.

Los dictadores utilizan la ley de los cinco sentidos. Crean las leyes que quieren y las hacen cumplir con fuerza bruta. Son gobiernos *mediante* la ley. No están limitados por sus leyes, sino que éstas criminalizan comportamientos que no aprueban, como protestas, elecciones, desplazamientos, bailes, votaciones, periodismo, etc. Dictaduras como las de la China, Rusia o Arabia Saudí, entre otras, son ejemplos de gobiernos mediante la ley.

Las democracias también utilizan la ley de los cinco sentidos. Las legislaturas electas crean leyes que limitan los comportamientos de los gobernados. Todos los individuos están limitados por las mismas leyes, incluidos los legisladores y los encargados de hacer cumplir la ley. Son gobiernos *bajo* la ley.

Los primeros debates sobre la ley en Occidente fueron sobre esta diferencia. Platón (*c.* 428-348 a. C.) abogó por gobernar mediante la ley. Le gustaba la idea de que mandara un monarca benévolo, o un «rey filósofo». En cambio, Aristóteles (384-322 a. C.), su alumno, abogó por el gobierno bajo la ley. Creía que la misma ley debería gobernar a todos. La idea de Aristóteles suele considerarse mejor. (Los dictadores pueden ser asesinos viciosos, ya que los reyes filósofos son difíciles de encontrar).Sin embargo, esta distinción no siempre es clara. Por ejemplo, las naciones que se gobiernan a sí mismas con un gobierno bajo la ley a menudo imponen un gobierno mediante la ley sobre las culturas y las naciones que invaden o colonizan (piensa en Gran Bretaña y las colonias americanas y la India, en España y las Américas, en Francia y Argelia, etc.). Las colonias americanas rechazaron violentamente el gobierno británico mediante la ley («impuestos sin representación») y sus famosas Declaración de Independencia y Constitución proclamaron para ellos mismos el gobierno bajo la ley. Al mismo tiempo, impusieron a las mujeres, los esclavos y los nativos americanos que sobrevivieron a su genocidio el gobierno mediante la ley. Las revoluciones francesa, bolchevique y haitiana también rechazaron violentamente el gobierno mediante la ley.

A veces, el gobierno bajo la ley se metastatiza en el gobierno mediante la ley. Los nazis (gobierno mediante la ley) fueron elegidos en Alemania (gobierno bajo la ley) entre la Primera y la Segunda Guerras Mundial cuando el descontento con la economía era muy significativo. Hoy en día, individuos asustados y sus partidos políticos (gobierno mediante la ley) están siendo elegidos para los gobiernos de Occidente (gobierno bajo la ley) a medida que aumenta el descontento, por ejemplo, con la inmigración. En ambos casos el tema es el miedo, no la economía ni la inmigración.

Los individuos multisensoriales ven esto, y también las deficiencias de la ley de los cinco sentidos. No se puede legislar que exista el amor, del mismo modo que no se puede legislar que no exista el miedo. Ven que el amor y el miedo son elecciones que ahora millones de individuos pueden identificar a medida que la nueva consciencia emerge dentro de ellos. Ven que su evolución ahora requiere elecciones de amor dentro de ellos mismos, aun cuando su miedo dolorosamente demanda expresión y acción.

La nueva consciencia humana ha llevado al final de su utilidad a la ley de los cinco sentidos (incluido el gobierno bajo la ley de los cinco sentidos), del mismo modo que ha llevado al final de su utilidad a todas las estructuras sociales de los cinco sentidos. Estamos siendo testigos de la disolución de uno de los logros más importantes de la humanidad de los cinco sentidos.

En mi opinión, el gobierno bajo la ley es una de las dos mayores creaciones colectivas de la humanidad de los cinco sentidos. La otra es la democracia constitucional representativa. Ambas están estrechamente relacionadas. Ambas se desarrollaron lentamente y se perfeccionaron –en la medida de lo posible– hace relativamente poco tiempo. La democracia constitucional representativa encarnaba el gobierno bajo la ley y era el crisol en el que se agitaba, destilaba y refinaba el gobierno bajo la ley. Ahora, la estructura social de la ley de los cinco sentidos y la estructura social del gobierno de los cinco sentidos se están desintegrando.

El gobierno bajo la ley brinda a la mayoría de las personas protecciones que son valiosas para todos, como la presunción de inocencia, un juicio justo y rápido, o la igualdad ante la ley, pero sus deficiencias se han vuelto innegables. Su aplicación es desigual: las personas indigentes no se lo pueden permitir, mientras que las ricas, sí. Es contencioso: los abogados se enfrentan entre sí con argumentos en las salas de los tribunales como lo hicieron los gladiadores en los coliseos con espadas. Produce un veredicto, pero no siempre es justo. Por ejemplo, los análisis de ADN a menudo exoneran a un individuo después de su encarcelamiento, a veces después de que haya muerto en prisión o incluso después de que se le haya aplicado la pena de muerte.

Decimos que la justicia es ciega, pero la estructura social de la ley de los cinco sentidos no es ciega al color de la piel, a la riqueza o su falta, a la educación o su falta, a la influencia o su falta, etc. No es ciega al poder externo, y no puede serlo, porque es poder externo. Es la mejor estructura social de ley que la humanidad de los cinco sentidos podría crear, pero es insuficiente para la humanidad multisensorial que está naciendo. Es insuficiente para nosotros.

La ley de los cinco sentidos –tanto bajo ella como mediante ella– está desprovista de relación. Las víctimas y los villanos en la escuela de la Tierra son almas que aprenden juntas las grandes lecciones de todas las personalidades: armonía, cooperación, compartición y veneración por la Vida. Las deficiencias de la ley de los cinco sentidos ya están dando lugar a alternativas, como la justicia restaurativa. Ésta reúne a las víctimas, los delincuentes y las personas afectadas, a veces sentadas en un círculo, para descubrir y utilizar la profundidad de sus conexiones.

La víctima y el agresor, los policías que lo arrestaron, los padres, las familias y los amigos de éstas se preguntan a sí mismos y entre ellos: quién ha resultado herido, cuáles son sus necesidades, quién tiene la responsabilidad y cómo se pueden hacer las cosas bien. Si sus esfuerzos no satisfacen a todos los implicados, no parecen justos y no son exitosos para todos, los implicados son devueltos nuevamente a la arena de la ley de los cinco sentidos, donde las preguntas son más sencillas y las respuestas nunca satisfacen a todos los implicados: qué leyes se han violado, quién las ha violado y qué castigo se merece.

La justicia restaurativa, que a veces también se denomina circular, surgió en los nativos americanos, las naciones originarias de Canadá y las culturas maorí y hawaiana, entre otras. Los hawaianos la denominan *ho'o pono pono* (para la primera parte, di «*jo*», detén brevemente la respiración y a continuación di «*o*» cuando termines de exhalar). *Pono* significa «justo» o «correcto». *Pono pono* significa «*realmente* correcto». *Ho'o* significa «hazlo». Juntas ambas palabras significan «¡hazlo *realmente* bien!». Éste es el corazón de la verdad y la reconciliación en todas partes.

La justicia restaurativa descubre conexiones. Revela amor. Es un nuevo comienzo en un momento en que la estructura social de la ley de los cinco sentidos ha llegado a su fin. Aparecerán otros comienzos. Los humanos multisensoriales tienen el privilegio y la responsabilidad de cocrearlos, explorarlos, experimentar con ellos y desarrollarlos en consulta con la intuición y entre ellos.

La escuela de la justicia en la Tierra es no crítica. La Ley Universal de Causa y Efecto asegura sin juzgar que los estudiantes en la escuela de la Tierra experimenten lo que crean. Jesús lo expresó así: «Si juzgas, serás juzgado». Muchos individuos de cinco sentidos creen esto. Los individuos multisensoriales lo ven.

La simplicidad de la justicia no crítica es inconfundible para ellos:

- Las intenciones son las causas; las experiencias, los efectos.
- Cada uno de nosotros elige la intención de amor o de miedo en cada momento.
- La intención de amor crea alegría; la de miedo, dolor.

Podemos honrar la justicia no crítica o podemos ignorarla, pero no cambiarla. Cuando la ignoramos, no cambiamos. Cuando la reconocemos y la honramos, nos desarrollamos (no obedecemos), aportamos (no nos conformamos), celebramos (no nos sometemos) e incluimos (no excluimos), y el mundo que creamos hace lo mismo.

Es la ley.

55

La nueva misión de las Fuerzas Armadas

La estructura social de cinco sentidos de las Fuerzas Armadas no tiene futuro. La misma decadencia que está destruyendo los cimientos de otras estructuras sociales también está destruyendo sus cimientos. Esta decadencia no se puede eliminar, y está creciendo. En una organización militar de cinco sentidos, todo expresa poder externo. Su estructura jerárquica.

Su obediencia ciega. Su incapacidad para considerar contextos más allá de su misión limitada.

Mi misión como oficial de infantería en el ejército de Estados Unidos consistía en «acercarme y matar o capturar al enemigo». Ésta es la misión de cada militar de cinco sentidos sin los detalles. Todo en las Fuerzas Armadas de cinco sentidos apoya esta misión. Estar en unas Fuerzas Armadas de cinco sentidos, y todas lo son, es comprometerse con esta misión.

En unas Fuerzas Armadas, empleados, asistentes médicos, técnicos informáticos, camioneros e ingenieros pueden ser menos conscientes de esta misión, o imaginar que no forman parte de ella porque nunca tocan un arma, pero eso es un engaño. Esta misión impregna todo el esfuerzo militar de los cinco sentidos. Cada rama de cada ejército de cinco sentidos (tierra, mar, aire, espacio, cibernético) está comprometida con esta misión. Esta misión consiste en la búsqueda de poder externo.

La búsqueda de poder externo ahora es contraproducente para nuestra evolución. Bien sean ofensivas o defensivas –que son etiquetas diferentes para el mismo veneno–, las organizaciones militares de cinco sentidos necesitan enemigos o los crean. Un ejército no es sólo una organización que está estructurada, entrenada, coordinada y equipada para perseguir el poder externo, sino que también constituye una enorme red interconectada de empresas y sus empleados que suministran vehículos, armas, cartuchos de impresora y ropa militar, aparte de alimentos, materiales de construcción para viviendas y cualquier otra cosa que te puedas imaginar. También forman parte de las Fuerzas Armadas y de su misión.

El general Dwight Eisenhower, el comandante supremo de las Fuerzas Aliadas en Europa y presidente de Estados Unidos después de la Segunda Guerra Mundial, observó –y acabó lamentando– el surgimiento del «complejo militar-industrial» que al final de su presidencia había crecido más allá de su control. Más allá del control de cualquiera. La lealtad de este agregado egoísta es el beneficio.

Este agregado no tiene nacionalidad. Las corporaciones multinacionales estadounidenses son estadounidenses sólo de nombre. Las corporaciones multinacionales alemanas son alemanas sólo de nombre. Las corporaciones multinacionales japonesas son japonesas sólo de nombre. Buscan por todo el mundo la mano de obra menos costosa y la contratan (explotan) donde pueden. Construyen fábricas donde pueden pagar los salarios e impuestos más bajos, excepto cuando están prohibidos por la ley, como los fabricantes de armas y componentes clasificados.

Estas corporaciones multinacionales no tienen un país de origen. Operan, fabrican, comercializan, venden y obtienen ganancias en todo el mundo. Transfieren dinero a través de organizaciones multinacionales (bancos) que hacen lo mismo.

El «complejo militar-industrial» ejerce una tremenda influencia sobre los sistemas políticos que intentan gobernarlo. Gasta cantidades sorprendentes de dinero para elegir (sobornar) a políticos favorables a sus beneficios. Todas las corporaciones multinacionales hacen estas cosas, pero las pertenecientes al «complejo militar-industrial» llevan estas prácticas directamente a la arena de la «seguridad nacional». No están preocupadas por la «seguridad nacional» ante todo, porque no tienen una nación a la que proteger, excepto en defensa de sus activos y sus beneficios.

Los estadounidenses piensan en sus Fuerzas Armadas como estadounidenses.

Pero en realidad lo único completamente estadounidense de ellas es la gente que muere cuando el combate llega o es provocado por políticos financiados por el «complejo militar-industrial». Los británicos piensan en sus Fuerzas Armadas como británicas. Pero en realidad lo único completamente británico de ellas es la gente que muere cuando el combate llega, y así podríamos seguir. Esto no pasa desapercibido para los individuos uniformados. Ven sus trabajos «subcontratados» a «contratistas» (mercenarios) que, a diferencia de ellos, anteponen el salario al patriotismo. Se preguntan por quién y por qué están luchando, y las respuestas los perturban.

· · ·

Un arquetipo es una energía dinámica. Por ejemplo, los arquetipos de madre, padre y abuelo dan forma a las experiencias de las personas que tienen hijos o nietos. Los individuos que participan en las Fuerzas Armadas participan en el arquetipo del guerrero. Caen en su campo gravitatorio, por así decirlo, y sus experiencias están moldeadas por ello. Están comprometidos a proteger a sus colectivos con su vida si es necesario, y lo hacen. Los guerreros de los cinco sentidos protegen a sus tribus, sus culturas o sus naciones.

En cambio, los guerreros multisensoriales sólo ven un colectivo: el colectivo de la Vida. No tienen ningún interés en proteger las fronteras, en defender naciones, culturas, países, ciudades, pueblos, tribus o cualquiera de los colectivos que protegen los guerreros de los cinco sentidos.

Se enfocan en la Vida. Nunca apartan su enfoque de la Vida. Están comprometidos a protegerla en todos los sentidos, incluso con su propia vida. Sirven a una causa superior a la nación, la cultura o la tribu. No hay causa superior a la suya. Sirven a la Vida.

No necesitan armas ni centros de operaciones, balas ni misiles balísticos, portaaviones de propulsión nuclear ni bombarderos invisibles. Los guerreros multisensoriales están motivados por el amor, el amor a la Vida.

Los guía el amor, el amor a la Vida. Se ven realizados con el amor, el amor a la Vida. Los guerreros multisensoriales honran la Vida de la misma manera que la gran oración navajo honra la Belleza (que, creo, es la Vida).

- Con la Belleza delante de mí, caminaré (navajo)
- Con la Vida delante de mí, caminaré (guerrero multisensorial)
- Con la Belleza detrás de mí, caminaré (navajo)
- Con la Vida detrás de mí, caminaré (guerrero multisensorial)
- Con la Belleza debajo de mí, caminaré (navajo)
- Con la Vida debajo de mí, caminaré (guerrero multisensorial)
- Con la Belleza encima de mí, caminaré (navajo)
- Con la Vida encima de mí, caminaré (guerrero multisensorial)
- Con la Belleza a mi alrededor, caminaré (navajo)
- Con la Vida a mi alrededor, caminaré (guerrero multisensorial)

El coraje en la compasión reemplaza al coraje en el combate. Los guerreros multisensoriales no se preocupan por las conquistas. Su objetivo es proteger la Vida, y sus herramientas son la armonía, la cooperación, el compartir y la veneración por la Vida. Emplean su coraje de la manera nueva, para crear poder auténtico, en lugar de la vieja manera, para buscar poder externo. Dicen con el corazón lo que hay que decir y hacen con el corazón lo que hay que hacer. No tienen ningún interés en los medios y el fin de las Fuerzas Armadas de cinco sentidos: el poder externo.

El tsunami de suicidios en las Fuerzas Armadas de Estados Unidos mientras escribo no está motivado por la duración de los viajes, la frecuencia de las rotaciones o los traumas del combate, sino que por una comprensión monstruosa que está emergiendo en la psique de millones de guerreros de cinco sentidos. Es una comprensión que nunca soñaron o imaginaron que podría existir. Están comenzando a ver la superficialidad, la inutilidad inherente y la naturaleza venenosa de la misión en la que están sirviendo.

Están dispuestos a dar su salud, su sangre y su vida si es necesario para apoyar la Vida, pero no para destruir vida. Se están convirtiendo en guerreros multisensoriales.

La percepción multisensorial está surgiendo en todo el mundo. No se ve limitada por la geografía, la edad, la cultura, el grupo étnico o el género.

No se ve limitada por nada. Está emergiendo en toda la especie. Revela nuevas perspectivas y nuevos potenciales. Ofrece nuevos caminos hacia nuevos destinos. La percepción multisensorial requiere nuevas elecciones, y los guerreros multisensoriales las están tomando en lo más profundo de sus corazones, en los lugares donde anhelan que brille la luz en lugar de andar a tientas en la oscuridad.

Durante mucho tiempo, las armas nucleares y el cambio climático han hecho imposible, incluso para los guerreros de cinco sentidos, ignorar la futilidad de proteger colectivos menos inclusivos que la Vida. Los ejércitos más grandes del mundo observaron impotentes cómo la lluvia radiactiva de Chernobyl caía sobre sus ciudades y cultivos. ¿Qué ejército puede evitar que el aire y el agua radiactivos de Fukushima lleguen a California o la China? Los portaaviones y los cazas invisibles no pueden proteger las ciudades costeras de la subida del nivel del mar. ¿Qué ejército puede evitar que el hollín de las tormentas de fuego que siguen a una guerra nuclear suba a la estratosfera, bloquee el calor y la luz del sol, y provoque un invierno nuclear mortal de hambruna y frío para todos?

El Pentágono de Estados Unidos ha decretado que el cambio climático es una amenaza para la seguridad nacional. Sólo hay un pequeño paso de aquí a darse cuenta de que la falta de protección del colectivo más inclusivo en el que todos participamos –el colectivo de la Vida– de esta amenaza supone una amenaza letal para la existencia, independientemente de la seguridad, de cada nación, de cada ejército y de cada colectivo.

Los guerreros multisensoriales *experimentan* esta nueva realidad. Ven la necesidad de transformar sus Fuerzas Armadas, y no sólo su misión, de una presencia destructiva basada en el miedo a una constructiva basada en el amor que apoya la Vida. Reconocen la necesidad de proteger el colectivo global de la Vida para asegurar la supervivencia y la evolución humanas, así como el bienestar de toda forma de vida en el planeta Tierra.

Ésta es la nueva misión de las Fuerzas Armadas.

56

Arte y alma

Una vida consciente es una obra de arte. Se despliega como una imagen sobre un lienzo, o una forma de piedra bajo el cincel del escultor. No es aleatoria. Expresa el poder del artista que la crea.

El arte requiere intención, pero con la intención no basta. Un carpintero tiene intención cuando construye una casa. Un fontanero tiene intención cuando remodela una cocina. La habilidad también es necesaria, pero con la habilidad no basta. Un abogado habilidoso elabora escritos convincentes, pero sus escritos no son arte. Un neurocirujano utiliza la habilidad cuando trepana el cerebro, pero sus incisiones no son arte. El arte proviene de un lugar que está más allá de la intención y la habilidad. La intención y la habilidad son necesarias, pero el arte requiere más.

Sin su alma, un artista no puede hacer arte. Sin su parte más profunda, sus creaciones carecen de arte. El arte proviene del mismo lugar en todos los seres humanos: el reino no físico del significado en el que todos los humanos tienen su hogar. Arte y significado no se pueden separar. Sin significado, no puede haber arte. El arte conecta las almas. Es una creación consciente que cierra la brecha que parece existir entre los humanos de cinco sentidos dentro de la escuela de la Tierra.

El intelecto no puede reconocer el arte. El arte genera una respuesta más profunda que la que pueden producir los procesos analíticos. Cubre necesidades que el intelecto no puede satisfacer. Toca el mismo lugar que toca un atardecer dorado o el cielo iluminado de rosa al amanecer. Una montaña se adentra más en el interior de la psique de lo que puede penetrar un pensamiento. El océano calma de formas que los conceptos no pueden. La Tierra expresa belleza ilimitada. El arte toca esa belleza en nosotros. Nos expandimos más allá de todo lo que pensamos cuando, por un momento, todo desaparece excepto el relámpago, el océano embravecido o la montaña viva con una quietud que nuestras vidas no permiten. La Tierra es arte. Lo que es necesario es dado. Lo que es dado es necesario. Nos muestra en cada momento que estamos viviendo hilos en una telaraña de Vida.

El arte hace lo mismo: nos recuerda una naturaleza superior. Esa naturaleza superior es el alma. El arte toca el alma porque viene del alma. Ilumina los significados más profundos de cada circunstancia. En otras palabras, el arte llama la atención sobre algo más que sobre sí mismo. El artista multisensorial ve las experiencias de la escuela de la Tierra como símbolos. Su poder, su profundidad y su gracia deleitan el alma. Esta percepción, compartida a través de la materia, es arte. Un artista da forma a la materia. Un artista comparte significado.

Para la percepción de los cinco sentidos, un martillo es una herramienta. Para un artista, es un símbolo de nueva construcción, una amalgama de intención y materia. Para la percepción de los cinco sentidos, un carpintero es un artesano. Para un artista, un carpintero representa un arquetipo.

—¿Qué estáis haciendo? —se les preguntó a cuatro obreros al borde de la carretera.

—Estoy amontonando piedras —respondió el primero.

—Estoy levantando un muro —dijo el segundo.

—Estoy construyendo una catedral —contestó el tercero.

—Estoy creando un lugar de paz y belleza para el alma —compartió el cuarto.

El cuarto era un artista.

El arte requiere elección. Se elige cada fotograma de una película. ¿La acción se desarrollará en un jardín, junto a un río o en una cuneta? ¿Hablarán los actores? ¿Qué dirán? Cada detalle transmite un significado. Si el director no puede verla, no es arte. Cada personaje de un libro aparece con un propósito. ¿Qué es? ¿Qué detalles se describirán? ¿Cuáles no? ¿La historia abarca un día, un año o un siglo? Decide el autor. Un escultor da forma a la piedra golpe a golpe. ¿Fluirá el grano de esta manera o de otra? ¿La superficie debe ser rugosa o pulida? No hay manuales para crear arte como sí los hay para construir armarios o puentes.

El arte requiere confianza. Un pintor puede saber de antemano cómo empezar un cuadro, pero no siempre cómo terminarlo. Las construcciones intelectuales son proyectos de ingeniería. El arte es colaboración con fuentes invisibles de creatividad e intención.

El arte es sanador. El pozo del pensamiento no es profundo. Las emociones proceden de un lugar más profundo. El arte procede de un lugar aún más profundo. El arte va más allá de la alegría y el dolor de la personalidad. Viene y va al núcleo. Ése es el aprendizaje del alma a través de las experiencias de su personalidad. El arte es la respuesta del alma a esas experiencias.

El arte depende del sistema de guía interior del significado. En otras palabras, el intelecto informa a los artesanos. El corazón informa a los artistas. La emoción de un nuevo color, la excitación de una nueva idea y el cumplimiento de un nuevo camino guían al artista paso a paso. El producto de su proceso revela el plan.

Todos nos estamos convirtiendo en artistas, y el arte que estamos creando es nuestra vida. Una vida en la escuela de la Tierra comienza con el nacimiento de una personalidad y termina con su muerte. Entre estos acontecimientos, la personalidad crea a cada momento. Cuando crea inconscientemente, su vida se ve reprimida, forzada y estancada. Las proporciones están mal y la perspectiva está distorsionada. La espontaneidad, la vitalidad y el equilibrio están disminuidos o ausentes. Los acontecimientos se desarrollan por azar. Ésta es la perspectiva de una víctima.

Una vida creada conscientemente se despliega como un todo emergente con su propia inteligencia y objetivos. Los amigos y el cumplimiento le dan sabor. Es flexible y dinámica, satisfactoria e intensa. Lo inesperado es bienvenido. Surge la coherencia. Fluye la cocreación. Los artistas de cinco sentidos producen esculturas, sinfonías, pinturas y libros. Rara vez sus vidas expresan la belleza o la totalidad de sus obras. Sus visiones se limitan al lienzo, la piedra, las palabras y el sonido. En cambio, el arte de un ser humano multisensorial llena un escenario más amplio: el lapso entre el nacimiento y la muerte de su personalidad.

Para los humanos multisensoriales, no hay un abismo entre el arte y otras creaciones de la personalidad. El arte no expira más allá del estudio. La escuela de la Tierra es el estudio, y la vida del artista es la obra. Los criterios del gran arte son la humildad, el perdón, la claridad y el amor. Armonía, cooperación, compartición y veneración por la Vida son sus expresiones. El gran arte aparece en la conversación, en la tienda de comestibles y en la escuela.

El gran arte es una confrontación consciente con partes de la personalidad que crean destructivamente. Es la elección consciente de la contribución en lugar de la explotación, la autoestima en lugar del autodesprecio. El gran arte es el alineamiento de la personalidad con el alma a través de una elección responsable, con la ayuda de guías y profesores no físicos. Dar forma a sonidos, imágenes y palabras son pequeños logros en comparación con dar forma a una vida.

No hay elementos aleatorios en el arte. El arte comienza con este entendimiento. Los grandes artistas se conocen a sí mismos como almas inmortales. Al igual que los directores, sus elecciones tienen un propósito. Al mismo tiempo, el arte no puede ser predeterminado. Se mueve continuamente hacia su propia completitud. Expresa su propia inteligencia. Sorprende.

Lo mismo ocurre con una vida consciente. Una vida consciente no se puede posponer hasta la jubilación. Las palabras dejan de fluir. Se pierde visión. El libro que anhela ser escrito se descompone. El poder de lo que puedes llegar a ser no desaparece cuando lo ignoras o lo cubres con preocupaciones que racionalizan objetivos menores. La creatividad surge de forma inconsciente y, por tanto, destructiva. La decisión de seguir el significado interior es un gran arte: la diferencia entre la vida como arte y la vida como trabajo pesado, entre la vida como experiencia y la vida como experimento.

Los artistas multisensoriales no crean solos, porque no se puede estar solo. Cuando un artista se abre a su creatividad, sus guías no físicas y profesores no físicos participan de manera apropiada. Su cocreación es producto de todos, pero no puede nacer sin el artista. Es el lápiz, y su vida es el papel. Sin ella, ni el trabajo ni las guías no físicas ni los profesores no físicos pueden influir sobre la Tierra.

Cada personalidad nace para dar los dones que su alma busca dar. La alineación de una personalidad con su alma y la transformación de una vida en la escuela de la Tierra en una obra de arte son idénticas. Ésta es nuestra nueva modalidad evolutiva. Los artistas de los cinco sentidos se esfuerzan contra los límites de la percepción de los cinco sentidos. Cuando los penetran, nace una obra de arte. Los artistas multisensoriales viven más allá de los límites de la percepción de los cinco sentidos.

Cocrean en el contexto del desarrollo espiritual. Las intenciones del alma fluyen sin obstáculos en sus actividades. Cuando no lo hacen, los artistas multisensoriales encuentran y cambian las partes de sí mismos que obstruyen el flujo. Cada artista multisensorial contribuye al colectivo que está deseando nacer. Es la gran cocreación que ahora nos atrae hacia ella: la Humanidad Universal.

Todos estamos llamados al reino del arte. No hay precedentes del nacimiento de una nueva humanidad. Cada vida humana y las experiencias colectivas de la humanidad se están convirtiendo en obras de arte conscientes. El artista que hay en nosotros despierta al que hay en los demás, y el que hay en los demás despierta al que hay en nosotros. La experiencia humana está cambiando interna y externamente. A medida que nuestras vidas se vuelven habilidosas, nuestro mundo se vuelve habilidoso. A medida que nuestro mundo se vuelve habilidoso, expresa el poder, la compasión y la sabiduría del Universo. Es el nacimiento de la Humanidad Universal. Es el gran acontecimiento de nuestras vidas. Es el espectáculo que hemos venido a producir, experimentar y disfrutar.

Se está abriendo el telón.

HUMANOS UNIVERSALES

57

El origen del Humano Universal

Anhelamos al Humano Universal desde el origen de nuestra especie. Lo anhelábamos cuando nos perdíamos en el cielo nocturno. Lo anhelábamos cuando las innumerables estrellas nos llamaban, cuando la Vía Láctea nos impresionaba. Sabíamos desde nuestros orígenes que le pertenecíamos, y ella nos pertenecía. Anhelábamos al Humano Universal cuando las grandes llanuras se extendían ante nosotros hasta el horizonte, con las hierbas de las praderas inclinándose con la brisa. El Humano Universal nos tocó cuando los desiertos se nos aparecieron infinitos, duna tras duna, mares de arena siempre cambiante, remodelándose de forma diferente. Las montañas nos mostraron al Humano Universal, tocando el cielo, vivas con campos de hielo, cumbres cubiertas de nieve, grietas y pináculos, vendavales y tardes soleadas. Los océanos nos trajeron al Humano Universal, profundos más allá de toda medida, vivos más allá del conocimiento, poderosos más allá de la comprensión, corrientes y vientos, tormentas y calmas, acariciando playas y atacando acantilados.

El Humano Universal nunca ha estado lejos de nosotros, como el aire que respiramos. Nunca ha estado separado de nosotros, como nuestros latidos. Es más antiguo que el pensamiento humano. Es tan antiguo como asombrarse. El asombro ante el Universo y el potencial del Humano Universal son lo mismo. Milenio tras milenio nos hemos asombrado ante el Universo sin ver, sentir o incluso imaginar que nos muestra nuestro propio potencial. Las mismas cosas que nos asombraron –su total minuciosidad, su insondable profundidad, su belleza más allá de las palabras, su infinita creatividad y la unidad de sus innumerables partes, todas moviéndose, combinándose, separándose y reformándose sin fin– fueron las mismas cosas que aún teníamos que reconocer en nosotros mismos. Nos asombró el Universo como una sinfonía interminable de sonidos, un flujo de fragancias, una cascada de colores, sabores y sensaciones (la variedad siempre nueva de cinco experiencias sensoriales) que se nos presenta en cada momento sin cesar.

Nunca se les ocurrió a los humanos de cinco sentidos que evolucionaban sobreviviendo y sobrevivían persiguiendo el poder externo, que ELLOS podrían ser ESO. Ahora nos estamos convirtiendo en una especie multisensorial que evoluciona creciendo espiritualmente y crece espiritualmente creando poder auténtico. Ahora estamos entrando en nuevos dominios de experiencia y conocimiento. Ahora estamos vislumbrando por primera vez la vista más magnífica posible para la especie humana. ¡SOMOS ESO! No estamos separados de la Vida, y la Vida no está separada de nosotros.

Hace dos mil doscientos años, un esclavo romano liberado llamado Terencio (Publius Terentius Afer) escribió: «Soy humano y nada de lo humano me es ajeno». Joven y negro, su gran corazón fue más allá de su historia, cultura y circunstancias para abarcar cada pensamiento y cada experiencia humana. Ésta es la mayor comprensión posible de la humanidad de los cinco sentidos: la totalidad de los pensamientos humanos y las experiencias de los cinco sentidos.

Los humanos de cinco sentidos se identifican con sus personalidades, mentes y cuerpos. Persiguen el poder externo. El mundo es más grande que ellos. Se resisten, temen o viven con terror a la muerte. No tienen explicación de sus nacimientos ni comprensión de sus muertes. Sus experiencias se dividen en interna y externa, yo y los demás. Esta división es infranqueable, los separa, los deja anhelando la cercanía de los demás y, sin embargo, muy lejos de ellos. Anhelan tocarse y ser tocados, y así mueren. Este gran dolor es inherente a la percepción de los cinco sentidos.

Los humanos multisensoriales se identifican con sus almas. Crean poder auténtico. Experimentan la escuela de la Tierra sin las limitaciones de los cinco sentidos. Distinguen entre los trajes de la Tierra y las almas que los llevan. No culpan ni reconocen méritos a otros por sus experiencias ni esperan que otros las cambien. Desafían el miedo y cultivan el amor en ellos mismos. Consultan guías y profesores no físicos. Utilizan la Ley Universal de Causa y Efecto para crear vidas llenas de significado y alegría, y la Ley Universal de la Atracción para atraer a sus compañeros amorosos. Contribuyen a la evolución de sus almas con sus intenciones de amor.

Los Humanos Universales se identifican con la Vida. Ellos ven la Vida en todas partes y no sólo en los humanos, los animales y las plantas. Ven la Vida en el suelo y las estrellas, los arroyos y los ríos, la arena en la orilla y el lodo después de la lluvia. Ven la Vida en las rocas y los cristales. Ven la Vida en el espacio, las galaxias, las supernovas, los planetas y los anillos que los rodean. Los insectos, las serpientes, las salvias, el oro y los excrementos son igualmente preciosos para ellos. Un mosquito es tan valioso como un elefante. Un cadáver es tan precioso como una flor. Para los Humanos Universales, todo lo que los cinco sentidos pueden detectar, con o sin ayuda, es Vida.

Ven la Vida en todo lo que los cinco sentidos no pueden detectar. Las almas, los profesores no físicos y los ángeles son Vida. Gentes con diferentes apariencias, costumbres, idiomas e historias que viven en los mismos lugares en los que ahora nos encontramos, todos evolucionando a su manera, invisibles para nosotros y nosotros invisibles para ellos, son Vida. Los Humanos Universales ven cada experiencia, por pequeña que sea, como necesaria para el desarrollo compasivo del Universo. Están comprometidos con la Vida y realizados por la Vida. La Vida es el nombre de un Humano Universal. La Vida es la dirección de un Humano Universal. La Vida es el amor de los Humanos Universales.

Nunca la evolución humana se había movido tan rápida, tan transparente y tan drásticamente hacia nuevos destinos. Nunca las palabras individuales habían marcado tan claramente, como hitos a lo largo de un camino, las etapas de la identidad y el potencial humano:

PERSONALIDAD: humano de cinco sentidos
ALMA: humano multisensorial
VIDA: Humano Universal

58

¿Qué es el Humano Universal?

El Humano Universal es un paso más allá de un humano auténticamente empoderado. Un Humano Universal se identifica con la Vida en sus innumerables formas. Se identifica con todo lo que es, porque la Vida es todo lo que es. Es un enfoque que le permite acceder a las profundidades de la creatividad y la conciencia, la comprensión y el conocimiento, todo ello en beneficio de la Vida. Todo lo que hace el Humano Universal lo hace para la Vida.

Es una imagen más rica que la que puede presentar el intelecto, porque el Humano Universal es todo lo que es, porque el Humano Universal es Vida, y la Vida es todo lo que es. Es aquel cuya comprensión de lo que es constructivo, apropiado y beneficioso es idéntica a la comprensión de lo que es constructivo, apropiado y beneficioso para la Vida. Aquí nuevamente el intelecto falla, porque el Humano Universal no puede beneficiar a la Vida, porque la Vida misma es todo lo que es beneficioso.

El Humano Universal puede contribuir a la Vida con un individuo –un aspecto de la Vida que es consciente de sí mismo, por así decirlo– que vive con alegría, que refleja el resplandor de la Vida misma, que es consciente de la complejidad de la Vida misma, del ofuscamiento del amor por el miedo en la escuela de la Tierra, y comienza a tomar conciencia de muchos procesos más allá de la escuela de la Tierra. Estos procesos no lo hacen de otro mundo ni lo llevan más allá de la escuela de la Tierra, sino más adentro de la escuela de la Tierra en formas que son más sustanciales y conectadas.

El Humano Universal sabe que, al apoyar a los demás en la creación de poder auténtico en asociación espiritual, contribuye a la Vida misma; no es que haga que la Vida sea mejor o más de lo que es, porque son formas sin sentido de ver la Vida, sino que accede en su propio marco individualizado, por decirlo de algún modo, la alegría y la inmensidad de la Vida, el asombro, su sanación, aunque aquí, de nuevo, la Vida misma no puede ser sanada porque no requiere sanación.

La mejor manera de expresar el Humano Universal es en términos de amor, porque el Amor, la Vida, la Consciencia y el Universo son formas diferentes de abordar la misma cosa. Más concretamente, son formas diferentes de tomar conciencia de lo mismo, y más precisamente aún, formas diferentes de tomar conciencia de uno mismo.

El Humano Universal no puede ser explicado de la misma forma que puede ser explicada una personalidad. Un alma no se puede explicar, pero se puede describir por algunas de sus actividades. La Vida no se puede explicar porque es todas las actividades. Es todas las explicaciones.

Es la falta de todas las explicaciones. No se puede definir, no se puede describir, pero se puede experimentar, y la experiencia de la Vida lo lleva a uno más allá de las limitaciones de cualquier aspecto particular de la Vida. Cuando el Humano Universal camina entre los humanos, lo hace como un humano, un humano que expresa amor, que se preocupa por los demás, que contribuye con todo lo que es adecuado en ese momento, en esa circunstancia, pero con una gratitud de mucho más.

El Humano Universal es el potencial de la humanidad multisensorial a medida que evoluciona creando poder auténtico. Es un potencial que aún no es tan completamente explicable o demostrable para los humanos multisensoriales como lo son el poder auténtico y la percepción multisensorial para los humanos de cinco sentidos. El Humano Universal es otro paso, si bien es un paso que ya se ha completado a partir de una percepción que estará a disposición de los humanos a medida que sigan evolucionando.

Desde la perspectiva del intelecto, estas palabras son insatisfactorias y en muchos casos sin sentido y en varios casos contradictorias. Relájate en este proceso. No sientas que necesitas atar todos los cabos sueltos o aclarar todas las explicaciones, ya que todas conducen a la experiencia que ahora está atrayendo a la nueva especie humana multisensorial a medida que crea poder auténtico. Una apertura al Humano Universal es un acercamiento apropiado al Humano Universal.

¿Hay alguien en forma humana que sea un Humano Universal o ya ha habido otros? Sí. También están aquellos que se acercan al Humano Universal. Tienen algunas cualidades y características de un Humano Universal, algunas más pronunciadas que otras. Todos ellos sienten la llamada, la atracción del Humano Universal. La sienten en sus vidas de manera significativa y actúan de manera significativa.

Los Humanos Universales emergen y comienzan a tomar forma a medida que comienzan a aparecer individuos auténticamente poderosos en la escuela de la Tierra. Ha surgido y está surgiendo la percepción multisensorial. El poder auténtico requiere creación consciente, y en el proceso de crear poder auténtico comienza a emerger el potencial del Humano Universal. De esta manera, el surgimiento del Humano Universal en la escuela de la Tierra apunta hacia la evolución futura.

Así como todo lo que se experimentó cuando la humanidad tenía cinco sentidos y evolucionaba a través de la búsqueda de poder externo no se perdió, pero ahora accede a una comprensión más intensa y profunda que permite que la compasión, la claridad y el amor se conviertan en parte de la experiencia humana y la creación de poder auténtico, todo lo que se está experimentando y se experimentará en la creación de poder auténtico a medida que evoluciona una especie humana multisensorial al crecer espiritualmente se utilizará en su desarrollo posterior, se aplicará a su desarrollo posterior, señalará hacia su desarrollo posterior, la abrirá a su desarrollo posterior. Ese mayor desarrollo es el Humano Universal.

Nos encontramos en un viaje magnífico. Declaraciones como ésta ya están limitadas por palabras como «nosotros». Dicho de otra manera, se está desarrollando un viaje magnífico, y tú formas parte de él. A medida que evoluciones, seguirás formando parte de él. No hay nada, ni puede haber nada, que no forme parte de ello. A medida que vas evolucionando, comienzas a sentir que el viaje y el destino son idénticos. Esta percepción la puedes llevar contigo, y llevará contigo, de vuelta a la escuela de la Tierra, por así decirlo, la escuela de la Tierra que nunca has dejado como personalidad.

Cuando llevas esa percepción a la escuela de la Tierra, a tu personalidad, te acercas más al Humano Universal.

59

Los ciudadanos adultos del Universo

Los ciudadanos adultos del Universo son conscientes de su capacidad creativa y de su responsabilidad a la hora de utilizarla. No esperan a que otros hagan lo que ellos mismos deben hacer. Aman sin límites, exploran sin miedos y crean con sabiduría y compasión. No culpan ni juzgan ni condenan. No son espectadores ni pasajeros ni expertólogos de salón. Los ciudadanos adultos del Universo son servidores de la Vida, defensores autorresponsables de la Vida, protectores de la Vida y amantes de la Vida. En resumen, los Humanos Universales son ciudadanos adultos del Universo.

Los niños no ven sus experiencias en el contexto del desarrollo espiritual. En cambio, los ciudadanos adultos del Universo sí. Los niños culpan al mundo que los rodea cuando no se sienten seguros o valiosos. Los ciudadanos adultos del Universo cambian las partes de sus personalidades que se sienten amenazadas y sin valor. Los niños están indefensos. Los ciudadanos adultos del Universo son útiles. Los niños no saben qué hacer cuando la nieve golpea la ventana. Sólo saben que tienen frío y piden ayuda a gritos. Los ciudadanos adultos del Universo cierran la ventana, suben la calefacción o se abrigan.

En la escuela de la Tierra, la nieve golpea la ventana de muchas maneras como el dolor, la soledad, la desesperación, la rectitud o la venganza. Los niños reaccionan ante estas experiencias. Los adultos buscan respuesta. Los niños no entienden la responsabilidad. Los adultos son capaces de responder. Los niños se enfurecen o se encogen cuando el mundo los decepciona. Los adultos crean en sí mismos lo que quieren ver en el mundo. Si quieren un mundo generoso, se vuelven generosos. Si quieren un mundo con menos enfado, se vuelven menos enfadados. Si quieren un mundo amoroso, se vuelven amorosos.

Ahora nos estamos convirtiendo en ciudadanos adultos del Universo. «Hijos del Universo» ya no nos describe. Nos retrasa, impide nuestro desarrollo y priva al mundo de nuestros dones. Es la percepción de un niño que se declara desamparado y dependiente y decidido a seguir siéndolo. Es la declaración de una oveja demandando un pastor.

En una ocasión, fui al antiguo centro comunitario tipo cabaña en Mount Shasta (California), una pequeña comunidad que era mi hogar, para escuchar a Thomas Banyanca, un anciano hopi. Reverenciaba su nombre y deseaba estar con él. Se sentó en una silla plegable de metal oxidado y nosotros nos sentamos junto a él en otras sillas colocadas en círculo.

Parecía que acababa de llegar de la reserva: una camisa de franela, tejanos y botas polvorientas. Me lo imaginé en un maizal el día anterior. Entonces comenzó a hablar, con humildad y claridad. Dijo muchas cosas y nos dijo que eran las palabras de los ancianos hopi, y que los ancianos hopi le dijeron que nos dijera que ahora era el momento de escucharlas. Éstas son algunas que recuerdo:

- Sed buenos los unos con los otros y no busquéis al líder más allá de vosotros mismos.
- Destierra la palabra «lucha» de tu actitud y de tu vocabulario.
- Todo lo que hagas ahora debe hacerse de manera sagrada y en celebración.
- Éste podría ser un buen momento.
- Somos los que hemos estado esperando.

Ahora es el momento. Nosotros somos la gente. Los individuos valientes siempre han sabido esto y han actuado en consecuencia. Los ciudadanos adultos del Universo son más que valientes. Son auténticamente poderosos e imparables en su amor por la Vida.

Cuando se acercaba la independencia de la India, el virrey británico, por orden de Londres, convocó a Gandhi desde una prisión británica a su palacio. Al entrar con la ropa sucia de la prisión, Gandhi dijo de inmediato: «

Su Excelencia, sé que he hecho cosas que lo han irritado, pero espero que eso no se interponga entre nosotros como hombres».

El virrey ordenó las palizas, los asesinatos y los encarcelamientos en la India, y Gandhi se enfrentó a todos ellos, pero su lucha no fue contra el virrey, sino contra una política que explotaba a todos los indios. Gandhi nunca confundió ambas cosas. Las dificultades de su lucha, la magnitud de sus sacrificios y los del pueblo indio nunca lo distrajeron de su amor por la Vida: la Vida del virrey británico o la vida de los jóvenes que cuidaban las cabras en el áshram[9] donde vivía. Gandhi era un ciudadano adulto del Universo.

Vi un vídeo de Martin Luther King Jr. encerrado en una cárcel del sur de Estados Unidos en el que un reportero blanco intentaba sacarle una crítica a los blancos. Pero Luther King no proporcionó ninguna. Sospecho que él no tenía ninguna. Aquel que cruzó el puente en Selma y se manifestó en Montgomery ante perros agresivos, porras y mangueras contra incendios que lanzaban a la gente por las calles como muñecos de trapo, no olvidó su amor por la Vida. Martin Luther King Jr. fue un ciudadano adulto del Universo.

El mundo que hemos heredado de la humanidad de cinco sentidos está lleno de dolorosas consecuencias de perseguir el poder externo. La búsqueda de poder externo ha destruido especies enteras y está destruyendo más. Los mares inundan ciudades costeras, incendios inextinguibles queman enormes bosques, el aire es de mala calidad, el agua es peor, los glaciares se derriten y el hielo desaparece de los polos terrestres. Los huracanes son más frecuentes y potentes, y las temperaturas se disparan o se desploman. Los suministros de alimentos disminuyen. Las guerras proliferan. La pobreza, la enfermedad, el hambre y la sed están por todas partes y siguen extendiéndose. Se avecina una guerra

---

9. Lugar de meditación y enseñanza hinduista en el que los alumnos y los maestros viven juntos. En cierto modo, su funcionamiento puede recordar al de los monasterios cristianos. *(N. del T.)*

nuclear. Todo eso ocurre por perseguir el poder externo. La insensibilidad cubre la Tierra. Los ricos se refugian detrás de la policía y los pobres pierden la esperanza o se rebelan.

Los Humanos Universales ven estas cosas con claridad y las abordan directamente. Reemplazan la insensibilidad con la compasión, la conquista con la cocreatividad y la desesperación de la distancia entre ellos con la alegría de unirse. Se comprometen con la Vida. Encomiendan sus acciones a la Vida. Encomiendan sus vidas a la Vida. Crean estructuras sociales para sustentar la Vida. Actúan y hablan con la beneficencia y el poder ilimitado de sus intenciones de amor. Cultivan su amor por la Vida, enfocan su amor por la Vida y conscientemente aplican su amor por la Vida al florecimiento de la especie humana.

Son el florecimiento de la especie humana.

60

Más allá de la cultura

Los Humanos Universales están más allá de la cultura.

Una cultura es una forma de limitación. Es una gran comunidad. Las comunidades son colectivos que se forman a partir del miedo. El elemento cohesivo en una comunidad, el pegamento que la mantiene unida, es el miedo a aquellos que son diferentes de una forma significativa y, a menudo, de una forma insignificante. Por lo tanto, las discusiones sobre la cultura son lo mismo que las discusiones sobre la comunidad. Son discusiones de colectivos que se unen por miedo.

Las culturas son comunidades que conservan su forma a lo largo de generaciones de humanos, y esas generaciones las transmiten a otras. Por tanto, adquieren una rigidez que, por ejemplo, no experimenta una comunidad de individuos que disfrutan de un mismo deporte. La suya es una comunidad transitoria. Se forma en torno a un interés compartido y desaparece cuando éste desaparece. En otras palabras, algunas comunidades son más antiguas y rígidas que otras. Las culturas son muy antiguas. Son anteriores a la mayoría de los colectivos. Son anteriores incluso a las religiones. Por lo tanto, se encuentran entre las comunidades más rígidas. Como todas las comunidades, la función fundamental de una cultura es la seguridad de sus miembros frente a amenazas potenciales, es decir, frente a otros que son diferentes.

Participar en una cultura (forma de vestir, lenguaje, valores…) no te impide convertirte en un Humano Universal, siempre que no estés apegado a ella ni limitado por ella. Por ejemplo, podrías llevar un hiyab como expresión de tu comprensión de la Divinidad sin necesidad de que otros comprendan la Divinidad como lo haces tú, porque si la Divinidad es eso que lo incluye todo, también lo incluirás todo.

Puedes ser chino y disfrutar hablando chino, comiendo comida china y compartiendo tu vida con otro individuos chinos, pero si te identificas con estas cosas y sientes que otros que no son chinos no son tan buenos como tú, estás experimentando partes asustadas de tu personalidad. Si el farsi es el único idioma que conoces, entonces tus poemas y tus canciones de amor estarán escritos en farsi, pero llegarán mucho más allá de quienes lo hablan y lo leen. Rumi, por ejemplo, escribió sus poemas en farsi hace ocho siglos, pero eso no limitó su amor o su influencia, que son lo mismo. El dominio de los cinco sentidos es un dominio de diferencias. El problema es cómo se experimentan y comparten estas diferencias: con amor o con miedo.

Como ya hemos visto, la única comunidad para un Humano Universal es la Comunidad Mayor. Es la única comunidad que no se basa en el miedo, sino en el amor. Es la comunidad en la que no hay subcomunidades. Una cultura es una comunidad de subcomunidades. Por ejemplo, la cultura francesa es una comunidad que tiene numerosas subculturas (atletas franceses, intelectuales franceses, artistas franceses, contables franceses, etc.) y todos los individuos de cada una de estas subculturas y las subculturas mismas se identifican con la cultura más grande, que es la francesa, y su poder influye sobre el idioma, la historia, la cocina y todo lo demás francés.

El Humano Universal se encuentra más allá de todo esto. Nada de esto lo atrae. Nada de esto es de su interés. Nada de esto le toca. El Humano Universal es tocado por la Vida y sólo por la Vida. No ve distinciones entre esta y aquella cultura, por ejemplo, entre la cultura china y la francesa, o entre la estadounidense y la ghanesa. El Humano Universal sólo ve Vida.

Podemos decir que el Humano Universal se encuentra más allá de la cultura; sin embargo, es más exacto decir que para él han desaparecido distinciones como la cultura. No es que se encuentre más allá de la cultura de la misma manera que un punto de una carretera se encuentre más allá de un punto anterior. El Humano Universal es la encarnación de una consciencia en la que no existen culturas ni comunidades. La única comunidad es la Vida. Por lo tanto, las distinciones (todas de naturaleza de los cinco sentidos) que separan a los colectivos no son distinciones que hace un Humano Universal. Un Humano Universal no hace distinciones, pues todo es Vida.

Las culturas son magnéticamente atractivas para las partes asustadas de las personalidades, porque otorgan una identidad que es más antigua que la personalidad, una identidad que se ve reforzada por otros individuos de dicha cultura, por la historia, el idioma, las historias, las percepciones y los valores de la cultura. Toda esa solidez, o estabilidad, proviene de la identificación con una cultura, y ésta, a su vez, proviene del miedo. Ninguna cultura está abierta a todas las demás culturas. La energía de la cultura, como la energía de toda comunidad, es ofrecer la ilusión de la seguridad y el valor a esas partes asustadas de personalidades que no se sienten seguras ni valiosas.

Un Humano Universal es auténticamente poderoso. No tiene necesidad de tal validación. Su validación no proviene de circunstancias externas ni de la historia ni de ningún colectivo, pues el apego a cualquiera de ellos expresa miedo. Su validación proviene de reconocer su naturaleza, de reconocer que es un espíritu compasivo y amoroso, poderoso y creativo, que es responsable de lo que elige, que puede distinguir entre el amor y el miedo, y que es capaz de elegir el amor. Es decir, puede distinguir cuándo partes asustadas de su personalidad desean la seguridad de la semejanza y la monotonía, y en cambio eligen el amor ilimitado que es.

Las culturas son pequeñas. Los seres humanos somos grandes. Las partes asustadas de las personalidades mantienen empequeñecidos a los humanos en sus comportamientos, pensamientos, valores, acciones y objetivos. Crear poder auténtico les permite ir más allá de las partes asustadas de sus personalidades hacia la vastedad de lo que son, para reconocer la vastedad de lo que son otras personalidades y la vastedad en la que ocurre todo esto, y esa vastedad es Vida.

La creación de poder auténtico es la alineación de la personalidad con el alma. El alma no ve grandeza o pequeñez. No ve la piel negra, amarilla, roja, blanca o parda. No ve culturas originarias de los trópicos o del Ártico. Ve diferentes expresiones de belleza, y cuando mira un prado alpino lleno de flores de gran belleza y diversidad, no piensa: «Los morados son mi pueblo» o «Los que no son morados son inferiores o suponen una amenaza o coartan mi libertad». Un Humano Universal no mira las flores rojas o las blancas, y piensa o dice lo mismo. Un Humano Universal no mira los árboles y piensa: «Son mi cultura, no flores». Un Humano Universal es flor. Un Humano Universal es árbol. Un Humano Universal es todo lo demás.

Los Humanos Universales son Universales.

61

Más allá de la religión

Los Humanos Universales están más allá de la religión.

Las instituciones religiosas profesan verdades universales como el amor y la unidad. Sin embargo, se encuentran entre las organizaciones más divisivas en la escuela de la Tierra. Son puras búsquedas de poder externo. ¿Cómo ha pasado? Las ostras incrustan sustancias irritantes para protegerse, para aislarse de ellas. Sus sistemas de defensa son análogos a los sistemas autoinmunes en los cuerpos humanos que incrustan, por así decirlo, bacterias y virus con anticuerpos. Los colectivos de cinco sentidos también incrustan sustancias irritantes. Los núcleos de la verdad universal los irritan. Las instituciones religiosas son las incrustaciones que forman a su alrededor. Desde la perspectiva de un colectivo de cinco sentidos, una verdad universal es un patógeno, como un irritante grano de arena, metafóricamente hablando.

Las verdades universales en el corazón de todas nuestras religiones son los principales irritantes de los colectivos de cinco sentidos. Desafían la razón misma por la que existen los colectivos de cinco sentidos: el miedo. Reemplazan el miedo con comprensiones radicalmente nuevas, como la comprensión del poder como alineación de la personalidad con el alma.

En el caso del cristianismo, el irritante era la verdad universal del Amor, la ostra era el colectivo de cinco sentidos en el que Jesucristo la colocó, y la incrustación es la institución del cristianismo.

Cada institución religiosa es una incrustación alrededor de un núcleo de verdad universal. En otras palabras, la energía de una institución religiosa nunca es igual a la energía de la verdad universal en su núcleo, como, en este caso, el Amor. Las instituciones religiosas persiguen el poder externo. Se cuidan a sí mismas. Manipulan y controlan a los practicantes, y compiten entre sí por ellos. Prometen la vía rápida. Construyen barreras entre *nosotros y ellos. Ellos* irán al infierno. *Nosotros* no. La divinidad está de nuestro lado. *Ellos* son infieles.

Las instituciones religiosas consumen culturas, demonizan las diferencias y atacan a los enemigos, incluidas las naciones y otras instituciones religiosas. Una institución religiosa aísla a los individuos dentro de ella del poder transformador de la verdad Universal de su núcleo, y los confina a experiencias superficiales en lugar de guiarlos a experiencias que mueven montañas. Por ejemplo, la mayoría de los cristianos hablan de amor. Muchos cristianos creen que el amor es un principio por el cual guiarse, pero pocos cristianos viven el amor como lo hizo Jesucristo. Miles de millones de cristianos permanecen aislados (por la incrustación del cristianismo) del poder transformador del amor. Toleran a los demás, pero no los aceptan. Sonríen a los demás y los juzgan en silencio o en voz alta. Matan en nombre del amor. ¿Cuántos cristianos viven el amor como Martin Luther King Jr.? «Tengo un SUEÑO»,[10] rugió, y el mundo se transformó cuando lo tocó con su coraje, su integridad y su amor, mientras mostraba y compartía el núcleo, no la incrustación.

En el funeral de la cantante estadounidense Whitney Houston, el predicador bautista compartió una historia que nunca me ha abandonado: «El musulmán exclamó "¡Ojalá hubiera conocido a Cristo antes de conocer al cristiano!"», dijo el predicador. ¿Cómo sería la escuela de la Tierra si cada cristiano se guiara por la verdad universal del amor en lugar de por la institución religiosa del cristianismo? ¿Cómo sería la escuela de la Tierra si cada cristiano te amara lo suficiente como para *morir* por ti?

---

10. Frase empleada por Martin Luther King Jr. en su discurso pronunciado en las escaleras del Memorial de Lincoln en Washington D.C, el 28 de agosto de 1963. *(N. del T.)*

«Cuando alguien me dice "Soy cristiana", digo "¿En serio? Tengo más de ochenta años y todavía lo estoy intentando"», solía decir Maya Angelou. Se nos dice que Jesús dijo que harás todas las cosas milagrosas que Él hizo *y más*. ¿Cuándo comenzarás? ¿Cuándo darás tu primer paso?

En el caso del budismo, lo irritante era la verdad universal de la iluminación: percepción más allá de la escuela de la Tierra, libertad de todo apego, consciencia clara como un diamante y brillante como diez mil soles, conciencia de mundos numerosos como «motas de polvo», cada uno de ellos con budas y caminos hacia la iluminación. La ostra era el colectivo de cinco sentidos en el que Buda la colocó, y la incrustación es la institución del budismo.

Los budistas buscan su «rostro original» sin las «marcas» (características) de la mente y el deseo. Sin embargo, su rostro original permanece invisible para ellos. Desean, sufren y mueren como lo describió Buda sin emplear las herramientas que Buda les dio. Se empujan los unos a los otros para encender incienso ante las estatuas de Buda. Creen en la reencarnación, pero relativamente pocos viven como si la consciencia y la responsabilidad continuaran después de la muerte, como si cada experiencia fuera una necesidad kármica. ¿Cómo sería de diferente el mundo si cada budista creara consecuencias constructivas en cada instante con cada elección y *nunca* culpara a nadie por sus propias experiencias?

Cada institución religiosa es una incrustación en torno a un núcleo de verdad universal. Cada una se alza *contra* la verdad, el poder y la belleza de la verdad universal de su núcleo. Cada una proclama su verdad universal, y cada una ejemplifica lo contrario.

Todo esto es muy confuso para millones de adeptos y a veces incluso también para los profesionales religiosos, pero no ven la manera de desafiar su institución religiosa y atesorar la verdad universal en su núcleo al mismo tiempo. La verdad universal es su recién nacido proverbial, y su institución religiosa es su agua del baño proverbial. Así que se esfuerzan por mantener ambas cosas: la verdad universal que aprecian y el despiadado régimen religioso que la reclama.

Las verdades universales vienen de más allá de la escuela de la Tierra. Calman la personalidad con las percepciones impersonales del alma.

Ahora que estamos evolucionando y yendo más allá de las limitaciones de la percepción de los cinco sentidos, las verdades universales del núcleo de nuestras religiones se están convirtiendo en *nuestras* verdades universales. Dejan de ser propiedades de las instituciones.

La percepción multisensorial hace visible la diferencia entre las instituciones religiosas y las verdades universales de su núcleo. Las instituciones religiosas compiten. Las verdades universales no. Las instituciones religiosas restringen la creatividad. Las verdades universales lo liberan. Las instituciones religiosas no tienen futuro. Las verdades universales son atemporales.

Si te sientes superior o por encima de los demás, en lo cierto en vez de equivocado, gracias a tu religión, no estás experimentando la verdad universal de tu religión, sino que el miedo a la institución de los cinco sentidos que afirma tenerla. Las instituciones religiosas de los cinco sentidos *impiden* nuestra evolución. Sus espantosos comportamientos son producto del miedo. No tienen futuro. Los humanos multisensoriales luchan por la armonía, la cooperación, el compartir y la veneración por la Vida. Se esfuerzan por la humildad, la claridad, el perdón y el amor. Los humanos universales encarnan estas cosas.

Cuando te preguntas: «¿Cómo sería mi vida si viviera la verdad universal en el núcleo de mi religión o de cualquier religión?», le estás pidiendo al Universo una experiencia del Humano Universal.

62

Más allá de la nación

Los Humanos Universales están más allá de la nación.

«Nación» es una palabra para la enormidad de la brutalidad y la crueldad en la experiencia humana. Es un símbolo lingüístico de lo que estamos dejando atrás a medida que hacemos la transición de la percepción de cinco sentidos a la multisensorial y de la comprensión del poder como la capacidad de manipular y controlar a la comprensión del poder como la alineación de la personalidad con el alma. Está profunda e inconscientemente arraigada. Entender «nación» nos presenta simultáneamente y sin ambigüedades las dos caras de la elección que debe hacerse entre el amor y el miedo, y cuán vital y esclarecedora es la conciencia que se requiere para hacerlo.

Metafóricamente hablando, las naciones comparten el mismo código genético como partes asustadas de personalidades. Las monarquías absolutas, los imperios, las instituciones religiosas y las células cancerosas también comparten este código. El afecto por una nación es un engaño sentimental. Oscurece la naturaleza de las naciones. Cuando entiendas la naturaleza de la «nación», entenderás por qué. Una nación es un colectivo, pero no es un colectivo de individuos como parece. Es más una colección que un colectivo. Es una colección de diversas búsquedas de poder externo.

La nación misma, la entidad que llamamos «nación», es una búsqueda de poder externo que frecuentemente entra en conflicto con otras naciones que son iguales. La nación con más poder exterior impone su voluntad sobre las que tienen menos. Ésta es la única dinámica entre las naciones.

Dentro de las naciones la dinámica es idéntica. Algunas búsquedas de poder externo son más efectivas que otras e imponen sus voluntades sobre las otras búsquedas. En las arenas políticas, estas actividades se denominan «partidos». Sin embargo, dentro de la nación también hay muchísimas otras preocupaciones, como por ejemplo las preocupaciones sociales. El estatus de las mujeres en relación con los hombres es una de ellas. En este caso, la colección de hombres tiene más poder externo. Eso está cambiando y creando una gran resistencia. La relación de los blancos con los negros es otro ejemplo de ello. Una circunstancia análoga prevalece en Estados Unidos: los blancos tienen más poder externo.

La relación de las poblaciones religiosas entre sí es otro ejemplo. En Estados Unidos, una religión es dominante y tiene más poder externo que las demás juntas. En otras naciones la situación es la misma, pero la religión dominante es otra. En otras naciones el equilibrio es diferente. Como hemos visto antes, ésta también es la relación entre los individuos. A través de las partes asustadas de sus personalidades, persiguen el poder externo y entran en conflicto los unos con los otros.

En otras palabras, de arriba hacia abajo y de abajo hacia arriba, una nación es una búsqueda de poder externo y, al mismo tiempo, una carcasa vacía que contiene innumerables búsquedas de poder externo en todos los niveles de interacción, de lo social a lo personal, de lo político a lo religioso. Cada nación es un reflejo en miniatura de la búsqueda de poder externo que caracteriza a la humanidad de cinco sentidos. El poder externo se encuentra en todas partes y es inevitable.

Las naciones más agresivas se expanden, como órganos infestados de cáncer, en entidades hinchadas incapaces de perpetuarse a sí mismas. El imperio romano se extendió desde Gran Bretaña hasta Babilonia y desde el norte de África hasta Oriente Medio. El imperio británico llegó a ocupar una cuarta parte de la superficie terrestre y cuatrocientos doce millones de personas. Se expandió tanto que el sol no podía ponerse sobre todo él al mismo tiempo, por lo que los británicos se jactaron de que «el sol nunca se pone sobre el imperio británico». Finalmente, sin embargo, sí lo hizo.

Los humanos de cinco sentidos glorifican todo esto. Llaman a Alejandro de Macedonia, cuyo imperio relativamente pequeño se extendía desde Grecia hasta la India, Alejandro Magno, invicto en el campo de batalla e insaciable en su apetito por luchar. Los humanos multisensoriales lo llaman Alejandro el Aterrorizado. No temía a ningún adversario, ejército o colectivo, pero el dolor de la impotencia lo aterrorizaba. Conquistó país tras país y puso su nombre en veinte ciudades tratando de evitarlo. Persiguió el poder externo hasta su muerte, y esa búsqueda destrozó su imperio después de su muerte. Hoy en día el imperio de Alejandro, el romano y el británico ya no existen.

No hay relación entre las naciones excepto en la búsqueda continua de ventaja sobre las demás. En esto reflejan perfectamente la relación de las partes asustadas de una personalidad con las partes asustadas de las demás. Desde la perspectiva de los cinco sentidos, las interacciones entre personalidades (como conectarse con los vecinos) se encuentran en el nivel más bajo de una jerarquía, y las interacciones entre naciones (como la construcción de un imperio), en el nivel más alto. La percepción multisensorial y la comprensión del poder como la alineación de la personalidad con el alma invierten esta jerarquía. El nivel más alto y significativo es el de las interacciones entre individuos (porque la evolución humana requiere crear poder auténtico), mientras que el nivel más bajo y sin significado es el de las interacciones entre naciones (porque no tienen una dimensión espiritual). Las naciones no tienen la capacidad de avanzar. Están vacías.

Una nación es algo parecido a una sala de espejos. Al entrar en ella y ver la experiencia desde su perspectiva, no hay nada más que ella misma, y se proyecta sobre todas las demás colecciones llamadas «nación». En otras palabras, las naciones son colecciones de búsquedas de poder externo que son en sí mismas reflejos de otras búsquedas de poder externo.

¿De dónde vienen las naciones?

63

Mucho más allá de la nación

El origen de las naciones es importante no sólo en la historia de nuestra nación y la historia de otras naciones, sino también en la historia de la especie humana. Ilumina todo lo que necesita ser cambiado en la especie humana y la conciencia de qué se requiere para cambiarlo. Esto se encuentra simultáneamente tanto en los colectivos como en los individuos. Lo que existe simultáneamente son los dos lados de la elección que debe hacerse entre el amor y el miedo. Hemos explorado esta opción a lo largo de este libro. Es el corazón de la creación de poder auténtico. El origen de las naciones revela la importancia de hacerlo consciente y constructivamente.

Cuando la humanidad tenía cinco sentidos y el poder se entendía como externo, la «nación» comenzó a emerger como la osificación de esta comprensión. Su búsqueda continua entre los individuos se reflejó en las instituciones sociales, incluidos, en última instancia, los imperios y las dinastías. Cuando la comprensión del poder como algo externo y su búsqueda comenzaron a fusionarse en entidades –y los participantes en cada entidad se volvieron cohesivamente dependientes–, la «nación» misma los reflejó a medida que nacía, una colección monstruosa de todo lo que es destructivo en la psique humana.

Una dependencia cohesiva de los participantes dentro de una entidad que persigue poder externo es la dependencia de todos los participantes en la entidad de las estructuras y experiencias de la búsqueda de poder externo. La humanidad de cinco sentidos evolucionó persiguiendo poder. Por lo tanto, se puede decir que toda la humanidad de los cinco sentidos tenía una dependencia cohesiva de la búsqueda de poder externo. Ya sea que la actividad fuera una interacción entre individuos, grupos de individuos o colectivos más grandes de individuos, la interacción era la búsqueda de poder externo. Esto lo entendió todo el mundo y no era cuestionado.

En otras palabras, todas las interacciones entre individuos y colectivos de cinco sentidos, incluidos colectivos más grandes, se basaban en esta comprensión y experiencia comunes del poder como la capacidad de manipular y controlar. Es eso lo que los unía y los mantenía juntos, los ponía en competencia continua, generaba el acaparamiento, creaba discordia y requería la explotación mutua y de la Vida. Por destructivo que fuera, todo esto era la energía cohesiva de los participantes de cinco sentidos en todas sus interacciones, fueran grandes o pequeñas. Dicho de otra manera, era el hecho común de no sentir dolor emocional y, en vez de ello, intentar enmascararlo mediante la búsqueda de poder externo. A medida que este hecho común fue creciendo en alcance, dio a luz a las entidades huecas, vacías y destructivas llamadas naciones.

A medida que estas búsquedas de poder externo durante largos períodos de tiempo comenzaron a adoptar una forma estructurada, por decirlo de algún modo, estas estructuras crecieron en tamaño e incluyeron a más individuos. Ésa fue la fusión de estas experiencias en entidades, cada una de las cuales tenía la cohesión de los participantes en la búsqueda de poder externo. Cuando estas estructuras crecieron en tamaño y eficacia, acabaron convirtiéndose en las entidades que ahora llamamos «naciones».

Cada interacción entre naciones ilumina la estructura de experiencia que venimos llamando búsqueda de poder externo, con el foco de atención en el mundo con la intención de cambiarlo. Es lo opuesto a la estructura de experiencia que venimos llamando creación de poder auténtico, con el foco de atención en la dinámica interior con la intención de cambiarse a uno mismo. Las naciones no tienen más contenido que el poder externo. No tienen otro propósito que la búsqueda de poder externo. No tienen más utilidad que la búsqueda de poder externo, ya que éste sirvió para la supervivencia de la humanidad de los cinco sentidos. Encarnan todo lo que representa y ha logrado la búsqueda del poder externo sin veneración.

Los individuos a menudo afirman que son leales a su nación, y llaman a eso patriotismo. La propia palabra «patriotismo» es una expresión de miedo. Expresa dominio en términos de poder externo de los hombres sobre las mujeres. Tal y como se entiende comúnmente, «patriotismo» es lealtad a la búsqueda del poder externo. No hay consideración por el otro. No hay compasión. No hay sentido común. El *matriotismo* utilizado de la misma manera sería igualmente destructivo. La búsqueda de poder externo no está restringida por el género.

Los individuos a menudo sienten atracción por los demás, pero esas atracciones son egoístas cuando son inconscientes. Sirven a la búsqueda inconsciente de poder externo. Esto es visible en las interacciones inconscientes a las que nos referimos como atracciones románticas, como por ejemplo cuando las personas se dicen las unas a las otras: «Tú me haces sentir completo» o «Tú eres mi mundo». Cuando esto desaparece, la atracción cambia. Esta dinámica inocula amistades, comunidades y todos los colectivos. Por lo tanto, podríamos decir que la búsqueda de poder externo es la esencia de la «nación», si no fuera que la «nación» no tiene esencia. Es la búsqueda vacía de poder externo poblada por una multitud de búsquedas de poder externo, todo reflejado, expresado y llevado a cabo por esa cosa llamada «nación».

Las naciones ya no tienen ninguna función en la evolución humana, del mismo modo que la búsqueda de poder externo ya no la tiene en la evolución humana. De hecho, la impiden.

Los Humanos Universales no juzgan esto. Los Humanos Universales están más allá de la búsqueda de poder externo, y, por lo tanto, están más allá de la destrucción, el sufrimiento y la inhumanidad sin sentido que crea. Los Humanos Universales lo ven. También ven qué se puede hacer para ayudar a los compañeros de la escuela de la Tierra a expandir su conciencia, usar su voluntad conscientemente y crear un mundo constructivo. En este mundo las naciones no tendrán lugar, porque no habrá necesidad de ellas.

La nación es la única estructura social que no tendrá reemplazo.

64

Más allá del grupo étnico I

Los Humanos Universales están más allá del grupo étnico.

«Raza» es una palabra relativamente nueva. Tiene sólo unos pocos siglos de antigüedad, pero la energía que hay detrás es muy antigua. Aplicada al ser humano, tiene un significado encubierto. Implica que un colectivo humano puede ser más valioso, digno, inteligente, hermoso o creativo que otro. Las palabras llevan consciencia. «Raza» lleva la consciencia del miedo. «Raza» es una declaración de superioridad o de inferioridad. Colectivos que se consideran superiores esgrimen esta palabra como arma.

Los nazis definieron su herencia biológica como la «raza aria» y se declararon *übermenschen*, que significa «superhumanos». La «raza aria» era blanca y alemana. Reclamaron la supremacía sobre millones de humanos que también eran blancos y alemanes, como judíos, homosexuales, lesbianas y gitanos. Reclamaron la supremacía sobre millones de humanos que eran simplemente blancos, como franceses, españoles, suecos o de cualquier otra nacionalidad. También reclamaron la supremacía sobre todos los seres humanos negros, amarillos y marrones. Reclamar la supremacía significaba tener derecho a esclavizar, torturar y matar.

El objetivo de los «superhumanos» arios era un «Reich de los Mil Años», un imperio que duraría un milenio. Sobrevivió doce años. Durante este corto período de tiempo, la crueldad y la brutalidad desatadas en nombre de la «raza» engulleron al mundo en el conflicto más destructivo jamás soportado por los humanos, la Segunda Guerra

Mundial. Engulló la tierra. Los historiadores necesitaban crear una nueva categoría para describirlo, «guerra total», para referirse al uso ilimitado de armas y objetivos (piensa en las bombas atómicas), asesinato masivo de civiles (piensa en los campos de trabajo y los campos de exterminio), castigo colectivo (piensa en Londres y Tokio en llamas) y muerte para todos los involucrados (piensa en un conflicto armado submarino sin restricciones).

En Europa, seis millones de judíos y cinco millones de individuos de «razas inferiores» fueron asesinados metódicamente en miles de instalaciones construidas específicamente para exterminarlos (y no sólo en las enormes e infames, como Auschwitz y Buchenwald). Se estima que ochenta millones de personas murieron durante la Segunda Guerra Mundial. La palabra «raza» no provocó la carnicería, sino que el culpable fue la energía que utilizó: el miedo. Cuando piensas en términos de «raza», participas de esta energía.

El fisiólogo y antropólogo alemán Johann Blumenbach (1752-1840) fue uno de los primeros en utilizar la palabra «raza» para categorizar a los humanos por su apariencia. No asignó valores a las cinco razas que identificó (blanca, amarilla, negra, parda y roja), pero admiró la belleza de la raza blanca (la suya propia). Esto abrió una puerta a través de la cual pasarían innumerables pensamientos moldeados por el miedo.

El comercio de esclavos en el Atlántico era enorme en la época de Blumenbach: desplazó a millones de africanos occidentales como esclavos a Europa y las colonias americanas. El trato degradante y asesino hacia estos individuos no podía ser ignorado. Los europeos comenzaron a utilizar las ideas de Blumenbach para justificar lo injustificable. El razonamiento maligno que se desarrolló en Europa y luego en las colonias americanas fue éste: las razas son desiguales y la raza blanca es superior a la negra. Los traficantes de esclavos y los dueños de esclavos no son inmorales cuando tratan con brutalidad a una raza inferior. Este comportamiento es el orden natural de las cosas. No soy inmoral cuando acepto esta brutalidad.

Blumenbach se opuso a la esclavitud y se opuso enérgicamente a este tipo de razonamiento (tenía veinticuatro años cuando comenzó la Revolución Americana). «No se conoce bajo el sol ninguna nación supuesta salvaje que se haya distinguido tanto por tales ejemplos de perfectibilidad y capacidad original para la cultura científica, y por lo tanto se haya adherido tan estrechamente a las naciones más civilizadas de la tierra, como la negra», escribió con agudeza, pero este tipo de razonamiento se dio de todos modos y continúa dándose hoy en día.

Lo injustificable fue enorme en las colonias americanas. El 4 de julio de 1776, el Segundo Congreso Continental declaró las trece colonias americanas como «estados libres e independientes» y que toda conexión política entre ellas y Gran Bretaña «es y debe ser totalmente disuelta». Aún más emocionante fue su pronunciamiento de que «todos los hombres han sido creados iguales» con «ciertos derechos inalienables» entre los que se cuentan «la vida, la libertad y la búsqueda de la felicidad». ¿Cómo podría conciliarse esto con la esclavitud?

El foco de tensión siempre explosivo en Estados Unidos parece ser la «raza». No lo es. Es el conflicto no resuelto entre el potencial radiante de Estados Unidos que brilla en su esencia (la igualdad para todos) y lo que es y ofrece. Este conflicto es tan virulento hoy en día como lo fue en 1776, y continúa provocando una disonancia en la sinfonía de la experiencia estadounidense que no desaparecerá, sino que se vuelve más frecuente y fuerte con cada siglo, con cada año, con cada mes y ahora con cada día.

La esclavitud es tan antigua como la historia humana. Existió en Babilonia y existe hoy en día. Es probable que unos esclavos lanzaran algunas de las redes que capturaron los camarones que han llegado a tu mesa. Innumerables mujeres son esclavas en prisiones culturales al igual que muchísimas otras lo son en burdeles. No pueden salir, conducir, votar o educarse. Los trabajadores agrícolas itinerantes en Estados Unidos y los trabajadores de la confección en Bangladesh viven en esclavitud funcional. Son explotados continuamente y no pueden escapar. La esclavitud existe allí donde las personas están atadas por los grilletes de la pobreza.

Algunas formas antiguas de esclavitud permitían la libertad de los esclavos una vez hubieran cumplido determinados requisitos. Algunas permitían que los hijos de los esclavos nacieran libres. Algunos permitían que los dueños educaran a los esclavos, como lo hizo el amo romano que educó a Terencio y acabó liberándolo. Sin embargo, la forma de esclavitud en las colonias americanas se encontraba entre las más salvajes, brutales y degradantes. Los esclavos eran considerados «muebles» (bienes muebles personales). Eran esclavizados toda su vida. Sus hijos y nietos eran bienes muebles (bienes muebles personales del mismo propietario). La educación les era violentamente prohibida. Su capacidad para viajar, incluso en una ciudad, estaba severamente limitada. Muchos vivían en unas condiciones inhumanas establecidas por sus dueños que los trataban con la brutalidad que se les antojaba.

Todos los esclavos de las colonias americanas eran negros y todos los dueños de esclavos eran blancos. Los blancos compraban y vendían a los negros como animales. Los blancos explotaban, descartaban y mataban a los negros. Los hombres blancos violaban a las mujeres negras sin miedo a la desaprobación o al castigo. ¿Qué circunstancia podría ser más receptiva a una teoría jerárquica de la raza basada en la apariencia? La disertación de Blumenbach de 1775 proporcionó una.

La esclavitud en las colonias americanas distorsionó las percepciones que tenían los estadounidenses blancos de los africanos y las percepciones que tenían los africanos de sí mismos. Estas percepciones distorsionadas aún existen hoy en día en Estados Unidos. Los estadounidenses blancos y negros contemporáneos están cargados de emociones, pensamientos y racionalizaciones que serían familiares a los dueños de esclavos y los esclavos coloniales. La esclavitud excluyó a los africanos de la humanidad, negó sus ricas historias y culturas, y los definió como animales. Estas exclusiones, negaciones y definiciones forman parte de la conciencia colectiva estadounidense, pero no se limitan a su consciencia colectiva.

Muchos estadounidenses blancos, incluidos los que afirman lo contrario, temen a los afroamericanos, los ven como inferiores y los mantienen a distancia. Algunos utilizan las relaciones con ellos, incluidas las más superficiales, para demostrar una mentalidad abierta. Casi todos ignoran las historias y las culturas africanas. No saben que Adán y Eva vinieron de África. No saben que mil años antes de la Edad del Hierro prerromana (400 a. C.), los africanos fundían y trabajaban el hierro (1500 a. C.). En otras palabras, no saben que mientras los europeos todavía empleaban herramientas de piedra sin trabajar, los africanos estaban explorando la tecnología que permitió la

279

Revolución Industrial. Desconocen a los poetas, los artistas y los eruditos afroamericanos.

Éstos luchan en todas partes contra el legado de la esclavitud: costumbres, leyes, policía, políticas y economía. Incluso los que más éxito tienen se enfrentan a demonios internos que los declaran inútiles, incompetentes e indignos. Todos los seres humanos se encuentran con estos demonios, pero los afroamericanos sienten el peso de la esclavitud sobre ellos como nadie. Millones de afroamericanos están esclavizados en la subcasta permanente de Estados Unidos, y luchan a diario para sobrevivir económica, psicológica o físicamente. Cuando piensas en términos de raza, participas de todo esto. Pero todo esto no fue el punto final de la «raza» en Estados Unidos como justificación para buscar el poder externo.

Fue el principio.

65

Más allá del grupo étnico II

Los colonos blancos utilizaron las ideas de Blumenbach para justificar el genocidio de los individuos de piel roja.

Su justificación para asesinar a los rojos era prácticamente idéntica a su justificación para esclavizar a los negros: las razas son desiguales. La raza blanca es superior a la roja. Los blancos no son inmorales cuando tratan con brutalidad a una raza inferior. Este comportamiento es el orden natural de las cosas. No soy inmoral cuando acepto esta brutalidad.

Sin embargo, había grandes diferencias entre los rojos que los colonos blancos asesinaron y los negros que esclavizaron. Los negros no querían estar en las colonias americanas o en Estados Unidos, mientras que los rojos estaban decididos a permanecer en sus países de origen. Los colonos blancos querían esas tierras y las tomaron con fuerza letal. Cuanto más heroicamente se defendían los rojos, más salvajes los consideraban los colonos blancos y más salvajemente los trataban. El origen de este feo capítulo de la historia estadounidense es más antiguo que la disertación de Blumenbach y Estados Unidos.

En 1493, el papa Alejandro VI publicó una bula papal (decreto) que otorgaba a España (piensa en Fernando e Isabel) la propiedad de la tierra que Cristóbal Colón descubrió el año anterior. También les otorgó la propiedad de toda la tierra en una gran parte del mundo que los exploradores españoles podrían descubrir en el futuro. En otras palabras, ¡el Papa le dio a España prácticamente todo el «Nuevo Mundo» incluso antes de que fuera descubierto! (Tenía razones egoístas para hacerlo).

¡El papa también decretó en la misma bula que el hecho de que un cristiano blanco pisara tierra previamente no descubierta por un cristiano blanco (excepto en la parte del mundo reservada para que la descubrieran los cristianos blancos españoles) (piensa en América del Norte y del Sur), automáticamente hacía que esa tierra (por derecho a ser pisada) pasara a propiedad de su soberano cristiano blanco (piensa nuevamente en Isabel y Fernando, y también en Inglaterra, Portugal, Francia, Holanda, Alemania y Bélgica)! Además, todo y todos en la tierra (según el papa, y, por lo tanto, según el Dios del papa) en lo sucesivo pertenecían a ese soberano cristiano blanco. (De verdad). ¡Incluso aunque ese soberano cristiano blanco o un representante suyo nunca visitaran la tierra, la tierra y todo y todos en ella le pertenecían a él o a ella para siempre! (Y así sucedió realmente).

El papa también instruyó a los soberanos cristianos blancos que se beneficiaron de su bula para que «dirigieran» a sus gentes recién adquiridas «a abrazar la profesión cristiana». Aparte de eso, eran libres de hacer lo que quisieran con sus gentes recién adquiridas.

El poder externo (piensa en barcos de guerra y cañones) de las naciones europeas que se beneficiaron de la proclamación egoísta del papa rápidamente se convirtió en una realidad que da forma a las relaciones internacionales actuales. (El primer estadounidense que pisó la luna no se arrodilló para dar las gracias, ni rezó por la paz, ni siquiera se regocijó.

Plantó una bandera). La proclamación del papa se conoció como la «doctrina del descubrimiento». También se la podría conocer como la doctrina del «primer cristiano blanco se lo lleva todo».

Los colonos estadounidenses aplicaron esta doctrina para justificar estar en el «Nuevo Mundo» (su nombre) en primer lugar (en realidad, en segundo lugar, ya que ya estaba ocupado antes de que llegaran), y para justificar su «destino manifiesto».[11] «Destino manifiesto» se tradu-

---

11. La doctrina del destino manifiesto, mencionada por primera vez en 1845 por el periodista John O'Sullivan, se basa en la creencia de que Estados Unidos es una nación elegida que tiene la misión divina de expandirse desde las costas del At-

ce aproximadamente como «Todo en este continente es nuestro». Cuando los rojos que vivían en la tierra se opusieron, los blancos mataron a tantos como pudieron. La historia americana llama a este salvajismo las «guerras indias» y culpa de ellas a los indios.

En pocas palabras, los blancos tomaron tierras que los rojos consideraban sagradas y esclavizaron a los negros para trabajarlas. La gente blanca prosperó. Los rojos y los negros, no. Ésta es la situación de hoy en día. El genocidio y la esclavitud son heridas abiertas en la consciencia colectiva de Estados Unidos, y continúan provocando horribles consecuencias.

Desde la Colonia de Virginia hasta la Colonia de Massachusetts, desde Wounded Knee[12] hasta Standing Rock,[13] desde 1776 hasta ahora, la «raza» sigue siendo salvaje. Hoy en día, los estadounidenses confinan a los nativos americanos en las partes menos deseables de Estados Unidos. Los colonos blancos consideraron a los africanos como animales. En la actualidad, los estadounidenses encarcelan (enjaulan) a más afroamericanos que a cualquier otro estadounidense.

Los humanos de cinco sentidos consideran que la bula del papa, la disertación de Blumenbach y los colonos blancos son las causas de estas crueldades. Los humanos multisensoriales saben que la causa es la búsqueda de poder externo sin veneración. La percepción de los cinco sentidos y la búsqueda de poder externo son partes de un paquete. Ese paquete es la consciencia moribunda. Ahora ha llegado otro paquete. Contiene percepción multisensorial y la creación de poder auténtico. Para evolucionar, necesitamos deshacernos del paquete viejo, desenvolver el nuevo y comenzar a utilizar lo que contiene.

---

lántico hasta las del Pacífico propagando su sistema de democracia, federalismo y libertad personal. Sus partidarios consideran que la expansión es buena y obvia (manifiesta). *(N. del T.)*

12. Arroyo situado en el estado de Dakota del Sur, famoso porque allí tuvo lugar la masacre de Wounded Knee, que se produjo el 29 de diciembre de 1890 y en la que al menos 150 lakota fueron asesinados por soldados del 7.º Regimiento de Caballería. *(N. del T.)*

13. Reserva de nativos americanos de la etnia lakota. Situada entre Dakota del Norte y Dakota del Sur, la reserva ocupa una extensión de más de 9250 km² y cuenta con una población superior a los 8 000 habitantes. *(N. del T.)*

Hace medio siglo, los genetistas desacreditaron la teoría de que las «razas» se originan en *pools* genéticos geográficamente diferenciados. En 1952, la UNESCO declaró que la «raza» era un mito y los científicos sociales la consideran una «construcción social». Desde la perspectiva multisensorial, la «raza» no existe. Las almas no tienen genes, ni ADN, ni coeficiente intelectual, ni orígenes geográficos, ni características físicas.

Sin embargo, existe el racismo. El racismo es miedo, lo opuesto al amor. Es el enlace letal entre la ignorancia y el miedo dondequiera que aparezca, ¡incluso donde no existen diferencias «raciales»! El genocidio nazi de judíos (la misma raza), el genocidio ruandés hutu de ruandeses tutsis (la misma raza), el genocidio paquistaní de bangladeshíes (la misma raza), el genocidio soviético de ucranianos (la misma raza) y los genocidios otomanos de armenios, griegos cristianos y asirios (la misma raza) son algunos ejemplos.

El racismo es un corcho lanzado a un mar de miedo, que flota en la superficie, violento y feo, pero no la fuente del sufrimiento que produce. El mar mismo es la fuente. No hay mayor significado genético entre piel negra y blanca que entre ojos marrones y azules o grandes atletas y pequeños carpinteros. Si tuviéramos que considerar «razas» de individuos de ojos marrones y de individuos de ojos azules, o de individuos grandes con capacidad atlética, de individuos pequeños que construyen cosas y de individuos de tamaño mediano que escriben libros (como yo), ¿estas «razas» serían absurdas? Totalmente.

La raza es una fantasía del miedo, una progenie del dolor de la impotencia y un intento desesperado, inconsciente y autoatormentado por parte de los humanos de cinco sentidos para evitar el dolor de la impotencia. Estas dinámicas son invisibles para las personas de cinco sentidos, pero las multisensoriales las ven.

Definir a un compañero de estudios en la escuela de la Tierra como diferente a ti en cualquier forma esencial es racismo independientemente del nombre que se le ponga. Es igualmente absurdo. Todos los trajes de la Tierra son únicos. Todas las almas son inmortales. Todas se encarnan voluntariamente. Todas evolucionan a través de elecciones de sus personalidades. Todas las personalidades tienen partes amorosas y asustadas. El dolor de la impotencia atormenta a todas las personalidades. Las personalidades de cinco sentidos persiguen el poder externo para enmascararlo. En cambio, las multisensoriales crean poder auténtico para ir más allá de su control.

Maya Angelou también nos dijo: «Somos más parecidos que diferentes». Ahora podemos decir con certeza multisensorial: «Somos mucho más parecidos que diferentes». Todos somos almas. Todos somos Vida.

Los Humanos Universales lo celebran.

66

Más allá del género I

Los Humanos Universales están más allá del género.

La estructura social más inclusiva en la experiencia humana gobierna las relaciones entre mujeres y hombres de cinco sentidos. Es anterior a todas las demás estructuras sociales. Es más omnipresente e influyente que cualquier otra a pesar de que no tiene un cuerpo organizador, ni redes de comunicación, ni siquiera un sitio web. Establece los roles y las responsabilidades de cada mujer y de cada hombre de cinco sentidos.

Esta estructura social no tiene un brazo de cumplimiento, pero sus demandas se hacen cumplir sin piedad. Las sanciones por ignorarlas son severas. Las sanciones por resistirse a ellas pueden ser salvajemente brutales. La pena por desafiarlas en muchos lugares es la muerte. Esta estructura social se basa en el poder externo como todas las demás estructuras sociales de cinco sentidos y, por lo tanto, como todas las demás estructuras sociales de cinco sentidos, es obsoleta y se está desintegrando.

Han aparecido nuevos arquetipos de mujer y hombre. Son diferentes de los viejos arquetipos. Un arquetipo es un patrón de energía que da forma a las experiencias de los individuos en su campo gravitatorio, por así decirlo, como el Sol da forma a las órbitas de los planetas que giran a su alrededor. Padre, Madre, Guerrero y Sacerdote son ejemplos de arquetipos.

El viejo arquetipo de mujer es la vieja mujer. Las viejas mujeres tienen cinco sentidos. El viejo arquetipo del hombre es el viejo hombre.

Éstos también tienen cinco sentidos. Las primeras se realizan dando a luz y criando hijos. Los segundos, aportando y protegiendo. La vieja mujer y el viejo hombre crearon juntos una división natural del trabajo que aumentó la probabilidad de su supervivencia.

El nuevo arquetipo de mujer es la nueva mujer. Éstas son multisensoriales. El nuevo arquetipo de hombre es el nuevo hombre. Éstos también son multisensoriales. Por lo tanto, los arquetipos de la nueva mujer y el nuevo hombre son tan diferentes de los arquetipos de los primeros como la percepción multisensorial lo es de la de los cinco sentidos, e incluso más.

Las nuevas mujeres no están sujetas a los roles de sus antecedentes. Pueden ser jefas de Estado, directoras ejecutivas de corporaciones, cirujanas, arquitectas, financieras, niñeras, carpinteras, poetas, fontaneras y amas de casa. Pueden construir puentes y tener hijos. Pueden luchar por la libertad y criar familias. Consiguen lo que se proponen. Sus vidas iluminan las poderosas palabras de Johann Wolfgang von Goethe: «Sea lo que sea que puedas hacer o puedas soñar, ponte a ello. La audacia tiene genio, poder y magia».

Las nuevas mujeres dicen lo que hay que decir, hacen lo que hay que hacer y construyen lo que hay que construir. Son imparables.

Los nuevos hombres no están sujetos a los roles de sus antecesores. Acunan a bebés en los aeropuertos, empujan cochecitos de bebé en los supermercados y llevan a los niños a los parques para jugar, aparte de que también pilotan aviones (junto a las nuevas mujeres), emprenden negocios (junto a nuevas mujeres) y contribuyen a crear estructuras sociales multisensoriales (junto a nuevas mujeres). Son sensibles, intuitivos y amorosos. Se ríen, lloran, cuidan de los demás, nutren a los enfermos, guían a los jóvenes, ayudan a los pobres y apoyan a los ancianos. Redefinen la masculinidad.

Las nuevas mujeres y los nuevos hombres cocrean en el nuevo arquetipo de asociación espiritual. Eligen sus roles en sus sociedades espirituales. Son partes de la consciencia que está naciendo. Las viejas mujeres y los viejos hombres son partes de la consciencia que se está muriendo.

El propósito de la estructura social de cinco sentidos que gobierna las relaciones entre las mujeres y los hombres de cinco sentidos es imponer los roles de la vieja mujer a todas las mujeres y los roles del viejo hombre a todos los hombres. Las nuevas mujeres y los nuevos hombres no se quedan confinados en estos roles arcaicos.

La historia del Jardín del Edén retrata a Eva como la ciudadana de segunda clase en el Jardín del Edén y la madre de todos los problemas, aparte de la madre de la humanidad. *Ella* escuchó al único no humano en el Jardín (la serpiente). *Ella* anhelaba aprender. *Ella* es responsable del colapso catastrófico de nuestras vidas perfectas en el paraíso. ¡*Ella* es un derivado! *Ella* está hecha a partir de un hombre para ser su compañera (no cocreadora, coexploradora o incluso colega). El hombre es el ciudadano de primera clase.

La historia del Jardín del Edén no creó esta percepción de las mujeres, sino que esta percepción creó la historia del Jardín del Edén. Los humanos de cinco sentidos se autodenominaban «humanidad». Hicieron una crónica de su «historia» masculina (no de la femenina). Sus elecciones de miedo crearon la mutilación genital femenina, los crímenes de «honor», la violación de mujeres como arma de guerra, las mujeres como propiedad (piensa en los bienes muebles), esclavas sexuales (piensa en los harenes), sin derechos (piensa en la educación), sin libertad (piensa en el pasaporte), sin elección (piensa en el matrimonio concertado) y sin voz (piensa en el voto).

Los humanos multisensoriales narran la «historia de todos». La estructura social de cinco sentidos que se desintegra y que impone los valores de las viejas mujeres y de los viejos hombres sobre todas las mujeres y todos los hombres no puede controlar a las nuevas mujeres o a los nuevos hombres más de lo que los arroyos pueden correr pendiente arriba o los ríos pueden fluir desde el océano.

Las nuevas mujeres y los nuevos hombres crean poder auténtico en las asociaciones espirituales y se apoyan mutuamente en ellas. Sondean las profundidades de la conciencia emocional y desarrollan la disciplina de la elección responsable. Los profesores no físicos se vuelven sus amigos y están encantados de saber que siempre han sido sus amigos. Se convierten en capitanes de sus propios barcos, siguiendo a los grandes barcos que son sus almas. Profundizan en su compromiso con el crecimiento espiritual a través de la práctica, fortalecen su coraje creando poder auténtico y crecen espiritualmente en cocreación con el Universo.

Se convierten en receptores, transmisores, portadores y dadores de amor. El miedo llega, pero no puede quedarse porque no los asusta.

Está surgiendo una nueva experiencia de género. Los arquetipos de la nueva mujer y el nuevo hombre no están relacionados con los genitales, los deseos o las identidades sexuales. Son patrones de energía que dan forma a las experiencias de los nuevos hombres y las nuevas mujeres, independientemente de si sus genitales son masculinos o femeninos, si desean estar con hombres o con mujeres, o si se experimentan a sí mismos como hombres o como mujeres.

Incluso son más libres de género que esto.

67

Más allá del género II

El género es un aspecto de la experiencia humana que tiene funciones inamovibles, por así decirlo. El tener hijos es una función del género femenino. Los hombres no pueden. Por lo tanto, este aspecto del género no puede cambiar, pero a causa de esto existe un entendimiento desde la perspectiva de los cinco sentidos de que la relación entre hombres y mujeres no puede cambiar. Esto es incorrecto.

Desde una perspectiva multisensorial, hombre y mujer son aspectos de los trajes de la Tierra. Cada aspecto de un traje de la Tierra brinda oportunidades para experiencias que el alma acordó antes de la encarnación. El género es uno de ellos. La relación entre hombres y mujeres transciende incluso el género, ya que desde una perspectiva multisensorial esa relación es de alma a alma. En cambio, desde una perspectiva de cinco sentidos, la relación es de personalidad a personalidad, y ahí es donde lo masculino y lo femenino parece ser siempre una división que no se puede cruzar.

De hecho, esa división desaparece cuando la relación entre los estudiantes de la escuela de la Tierra se vuelve de alma a alma. Entonces, el género se convierte en parte del traje de la Tierra elegido por el alma. En otras palabras, un traje de la Tierra que sea masculino brinda oportunidades para experiencias que son necesarias para el crecimiento espiritual de ese estudiante, y lo mismo es cierto para un traje de la Tierra que sea femenino. Por ejemplo, una personalidad puede tener partes asustadas que están enfadadas o se esfuerzan por ser dominantes, y las partes asustadas de otra personalidad pueden ser sumisas o sentirse inferiores.

Desde la perspectiva de los cinco sentidos, a menudo se los considera aspectos masculinos y femeninos, pero no lo son. Son aspectos del traje de la Tierra, porque hay personalidades masculinas que deben esforzarse para decir lo que saben que es importante, para no ser sumisos, para contribuir con integridad, y hay personalidades femeninas que deben desafiar las partes asustadas que dominarían las conversaciones y que manipularían y controlarían de maneras que son más abiertamente la búsqueda de poder externo.

Como hemos visto, tanto los hombres como las mujeres tienen partes asustadas de sus personalidades, y éstas, independientemente de a qué personalidad pertenezcan, persiguen poder externo. Éste es un aspecto inherente de la escuela de la Tierra, un aspecto de las almas que se encarnan en el reino del tiempo, el espacio, la materia y la dualidad como personalidades. Cada una de esas personalidades tiene partes de sí misma que su alma le ha dado y que ya están alineadas con su alma; son las partes amorosas. Cada una de esas personalidades también tiene partes que no están alineadas con su alma: las partes asustadas.

Las partes asustadas de una personalidad requieren desconectar de la Tierra, experimentar y desafiar para ir más allá de su control. Las partes amorosas requieren desconectar de la Tierra, experimentar y cultivarlas para llevarlas más frecuentemente a la conciencia de la personalidad. Es en este contexto que la diferencia entre hombre y mujer se convierte simplemente en otra diferencia entre personalidades, una hecha a medida, por así decirlo, para el desarrollo espiritual de una personalidad particular.

Las características físicas de un hombre y las de una mujer se definen en términos de tener hijos, pero las partes temerosas y amorosas emergen a medida que desarrolla la conciencia emocional para poder ir más allá de controlar el miedo. Las personalidades que están creando poder auténtico se apoyan mutuamente en este proceso, es decir, se convierten en compañeras espirituales. Hombre o mujer no es la característica definitoria de esta relación. Lo es experimentar y desafiar el miedo, y experimentar y cultivar el amor. Por eso la dinámica del nuevo hombre y la nueva mujer no viene determinada por los genitales. Son diferentes formas de decir lo mismo.

Los Humanos Universales están más allá del género porque éste no define sus relaciones. A medida que los individuos se vuelven multisensoriales, su relación es la relación de compañeros espirituales que se ayudan mutuamente en la creación de poder auténtico. Del mismo modo que un individuo puede tener experiencias en las Fuerzas Armadas que otros no han tenido, algún otro puede tener experiencias como madre que otros individuos no han tenido. De todos modos, desde una perspectiva multisensorial tener un hijo es más que convertirse en madre.

Es el cumplimiento de un acuerdo que un alma hizo antes de la encarnación para trabajar en estrecha colaboración con otra alma cuando ingresa en la escuela de la Tierra.

A medida que emergen las nuevas mujeres, son capaces de tener experiencias que antes estaban reservadas a los viejos hombres, como por ejemplo experiencias militares como luchar en la infantería, pilotar aviones a reacción o convertirse en oficiales superiores, y ello conlleva los mismos desafíos de transformar las estructuras sociales en las que se involucran. Éstas son las estructuras sociales de cinco sentidos que ahora se están desintegrando y serán reemplazadas por estructuras sociales multisensoriales. Las estructuras sociales de cinco sentidos se basan en la personalidad y la comprensión del poder como externo. En cambio, las multisensoriales que las reemplazan están construidas sobre el alma y la comprensión del poder como la alineación de la personalidad con el alma.

Todo esto ocurre independientemente de las características de la personalidad y, desde la perspectiva multisensorial, el género lo es, un aspecto del traje de la Tierra. El género ya no define la relación de los nuevos hombres y las nuevas mujeres como definía la relación de sus antecedentes, y viceversa.

Los nuevos hombres y mujeres se eligen mutuamente como compañeros espirituales, como individuos con los que deciden emprender el difícil y exigente viaje del crecimiento espiritual. En otras palabras, el surgimiento de nuevos hombres y mujeres es simplemente un reflejo en términos de dinámicas internas de una nueva especie multisensorial que deja atrás las limitaciones que asociaba con el género como función física y lo percibe como un aspecto de la personalidad.

El Humano Universal está más allá de todo lo que es de cinco sentidos. Es multisensorial. Está auténticamente empoderado. No contempla sus experiencias en términos de desarrollo espiritual según lo definido por las experiencias de cinco sentidos de los viejos hombres y mujeres, sino por experiencias multisensoriales de su mundo y de sí mismo y de sus compañeros como almas con una función, un propósito y un destino comunes: un viaje por la Vida y la experiencia de la Vida sin miedo, un viaje por el Amor y el cultivo del Amor. Para los Humanos Universales no hay otras experiencias.

Mientras miras al cielo una noche estrellada, no hay alternativa a ello. Es la Vida que se presenta ante ti de esa manera espectacular. Cuando miras un alma, no hay alternativa. Esa alma es la Vida que se te presenta de esa manera espectacular. Los Humanos Universales experimentan esto.

Lo experimentan todo. Están más allá de cada experiencia de los cinco sentidos. Más allá de cada limitación de los cinco sentidos, y en su viaje más allá de esas limitaciones y experiencias se expanden hacia la gratitud y la apreciación de la Vida misma.

No hay nada más importante para ellos., ni nada más significativo porque a medida que crecen en su conciencia, se dan cuenta de que no hay nada más que Vida. Honran, veneran y aprecian la Vida. Disfrutan de la Vida. Apoyan la Vida. Son Vida. Son Humanos Universales.

La humanidad de cinco sentidos se está transformando en una humanidad multisensorial. Es la fase que ahora está apareciendo. Es la transformación que remodela toda experiencia: la transición de las limitaciones de los cinco sentidos a las percepciones más expandidas del alma. Más allá de eso sigue otra transformación igual de magnífica, indescriptible: la transición desde la percepción de los cinco sentidos y las interacciones de las personalidades en la escuela de la Tierra a la percepción multisensorial y las interacciones de las almas en la escuela de la Tierra.

Así como la percepción multisensorial no puede describirse de manera significativa a una especie de cinco sentidos, la especie de humanos multisensoriales no puede comprender de manera significativa una especie de Humanos Universales. Sin embargo, éstos pueden comenzar a sentir su llamada, su magnitud, su belleza, su expansión, porque es el Universo. Es Amor. Es Conciencia. Es Vida, y ésa es la fuente, el destino, el viaje, la alegría, la culminación y es el siempre presente cumplimiento del Humano Universal.

68

Humanos Universales

Las confidencias más íntimas que se comparten son las más universales. Vivo esto una y otra vez en nuestros eventos. Las declaraciones generales, las referencias no específicas y las redacciones vagas no cambian al que comparte ni a los que escuchan. Finalmente, los participantes en nuestros eventos lo acaban reconociendo. A continuación, deben elegir permanecer en silencio, compartir sin pensarlo mucho o hablar de manera honesta. Las partes de sus personalidades basadas en el miedo luchan por la invisibilidad, fanfarronean o nos inundan con torrentes de palabras, mientras que las basadas en el amor anhelan la verdad del corazón, la comunión de compartirla y la libertad que esta verdad ofrece. Se prolongan hacia fuera para conectar, siempre vale la pena el coraje. Años después, aún recuerdo lo compartido por estos participantes en los eventos, cuán permanentemente me cambió y cuán profundamente afectó a todos los presentes en la sala.

En una ocasión, una mujer nos habló de su madre enferma de alzhéimer, quien la confundía con su hermana, con su madre o su hermano. Finalmente, frustrada, un día le dijo:

—No, mamá. ¡Yo no soy tu hermana! ¡Yo no soy tu madre! ¡Yo no soy tu hermano! ¡Soy tu hija!

—No sé quién eres. Sólo sé que mi alma quiere estar contigo –gritó entonces su madre, entre lágrimas de frustración.

Otros participantes compartieron temores de abandono, ridículo, traición, incumplimiento de sus expectativas, vergüenza o autodesprecio, todo ello en el contexto de describir (no hablar desde) una parte de su personalidad basada en el miedo. Compartieron sus rincones más escondidos y oscuros, y descubrieron que otros ya los conocían. Mostraron su humanidad y se volvieron humanos. Ése es el poder del corazón. El corazón siempre reconoce al corazón.

Los Humanos Universales y el corazón son inseparables. Los Humanos Universales no pueden *ser* sin el corazón. Ellos son la meta, el cumplimiento y la realización del corazón. Son el corazón suelto, desatado y sin límites. Allí donde están los Humanos Universales, brilla el corazón. El corazón es el centro y la periferia, el arriba y el abajo, el dentro y el fuera de los Humanos Universales. Es el sol que nunca se pone, la flor que nunca se marchita y la fuente incesante de Amor que anima a los Humanos Universales. Atraviesa todas las barreras del lenguaje y de las creencias.

«No podemos hacer grandes cosas, pero sí cosas pequeñas con mucho amor», nos dijo la madre Teresa. Atendía las heridas, las enfermedades y la sed de una persona herida, enferma y sedienta a la vez. Hacía pequeñas cosas con gran amor. Desde la perspectiva de la vieja consciencia, las cosas más grandes afectan a la mayoría de las personas. Desde la perspectiva de la nueva consciencia, las cosas más pequeñas son las más grandes: la elección de amor en lugar de miedo que una persona hace en la intimidad de su experiencia. Los Humanos Universales prestan atención a los detalles del amor.

La madre Teresa era un Humano Universal.

Mohandas Gandhi caminó cuatrocientos kilómetros hasta el mar desde su áshram para recolectar sal y violar públicamente el monopolio británico de la sal en la India. Con él comenzaron setenta y ocho colegas que se habían entrenado durante quince años en *satyagraha*[14] el poder del amor. Millones de personas se unieron con sus pies o su corazón mientras caminaban hacia el océano. Gandhi caminó conscientemente hacia su posible (probable) muerte, su posible (probable) invalidez, su posible (probable) encarcelamiento, y la India caminó

---

14. Neologismo inventado por Mohandas Gandhi en 1906. El término proviene de *satya*, «verdad», y *agraha*, «insistencia», y puede traducirse como «insistencia en la verdad» o «fuerza del alma». Se refiere a la lucha, la resistencia y la desobediencia civil llevadas a cabo de manera sistemática con objetivos éticos y políticos, y con una dimensión espiritual. *(N. del T.)*

conscientemente con él. Su intención era provocar una reacción británica que mostrara al mundo la brutalidad del dominio británico en la India. No tenía ninguna duda de que pasaría. Cuando pasó, su crueldad conmocionó al mundo y la desobediencia civil masiva que siguió fue el principio del fin del dominio británico en la India, aunque aún persistieron luchas difíciles.

Dos semanas antes de la marcha, Gandhi publicó un artículo, «When I Am Arrested» («Cuando me arresten»). «Ni un solo creyente en la no violencia como artículo de fe para lograr el objetivo de la India debería encontrarse libre o vivo al final del esfuerzo», escribió.

Escribió con amor, actuó con amor, fue a prisión con amor, soportó palizas con amor, guio a la India a la independencia con amor y murió en amor. Practicó la «no cooperación» con amor (no es lo mismo que la «protesta no violenta»). «Amor» es la palabra clave. «Amor» es la energía clave. El «Amor» es la fuerza transformadora. El Amor fue la táctica de Gandhi y la estrategia de Gandhi.

Gandhi era un Humano Universal.

Se nos dice que los zelotes le ofrecieron a Jesús de Nazaret el mando de un ejército y que él se negó. Sabemos poco acerca de Jesús, especialmente de sus primeros años de vida, excepto por las palabras que fueron escritas siglos después de que caminara sobre la Tierra, palabras que fueron cambiadas con frecuencia y a veces de manera intencionada. Que el conocimiento nos haya llegado así es similar a lo que sucede con los niños que juegan al juego del «teléfono», donde los mensajes susurrados al oído se distorsionan de inmediato. Estos relatos de oídas nos dicen que el amor era importante para Jesús: daba de comer a la gente, sanaba a la gente y cuidaba de las prostitutas y los recaudadores de impuestos. Todos ellos nos dicen que Jesús solía buscar enseñar el amor, incluso con los soldados que lo torturaron y lo mataron.

Jesús era un Humano Universal.

Estos Humanos Universales surgieron en nuestro pasado. Aún nos llaman a visiones más elevadas, vidas más sanas, sociedades más sensibles y el cumplimiento de nuestro potencial más elevado.

Los Humanos Universales que están surgiendo ahora nos llaman a lo mismo.

69

Humanos Universales emergentes

Los Humanos Universales emergentes están apareciendo a nuestro alrededor como la hierba en la primavera. A continuación te muestro algunos ejemplos.

• • •

Jayesh nos guio pacientemente a Linda y a mí a través de un gran barrio marginal (ciento veinte mil personas) cerca del áshram de Gandhi en Ahmedabad (la India). Jayesh nació en ese mismo áshram y ahora es uno de sus administradores. La gente salió corriendo de sus «casas» (algunas sin paredes, otras con suelo de tierra y todas llenas de gente y animales) para saludarlo con alegría. Niños riendo bailaban a su lado. Alegremente limpió la nariz de un niño, luego se lavó las manos para ejemplificar el resto de la lección. Gente de todas partes lo recibió con una alegría desenfrenada.

Una anciana nos hizo un gesto.

—Te está invitando a tomar el té con ella –nos dijo Jayesh con una sonrisa.

Un anciano que se había convertido en un *sadhu*, un hombre santo, después de la última visita de Jayesh nos mostró su habitación pequeña, limpia y desnuda que había convertido en un templo.

—¿No tuviste ni dos minutos para estar conmigo estos siete años? –le reprochó cariñosamente a Jayesh, con lágrimas de alegría brotando de sus ojos.

Siete años antes, Jayesh y sus colegas enseñaron a estas mismas personas, algunos de ellos niños entonces, cómo construir y utilizar los inodoros, cortar las uñas de los niños, limpiarse la nariz y lavarse las manos para reducir el motivo del ochenta por ciento de las enfermedades prevenibles en la India: unas condiciones sanitarias deficientes.

Mientras caminábamos y hablábamos, Jayesh levantó su mano izquierda con la palma hacia abajo, como si dejara caer algo, como un regalo.

—Esto no es bueno –dijo.

Entonces extendió la palma de la mano derecha por debajo de la izquierda, como si fuera a recibir algo de arriba, como un mendigo sostiene su mano.

—Esto no es bueno –volvió a decir.

Entonces extendió la mano derecha como para estrechar la otra mano extendida.

—Esto es bueno. Cooperamos, cocreamos y nos apartamos –explicó.

¡En nuestro paseo descubrimos que Jayesh no había visitado este barrio pobre en siete años! ¡Se había «apartado», utilizando sus palabras, ochenta y cuatro meses para dejar que se integraran nuevos conocimientos, emergiera la creatividad y creciera con fuerza! Sin saberlo, le había pedido que nos mostrara este suburbio antes de que nos fuéramos de la India. Quería ver si la generosidad, la amabilidad y la alegría que fluían hacia nosotros desde las personas que habíamos conocido en el casco antiguo de Ahmedabad –un lugar mucho, mucho, mucho más pobre que un «barrio marginal» en el Oeste– también fluirían hacia nosotros desde la gente de este barrio marginal. Pasó.

Jayesh Patel es un Humano Universal emergente.

• • •

Conocí a Masami en una videollamada.

—Quiero que crees conmigo –me dijo riendo mientras su hija traducía del japonés.

Me señaló, divertido, con el dedo mientras hablaba y, sorprendentemente, sentí como si me tocara. La alegría en su risa y el entusiasmo me inundaron. ¿Cómo podía tener tanta energía en un cuerpo tan pequeño? Linda y yo conocimos a Masami y su familia en Tokio la primavera siguiente, y ella nos bendijo nuevamente con su alegría y su vitalidad, y un enfoque claro e inquebrantable. Su enfoque era la paz. Paz para todos. Paz en todas partes. La energía y las intenciones de la paz. El crecimiento espiritual que por sí solo produce paz, y apoyando ese crecimiento en todo el mundo. Toda su familia se le unió en este enfoque, incluso los nietos aún pequeños para hablar.

Nos reunimos en la base del monte Fuji para celebrar una Sinfonía de Oraciones por la Paz anual. El encuentro fue bellísimo: el monte Fuji cubierto de nieve al fondo y doce mil personas sentadas en la hierba. Un representante de cada religión nos bendijo; un pequeño grupo de participantes de todo el mundo compartió sus descubrimientos en una conferencia anterior sobre la paz, a la que Linda y yo habíamos asistido. Luego, una por una, desfiló la bandera de cada país acompañada de música mientras la gente sentada en el césped sostenía en alto réplicas de plástico de sus banderas cuando ésta aparecía o bien al ver la bandera de un país por el que querían orar. Me sorprendió lo mucho que disfruté rezando por todas las banderas. Nuestras oraciones no eran por una nación, sino por el bienestar de un país y de su gente, oraciones para que cada país alcance su potencial más elevado y saludable.

Entonces Masami nos condujo a una habitación enorme que se hallaba en uno de los edificios. Me conmovió profundamente lo que vi allí. Estaba llena de mandalas que habían sido cocreados por miles de visitantes. Cada mandala era un trozo de papel con círculos concéntricos dibujados en él. El espacio entre las líneas de los círculos era bastante pequeño. En cada una de estas líneas, alrededor de cada uno de estos círculos, un visitante de esta sala había escrito cuidadosamente a mano las palabras «May Peace Prevail on Earth» («Que la paz prevalezca en la Tierra»). Los mandalas más pequeños tenían unos veinticinco centímetros de diámetro. Se necesitarían horas para terminarlos. Otros eran mucho más grandes. ¡Uno medía tres metros y medio de diámetro! Cubría toda una pared. En todos se manifestaba la intención enfocada, la oración enfocada, el regalo enfocado, «May Peace Prevail on Earth», ofrecido una y otra vez.

Con las manos y las rodillas apoyadas en el suelo mientras escribía cuidadosamente las palabras «May Peace Prevail on Earth» en un mandala sin terminar, sentí la compañía de miles de hermanos, o de decenas de miles, también con las manos y las rodillas apoyadas en el suelo de esa misma sala o de otras salas de cualquier otro lugar del mundo y escribiendo cuidadosamente «May Peace Prevail on Earth». Esta enorme sala era un Corazón de Paz que irradiaba su beneficencia a un mundo que estaba despertando.

El Poste de la Paz que Linda y yo plantamos en nuestra casa en una pequeña comunidad montañosa de Estados Unidos décadas antes de conocer a Masami (un poste cuadrado con las palabras «May Peace Prevail on Earth» pintadas en cada lado en un idioma diferente) ahora nos recuerda a diario hasta dónde llega el amor de un alma grande.

Masami Siaonji es un Humano Universal emergente.

· · ·

Nipun, por aquel entonces un estudiante universitario, pidió a sus padres si podrían abrir su casa cada semana para que los amigos se sentaran juntos en silencio durante una hora, compartieran ideas y después comieran juntos en silencio durante una hora. Sus padres aceptaron felizmente. Esas reuniones en Santa Clara (California) fueron las primeras de muchas. Hoy en día, personas de todo el mundo abren semanalmente sus casas o sus pisos para celebrar reuniones como ésas, ahora llamadas Awaken Circles (Círculos de Despertar). Los voluntarios preparan las comidas y limpian. «Sin profesores. Sin caja de donaciones. Nada a lo que pertenecer», las describe Nipun.

Nipun nos llevó a Linda ya mí a un restaurante con un ambiente maravilloso y acogedor, y con una comida deliciosa y saludable. Rápidamente aprendí muchas cosas más.

Cuando un comensal pide una cuenta, el camarero le responde: «No hay cuenta. Tus comidas son gratis». Si el comensal pregunta: «¿Cómo te paga este restaurante?», el servidor contesta: «Soy un voluntario». Si el comensal insiste en pagar algo, el camarero le sugiere: «Puedes pagar por esa familia de allá», señalando una mesa cercana. Ésta era una Karma Kitchen. Una Karma Kitchen es un restaurante emergente de «economía del regalo». «Alquilamos un restaurante por una noche, como si lo alquilaras para una fiesta de cumpleaños, excepto que lo convertimos en una Karma Kitchen», nos explicó Nipun. Karma Kitchens ha aparecido en veintitrés países y ha aportado una experiencia gastronómica de «economía del regalo» a cientos de miles de personas.

Sonriendo, Nipun nos dio a Linda y a mí unas tarjetitas con la palabra «Smile» («Sonrisa») impresa en la parte de delante. En la parte de atrás había una invitación para pasarla. La mía me hizo sonreír. Luego me enteré de que voluntarios de todo el mundo han regalado millones de esas tarjetas Smile Cards, estableciendo con ello cadena de amabilidad de millones de individuos y brindando millones de oportunidades para que otros hagan lo mismo.

El pequeño grupo de voluntarios que comenzó con Nipun y tres amigos de la universidad se ha convertido en un ecosistema mundial llamado ServiceSpace con más de seiscientos mil miembros. Awaken Circles, Karma Kitchens y Smile Cards son algunas de sus creaciones conjuntas, y todas ellas se han establecido sin recaudar fondos, sin publicidad y sin pedir la atención de los medios de comunicación.

ServiceSpace fue concebido, desarrollado y dirigido por voluntarios, todo ello para el beneficio de todos. «Creemos en la generosidad inherente de los demás y nuestro objetivo es encender ese espíritu de servicio creando una transformación tanto interna como externa», me explicó Nipun. Nipun llama a ServiceSpace un ejemplo de «giftivismo»,[15] que define como la práctica de actos radicalmente generosos que cambian el mundo. Dado que ServiceSpace está dirigido por voluntarios, sus gastos generales son tan bajos que las actividades se pueden llevar a cabo sin un plan de negocios, y como se basa en la economía del regalo, se puede hacer todo de manera gratuita y la noticia se propaga rápidamente. Cinco mil personas se unen a ServiceSpace cada mes.

Combinar la intención de la transformación interna (en lugar de poder externo) con voluntarios, pequeños actos de amabilidad e interacciones de muchos individuos con otros muchos en Internet ofrece

---

15. Neologismo formado por las palabras *giving* («regalar» en inglés) y *activismo. (N. del T.)*

experiencias profundamente significativas (como recibir amabilidad y generosidad, y devolvérselas a otros creando una cadena) a la mayoría.

Estas experiencias pueden cambiar la vida. Los comensales de Karma Kitchen, por ejemplo, suelen dejan *más* por las comidas que compran para personas que no conocen de lo que habrían pagado por su propia comida. ServiceSpace es un nuevo prototipo, entre muchos otros, de un comercio emergente de compasión que refleja el potencial nuevo y gratificante de los negocios (servicio puro) frente al comercio obsoleto e insatisfactorio de ganancias puras que se ha vuelto irreversiblemente destructivo.

Nipun Mehta es un Humano Universal emergente.

• • •

Éstos son algunos de los Humanos Universales emergentes que conozco. Hay muchísimos más.

¿Dónde están?

70

Cómo reconocer a los Humanos
Universales emergentes

Los Humanos Universales están empezando a aparecer justo cuando nuestra especie vislumbra por primera vez el amanecer de una nueva humanidad multisensorial. La luz del nuevo amanecer los hace visibles. Pueden o no pensar en términos de poder auténtico y asociaciones espirituales, pero todos se dan cuenta de que el camino es más claro, más gratificante y satisfactorio desde la perspectiva del amor, y el camino es más empinado, más desafiante y más difícil desde la perspectiva del miedo, y todos ellos practican, cada uno a su manera, eligiendo la perspectiva del amor.

Al igual que los humanos multisensoriales que están creando poder auténtico, los Humanos Universales emergentes están transformando sus vidas en vehículos de amor a partir de vehículos de miedo. Al igual que los multisensoriales que están creando poder auténtico, los Humanos Universales emergentes se están dando cuenta de sus elecciones y de las consecuencias que éstas tienen. Al igual que los humanos multisensoriales que están creando poder auténtico, los Humanos Universales emergentes utilizan su libre albedrío para alinearse con sus impulsos más elevados, amorosos, receptivos, compasivos, generosos, gratificantes y complacientes.

Para reconocer a un Humano Universal emergente, búscalo conscientemente. Comienza por crear poder auténtico. Si no estás creando poder auténtico, no podrás ver a los que sí lo hacen. Distingue el amor del miedo en ti mismo. Siempre que los dos entren en conflicto (siempre entran en conflicto), elige el amor en lugar del miedo hasta que éste deje de controlarte y el amor llene tu conciencia.

Haz tus elecciones:
Amar en lugar de temer.
Amar en lugar de odiar.
Amar en lugar de envidiar.
Dar en lugar de recibir.
Cooperar en lugar de competir.
Armonizar en lugar de pelear.
Compartir en lugar de acumular.
Venerar la Vida en lugar de explotarla.

A continuación, añade a esto un compromiso continuo y constante de contribuir a la Vida con un amor siempre presente por la Vida. Pregúntate si la Vida es más importante para ti que ser hombre o mujer, y si la Vida es más importante para ti que ser estadounidense, brasileño o japonés. Pregúntate si la Vida es más importante para ti que cualquier cosa que seas o tengas. Si contribuir a la Vida no es la experiencia más importante y satisfactoria para ti, no podrás reconocer a aquellos para quienes sí lo es.

Estas cosas son la esencia de los Humanos Universales emergentes: humanos que están comenzando a ver la Vida dondequiera que miren, a sentir la Vida dondequiera que vayan, a escuchar la Vida dondequiera que escuchen y a tocar la Vida dondequiera que alcancen. Los Humanos Universales emergentes también se experimentan a sí mismos de maneras muy diferentes a como la mayoría de los humanos multisensoriales se experimentan a sí mismos, como, por ejemplo, percibir a veces que el Universo ve a través de sus ojos, siente a través de sus manos y se expresa a través de sus palabras.

Por último, no olvides mirar dentro de ti. Puedes hacer esto diciendo cada vez que actúas (y después de que hayas actuado): «Hago esto y todo lo que hago en cada momento de mi vida para que el Humano Universal pueda llegar a existir». Si esto te parece bien, gratificante o natural, y estás creando poder auténtico, eres un Humano Universal emergente.

• • •

He aprendido a expresarme sin ambigüedades, o por lo menos a intentarlo, mucho antes de conocer a la persona que se convertiría en mi compañera de vida, compañera espiritual y cocreadora en las próximas décadas.

A menudo hablaba de «él», «ella» o «ello», pero sin explicar qué «él», «ella» o «ello». Ella hablaba en términos generales. Yo había explicado la física cuántica a los no científicos.[16]

Mis frustraciones con sus maneras opacas (para mí) de expresarse fueron creciendo hasta que un día me sonrió y se limitó a decirme:

«Amado, el lenguaje es mi segundo lenguaje».

En ese momento comencé a ver de nuevas maneras. Mientras yo compartía conceptos, ella compartía su corazón. Mientras yo me comunicaba, ella se conectaba. He aprendido mucho de ella, y sigo aprendiendo.

Cuando trato de explicar una percepción multisensorial, una lógica de orden superior o una comprensión del corazón, recurro a las partes más amorosas de mi personalidad a las que puedo acceder para que me ayuden.

Busco en mi memoria, mis experiencias y mi imaginación formas de hacerlo lo más personal e íntimo posible. Recuerdo por qué escribo: para dar voz, imagen y acción al amor; para compartir sobre la conciencia emocional, la elección responsable, el poder auténtico, las asociaciones espirituales y los Humanos Universales. A veces, cuando estoy buscando la mejor manera de expresarme y creo que sólo hay una, vuelven las hermosas palabras de Rumi para recordarme que «hay mil maneras de arrodillarse y besar la tierra».

Cada vez que encuentres a alguien que sea multisensorial, que se esfuerce por distinguir el amor del miedo dentro de sí mismo y elija el

---

16. *The Dancing Wu Li Masters: An Overview of the New Physics.* Nueva York, HarperOne, 1979. Existe la edición castellana: *La danza de los maestros de Wu Li: la nueva física, sin matemáticas ni tecnicismos, para amantes de la filosofía y la sabiduría oriental.* Gaia Ediciones, Madrid, 2006. *(N. del T.)*

amor, que vaya más allá de los límites de la cultura, la religión, la nación, el grupo étnico y el género, y que se sienta atraído por la Vida en primer lugar y todo lo demás en segundo lugar, te hallarás ante un Humano Universal emergente.

Puede que lo seas tú.

71

Historia de nuestra nueva creación. Segunda parte

Las historias de creación de cinco sentidos tratan sobre creadores no humanos que moldean o manipulan humanos de cinco sentidos a su capricho. La mayoría les dicen a los humanos qué son, cómo fueron creados y a veces cómo deben comportarse. Todos ellos son relatos de oídas de circunstancias antiguas (algunas históricas, otras míticas) transmitidas por personalidades de cinco sentidos muertas hace mucho tiempo a personalidades de cinco sentidos también muertas hace mucho tiempo –con las perversiones que produce este proceso–, todo ello en el contexto de culturas de cinco sentidos. Sólo los creyentes acérrimos de una historia de creación de cinco sentidos proclaman lo contrario y sólo para su propia historia de creación.

Nuestra nueva historia de creación es completamente opuesta. Es *nuestra* nueva historia de creación. No nos viene dada desde arriba ni desde ningún otro lugar. La estamos escribiendo *ahora*. La estamos creando elección por elección. Estamos decidiendo qué habrá y qué no habrá en ella. *Ahora* la percepción multisensorial está transformando la consciencia humana. *Ahora* estamos reconociendo nuestra importante capacidad creativa por primera vez. *Ahora* nuestra responsabilidad por lo que creamos se está volviendo innegable para nosotros. *Ahora* el horror, la destrucción y el sufrimiento que creó la humanidad de los cinco sentidos y nuestro nuevo potencial de compasión, salud y asombro ilimitados se nos presentan en todas partes, siempre preguntándonos: «¿A cuál eliges?» y siempre debemos responder.

No hay excusas en nuestra nueva historia de creación. Hay causas y efectos. No hay villanos ni víctimas, ni bien ni mal, ni debería ni debe haberlo. Hay potencial. El poder de crear nuestras experiencias en la escuela de la Tierra es sólo nuestro. Siempre lo ha sido. Ahora lo sabemos. Las consecuencias de nuestras elecciones van mucho más allá de la imaginación de los humanos de cinco sentidos. Ahora estamos vislumbrando cuán lejos llegan. Una experiencia nueva, sorprendente y completamente inesperada de nosotros mismos nos sobrevuela: *somos espíritus poderosos y creativos, compasivos y amorosos.*

El potencial del Humano Universal está en el corazón de nuestra nueva historia de creación. Este potencial se presenta ante nosotros como una gran montaña en el horizonte. Es el océano llamándonos como la luna llama a las mareas. Nos movemos hacia el Humano Universal cada vez que creamos poder auténtico. Esperar a que una «masa crítica» nos transforme en Humanos Universales impide que nos convirtamos en Humanos Universales. Esperar a que un «centésimo mono» se convierta en un Humano Universal impide que nos convirtamos en Humanos Universales. El Humano Universal debe manifestarse en lo micro antes de en lo macro. Eres el micro.

Hasta que te conviertas en un ciudadano adulto auténticamente poderoso del Universo (no un hijo del Universo), más allá de la cultura, la religión, la nación, el grupo étnico y el género –un ser humano auténticamente poderoso cuya lealtad es primero a la Vida y luego a todo lo demás–, seguirás siendo un miembro de esta o de aquella cultura, de esta o de ninguna religión, de esta o de aquella nación, de este o de aquel grupo étnico o de una mezcla de grupos étnicos, y de este o de aquel género. Darán forma a tu identidad, formarán tus pensamientos y determinarán tus percepciones sobre ti mismo y sobre los demás. Las demandas de estos colectivos proceden del miedo. Por este motivo, satisfacerlas no puede aportar satisfacción, paz y alegría.

Convertirse en un Humano Universal requiere crear poder auténtico. Cuando desafías el miedo y cultivas el amor en ti mismo –distingues las intenciones de amor de las de miedo y actúas con intenciones de amor–, te mueves hacia el Humano Universal. Cuando creas armonía, cooperación, intercambio y veneración por la Vida, te mueves hacia el Humano Universal. Las intenciones de tu alma se vuelven factibles, más adelante deseables y, finalmente, tentadoras. Buscas oportunidades para crear con ellas. Busca formas de ayudar a otros a crear poder auténtico y estás abierto a su apoyo. Cocreas asociaciones espirituales. La Ley Universal de la Atracción te acerca a aquellos que están creando poder auténtico, y a ellos los acerca a ti.

No puedes escalar una montaña en una hora. Antes debes preparar tu cuerpo, entrenar con la intención de escalar la montaña. Debes aprender sobre el tiempo, la nieve, el hielo y las avalanchas. Debes aprender a utilizar crampones, piolet y cuerdas. Lo más importante, debes escalar con tu corazón, gracias a tu corazón, en la dirección de tu corazón, si quieres ganar algo con la escalada.

No puedes saltar desde la ignorancia hasta la Humanidad Universal con un único salto. Debes crear poder auténtico. Debe desarrollar conciencia emocional, practicar la elección responsable y consultar la intuición. Y lo que es más importante, debes crear la capacidad de hablar y actuar con amor, incluso cuando las partes asustadas de tu personalidad exigen hablar y actuar desde el miedo.

A medida que desafías tus miedos, éstos te controlan menos. A medida que cultivas el amor, más experiencias de amor llenan tu conciencia. A medida que das la bienvenida a tus emociones, a tus experiencias y a todo lo que te brinda la escuela de la Tierra, tu vida pasa de la resistencia al alivio, luego a la aceptación y finalmente a la alegría. Te maravillas de la belleza de todas las personalidades y el resplandor de las almas a las que sirven, ya sea que otros vean o no lo que tú ves, ya sea que las personalidades con las que te encuentras vean o no estas cosas en sí mismas. Tu percepción, tu apreciación y tu gratitud son más profundas. Tu identidad se mueve de tu personalidad a tu alma y a la Vida, y te conviertes en un Humano Universal.

Ésta es nuestra nueva historia de creación. Está pasando *ahora*, y está pasando en *nosotros*. ¡La estamos creando! Nuestra nueva historia no es una amalgama de recuerdos antiguos y milagros primordiales legados en una prosa arcaica de los cinco sentidos. Es la creación continua y siempre actual de nuestras experiencias, percepciones y elecciones de intención en desarrollo y siempre actuales.

No hemos sido creados por, en o gracias a nuestra nueva historia de creación. *Estamos creando nuestra nueva historia de creación.* Requiere nuestro compromiso, coraje, compasión y comunicaciones y acciones conscientes. Elegimos viajar conscientemente hacia y a través de nuestros mayores miedos. Elegimos cultivar el amor… por nosotros mismos, por nuestros compañeros de estudios en la escuela de la Tierra, por nuestro mundo y por el Universo. Nosotros elegimos hacer que la Vida sea más importante que cualquier cosa que hayamos pensado o deseado ser.

Nuestra nueva historia de creación es la historia de nosotros, Humanos Multisensoriales, cambiándonos a nosotros mismos con nuestras elecciones. Es la historia de cómo nos convertimos en ciudadanos adultos del Universo auténticamente poderosos, poniendo nuestra responsabilidad, inteligencia y amor al servicio de la Vida en primer lugar y todo lo demás en segundo lugar. Es la historia de asociaciones espirituales que creamos envolviendo la Tierra. Es nuestra experiencia continua del Universo infinito y eterno de compasión y sabiduría, y nuestras elecciones para honrar eso por encima de todo.

Ahora.

72

Del viaje a la expansión

Todos los libros sobre Humanos Universales terminan con el corazón. Comienzan con el corazón. El corazón llena todos los espacios intermedios. Sin él, todo es idea, miedo. Sin el corazón, nada humano puede evolucionar. Éste es nuestro nuevo camino. El corazón es el tesoro. El tesoro está a nuestro alrededor y dentro de nosotros; sin embargo, encontrarlo requiere intención y enfoque. Eso es crear poder auténtico.

Si pretendes comprender algo, es necesario estudiarlo. No basta con la intención de comprenderlo. Si tienes la intención de escalar una montaña, como hemos comentado, debes aprender las habilidades de la escalada. Si tienes la intención de vivir una vida de amor, debes hacer más que aprender sobre el amor. Debes desarrollar la capacidad de reconocerlo en ti mismo y de expresarlo.

Esto es un viaje. La humanidad ha estado en este viaje desde su origen, y ha sido un largo viaje. Ahora en nuestra historia ha aparecido algo espectacular, antes inimaginablemente nuevo. Nuestra evolución ya no está determinada por circunstancias externas. Nuestras experiencias ya no nos son impuestas. Ya no somos ramitas en un arroyo arrastradas por la corriente aguas abajo hacia el océano. Ahora determinamos cómo fluirá la corriente y nuestras experiencias en ella. Ya no somos ramitas. Somos la corriente y sabemos que nos dirigimos hacia el océano. SOMOS nuestra evolución. Somos conscientes, en términos íntimos, del papel que jugamos en nuestra evolución. Nosotros determinamos nuestras contribuciones a nuestra evolución. Determinamos

nuestras experiencias en nuestra evolución. ¡LA EVOLUCIÓN HU-
MANA SE HA VUELTO CONSCIENTE!

Ahora cada experiencia en la escuela de la Tierra apoya la evolución
humana consciente. Ahora es el único curso en la escuela de la Tierra.
Crear poder auténtico es su disciplina. Somos sus alumnos. La conciencia emocional, la elección responsable, la intuición, el poder auténtico y la asociación espiritual son sus temas, y la percepción multisensorial nos ha sumergido en ellos.

Hay fases para cada evolución. La percepción de los cinco sentidos
era una de las nuestras. Ahora estamos en la fase de percepción multisensorial: conciencia del alma y creación de poder auténtico. A medida
que avanzamos a través de esta fase, aparece otra fase. Tan acelerada es
nuestra evolución que aun estando en la segunda fase, la tercera fase ya
se va visualizando, como un presagio de luz en las primeras horas de la
mañana. Es el Humano Universal.

Toda evolución requiere aprendizaje y desarrollo. Éstos nunca ce-
san. Lo que se aprende y se desarrolla cambia. Cuando un estudiante
avanza a través de un proceso educativo, aprende muchas cosas de muchas maneras; por ejemplo, se alfabetiza, y más adelante la alfabetiza-
ción le permite continuar aprendiendo de nuevas maneras, y ese nivel
de aprendizaje le permite desarrollarse más incluso de otras nuevas maneras. Ahora, a medida que aparece el potencial del Humano Universal, nuestra evolución continúa y continuamos aprendiendo y desarro-
llándonos.

Para los humanos de cinco sentidos, el objetivo de la evolución era
la supervivencia. Para los multisensoriales es el poder auténtico, la alineación de la personalidad con el alma. Y para los Humanos Universales, es el Amor: el Amor, la Vida, la Consciencia y el Universo vistos,
experimentados y expresados como uno. Así como los humanos multisensoriales existieron dentro de la humanidad de cinco sentidos, los
Humanos Universales existen dentro de la humanidad multisensorial.
Son faros de luz, indicadores de dirección, que actúan como letreros.
De todos modos, las balizas, los indicadores y las señales no tienen
ningún valor para un individuo que no los reconoce o que los reconoce
y no les hace caso.

Siempre hay más en la evolución. Piensa en tu evolución no como un viaje, sino como una expansión. Un viaje que no tiene fin te lleva siempre hacia adelante, mientras que una expansión que no tiene límite te mantiene siempre en su centro. El centro no se mueve. La expansión no cesa. Sin embargo, son lo mismo. Así es como un sol irradia, aporta luz y calor, y alimenta sin fin.

Todos nos estamos convirtiendo en soles. Cada uno de nosotros es el centro. Los Humanos Universales son parte de este proceso. Somos parte de este proceso.

Somo este proceso.

EL SIGUIENTE PASO

73

Más allá de los Humanos Universales

El Humano Universal es el último paso en la evolución del ser humano. Más allá del Humano Universal hay dominios de experiencia que son tan diferentes de la humanidad multisensorial como la humanidad multisensorial es diferente de la humanidad de los cinco sentidos. La evolución de la humanidad de cinco sentidos, de la humanidad multisensorial y de la Humanidad Universal comienza en forma física. Está anclada en la realidad física, lo que significa en la realidad de la escuela de la Tierra.

La evolución del Humano Universal lleva la consciencia de la humanidad más allá de las limitaciones de la forma física. La humanidad multisensorial es un trampolín, un puente, entre la humanidad, o la consciencia, de los cinco sentidos y la consciencia del Humano Universal. La única fuente de información para los humanos de cinco sentidos son los cinco sentidos, y éstos están diseñados para detectar la realidad física que hemos estado llamando la escuela de la Tierra. La consciencia puente, o humanidad multisensorial, libera a los humanos multisensoriales de la necesidad de proporcionar datos para la comprensión que se obtienen a partir de las circunstancias físicas. Éste es el cambio de la lógica limitada del intelecto a la intuición. La intuición, la voz del mundo no físico, al reemplazar las consideraciones intelectuales y de los cinco sentidos, abre a los humanos multisensoriales no sólo a nuevas experiencias, sino también a nuevas fuentes de conocimiento, inspiración e información sobre sí mismos. La Humanidad Universal es el último paso en este proceso de tres partes. Los Humanos Universales caminan sobre la Tierra. Tienen cinco sentidos que les informan. Tienen intuición que les informa. Se comunican regularmente con profesores no físicos. No están atados por la identificación con aspectos de la personalidad. Son libres de interactuar de alma a alma en la escuela de la Tierra.

Sin embargo, su enfoque ya está más allá de la escuela de la Tierra, está en la Vida. Éste es todavía un nuevo dominio de exploración, una nueva arena de desarrollo espiritual. A medida que la humanidad va más allá del Humano Universal, se dirige hacia experiencias completamente nuevas que se encuentran más allá de lo humano. Así como los Humanos Universales reconocen el Universo, la Consciencia, la Vida y el Amor como lo que son, más allá del Humano Universal se extiende la conciencia como Vida.

La transformación de la humanidad, o consciencia, de cinco sentidos a la humanidad, o conciencia, multisensorial se está produciendo muy rápidamente después de un período prolongado de evolución de la humanidad de cinco sentidos. Además, ya está teniendo lugar la evolución de la humanidad multisensorial hacia la Humanidad Universal. El movimiento de la consciencia humana más allá de la Humanidad Universal y hacia reinos de conciencia y experiencia que no son humanos no se puede expresar tan sencillamente en términos de años. Ese marco está desapareciendo o desaparecerá a medida que la Humanidad Universal vaya más allá de lo que es humano.

Dentro de la escuela de la Tierra existe la terminación de la personalidad llamada muerte. A medida que la humanidad se vuelve multisensorial, se va dando cuenta de que esa terminación no es la de la consciencia humana, sino la de un vehículo que el alma adapta para su propio aprendizaje y evolución en el dominio de lo físico. Los humanos multisensoriales entienden que la consciencia y la responsabilidad de cómo utilizan su conciencia continúan después de la muerte, o terminación, de una personalidad.

A medida que los Humanos Universales comienzan a emerger como un fenómeno de toda la especie, las líneas se vuelven borrosas, por así decirlo, entre lo que una vez fue todo lo que los humanos conocían, y lo llamamos físico, y el dominio más amplio de la experiencia que está más allá de lo humano y que no incluye el tiempo ni el espacio ni la materia ni la dualidad. Más allá de lo humano se extienden infinitos dominios y modos de evolución que no pueden ser captados por los humanos de cinco sentidos ni por los multisensoriales, pero que, hasta cierto punto, pueden ser intuidos por los Humanos Universales. Se trata de experiencias y dominios de experiencia que no se limitan a un solo punto focal.

Más allá de los Humanos Universales es la experiencia directa de estas nuevas dimensiones. Los humanos de cinco sentidos tienen en su sabiduría colectiva, que a menudo se considera mitología, comunicación directa con inteligencia que no es humana, como ángeles y deidades, mientras que los multisensoriales tienen comunicación directa con los profesores no físicos. La comunicación con los profesores no físicos se está convirtiendo en una característica interespecífica de la humanidad multisensorial. Dentro de un período de tiempo relativamente corto, los humanos multisensoriales se comunicarán con los profesores no físicos tan fácilmente como se comunican entre sí.

Esto se puede imaginar como se puede imaginar la interacción entre dos cuerpos humanos físicos, pero no se puede imaginar, aunque está empezando a experimentarse, en términos de la relación expansiva (la relación fácil y fluida) entre los humanos multisensoriales y los profesores no físicos. Los Humanos Universales van más allá en esa experiencia. Sus pensamientos son pensamientos de Vida. Sus percepciones son percepciones de Vida. Su preocupación es por la Vida. Su única lealtad es a la Vida. Como puedes ver, ya están adquiriendo las características de un profesor no físico desde la percepción de la humanidad multisensorial.

Ir más allá de lo humano no significa que cada Humano Universal se convierta en un profesor no físico a medida que va más allá de lo humano. Se muda a nuevos barrios, por decirlo de algún modo. Parte de la experiencia de ese nuevo vecindario es el apoyo de la Vida, ya que no es detectable por los humanos de cinco sentidos, los multisensoriales o los universales. En otras palabras, estamos involucrados en una evolución que no se ha hecho más grande repentinamente y que en algún momento se volverá inconmensurable e incomprensiblemente más grande. Esa evolución ha existido desde la aparición del primer humano de cinco sentidos y su predecesor. Ahora, la conciencia de este proceso se está volviendo mucho más plena, completa e inclusiva. Sin embargo, cuando eso sucede, la consciencia humana se desplaza hacia un reino en el que la palabra «inclusivo» no tiene significado. ¿Qué más se puede incluir en el concepto de «todo»? ¿Qué más se puede incluir en el concepto de «Vida» cuando la Vida es la experiencia directa más allá de la comprensión de todo lo que se puede y no se puede comprender?

Ahora es un buen momento para comenzar a experimentar esta evolución, ya que aparece con más plenitud, con más riqueza, con el conocimiento de que donde estás es el lugar apropiado para que estés. Esto es lo que ven los humanos multisensoriales cuando miran el mundo que era la limitación de los humanos de cinco sentidos. Es lo que los Humanos Universales viven sin esfuerzo, y es lo que es la consciencia en el dominio de lo más allá de lo humano.

Decir que hay más reinos o dominios de experiencia más allá del Humano Universal es un intento de describir lo que no se puede describir, ni siquiera para un Humano Universal. Es análogo a intentar describir los colores en dominios que están más allá de los humanos, en los cuales los colores –tal como los concebimos en términos de los cinco sentidos, o en términos de lo que los humanos multisensoriales experimentan en momentos en que interactúan con profesores no físicos– no son detectables ni descriptibles. Simplemente son. En otras palabras, la experiencia de lo más allá de lo humano no se puede describir. No se puede imaginar. Sin embargo, existe.

El proceso de expansión de la percepción –de cinco sentidos a multisensoriales, de personalidad a alma, de alma a Vida, de humanos multisensoriales a Humanos Universales– es toda una indicación, la aparición emergente de un camino hacia lo que no se puede describir. Sin embargo, el camino se está convirtiendo en parte de la experiencia humana. Los humanos multisensoriales entienden que se encuentran en un camino, y lo llaman evolución, al igual que los humanos de cinco sentidos.

Los Humanos Universales se encuentran en el camino. Más allá de la consciencia humana no se extiende el camino, sino el camino y todo lo demás. Camino en términos de una línea, camino en términos de ruta delimitada, camino en términos de progresión lineal hacia un destino, ya no existe, deja de existir, y en su lugar es la Vida misma, la Consciencia misma, el Universo mismo, el Amor mismo, y las innumerables formas en que se puede experimentar, disfrutar y compartir.

La evolución no se detiene cuando los Humanos Universales dan un paso más allá del límite de lo humano.

Comienzan infinitas nuevas fases.

74

Esperanza

La esperanza es esencial. Es necesaria para el desarrollo espiritual. Es necesaria para una vida conectada a la Tierra, consciente, creativa y saludable. La esperanza y el aire son los ingredientes más necesarios para una vida sana –una vida física en la escuela de la Tierra y una vida espiritual en la escuela de la Tierra– que refleje salud en diferentes dimensiones de experiencia. Cuando la humanidad tenía cinco sentidos, la conciencia se limitaba a la primera dimensión, la salud física. Ahora que nos estamos volviendo multisensoriales, la conciencia de la salud en una dimensión mayor se está convirtiendo en una parte principal de la consciencia humana, es decir, la salud en una dimensión espiritual, la dimensión de la relación consciente con el alma.

La esperanza es necesaria porque sin esperanza no hay intención de crecer. Sin esperanza no hay intención de alcanzar lo que podría ser o promete ser mejor, mejor no en un sentido material, sino en un sentido de mayor cumplimiento, de mayor gratificación.

La esperanza ha generado todas las organizaciones religiosas. Como hemos visto, éstas se forman como incrustaciones en torno a una verdad Universal que yace en el corazón de cada una, una verdad Universal diferente. Sin el sol que sale cada mañana, el mundo sería frío y estéril. Sin esperanza, ésa es la naturaleza de la experiencia interna. La esperanza es portadora de calor, de crecimiento, de plenitud, como florecer o brotar.

¿Qué es la esperanza? La esperanza es conexión con el alma, y más allá, una conexión con la Inteligencia Divina. El alma está más allá de las dualidades de la escuela de la Tierra. Es un reflejo de la realidad más amplia que hemos estado llamando Inteligencia Divina: el Universo, la Consciencia, el Amor y la Vida. Es el atisbo de todos ellos. Es la primera aparición de luz en el cielo después de una noche de oscuridad. Sin esperanza, sólo puede haber rendición o resistencia a la oscuridad. En cualquier caso, la oscuridad es el factor general determinante en la experiencia. Con esperanza, todo esto cambia.

La esperanza es una percepción de la naturaleza humana esencial. Tu personalidad fue creada a partir de la compasión. Todas tus experiencias son creadas con compasión. Las oportunidades que la escuela de la Tierra les presenta en cada momento son dones de compasión, dones compasivos del Universo. La sospecha de eso, la premonición, es esperanza. Vislumbrar que es esperanza revelando su poder, inundando la conciencia con nuevas perspectivas. La conciencia de estas cosas es esperanza, esperanza no encarnada sino expresada como un cumplimiento en acción.

El amor no necesita esperanza; sólo el miedo la necesita. Por lo tanto, una personalidad esperanzada es una personalidad con una parte asustada de su personalidad activa. La esperanza no viene del miedo. La esperanza es un aspecto del Universo, y el Universo es un Universo de amor. Es sólo una parte asustada de la personalidad que no se da cuenta de esto y que no participa en ello conscientemente.

El miedo une a los humanos de cinco sentidos y la esperanza da valor a su unión. El amor une a los humanos multisensoriales que son auténticamente poderosos. Ata a los Humanos Universales, porque éstos se dan cuenta de que son el Universo. Les pertenece y ellos le pertenecen. No están separados de él ni de nada en él.

Maravillarse con el Universo, con el cielo estrellado, con las montañas que brillan con la luz del sol del atardecer, con los campos verdes, con la profundidad y la incomprensibilidad del océano, con la Vida misma con su infinita diversidad: todas son experiencias de esperanza. La esperanza es una experiencia de quien aún no forma parte de todo eso. Es la realización del potencial de todo eso. Entrar en todo ello sin miedo es el cumplimiento de la esperanza. Es la manifestación del potencial. En otras palabras, la esperanza se extiende en el corazón de todo lo que nos llama a la salud, al bien, a la relación, a la conexión, a la Vida.

La experiencia de la esperanza tiene muchos niveles. Puede ser un flotador, un salvavidas arrojado a un océano enfadado en el que un individuo se siente a sí mismo desesperanzado, perdido e impotente. Puede experimentarse como una percepción, una percepción que despierta el deseo de compartirla, no desde el miedo, sino con alegría.

La esperanza es una experiencia de conexión de alma a alma, un vistazo a los ojos de otros que revela profundidad, plenitud, presencia, y te recuerda que esa profundidad, esa plenitud, esa presencia existen dentro de ti o no podrían ser reconocidos por ti.

La esperanza inicia todos los esfuerzos. Los humanos de cinco sentidos ven que existe una posibilidad de supervivencia que viene con la búsqueda de poder externo, y les da esperanza. A medida que aceptan esa esperanza como real, como una posibilidad que pretenden materializar, avanzan con más capacidad, más claridad y confianza, podríamos decir con más valentía.

La esperanza inspira coraje: esperanza en la bondad de los demás, en la bondad de uno mismo. La experiencia de estas cosas elimina la necesidad de esperanza y lleva tu vida a nuevos reinos de experiencia, conocimiento y comprensión. La esperanza inicia la investigación sobre el poder auténtico para los humanos multisensoriales. El desarrollo del poder auténtico está continuamente inspirado por la esperanza. Luego, a medida que los humanos multisensoriales comienzan a experimentar poder auténtico, esa misma experiencia los atrae hacia él.

Puedes pensar en la esperanza como una pequeña bola de nieve que comienza a rodar ladera abajo por una montaña cubierta de nieve. A medida que rueda, roza la superficie de la nieve, rebota y gana velocidad, hasta que golpea la nieve lo suficiente como para comenzar a acumular más nieve. Cuando eso sucede, crece en tamaño, y con cada impacto sobre la superficie de la nieve crece y su movimiento hacia abajo se acelera.

Esta metáfora tiene sus límites, pero los productos de la esperanza no tienen límites. La esperanza es un conector experiencial a lo ilimitado del Universo. Es un conocimiento de la naturaleza compasiva y la sabiduría del Universo. A medida que te conviertes en eso, la compasión y la sabiduría reemplazan la esperanza por la compasión y la sabiduría. La alegría, el significado y el propósito reemplazan la esperanza de esas cosas. Ése es el camino en el que se encuentra la humanidad. El camino de la evolución. La evolución no podría ocurrir y no ocurriría sin esperanza.

La esperanza es más que un pensamiento, más que un sentimiento. Es una energía. Es la energía que inicia la evolución. La propia evolución es el cuerpo creciente de la esperanza. Las células no piensan ni sienten, pero no carecen de consciencia. Los organismos pluricelulares en sus estados primitivos no piensan ni sienten, pero expresan la energía de la esperanza cuando conectan con otras células y forman organismos celulares más complejos. Ese movimiento continúa sin fin para los humanos de cinco sentidos. Los multisensoriales pueden comenzar a vislumbrar el final de este proceso, mientras que los Humanos Universales entran en ese proceso que no tiene fin.

La esperanza es la energía que lo impregna todo. De todos modos, ahora la esperanza se convierte en una palabra inadecuada, porque no es una dinámica psicológica. No es una dinámica emocional. Es una energía, y esa energía es la energía del Universo mismo, de la Vida misma, de la Consciencia misma, del Amor mismo. Todo lo que ves a tu alrededor es la manifestación de esta energía. Es la manifestación que alcanza un cumplimiento cada vez mayor, que alcanza la Inteligencia Divina, pero la Inteligencia Divina no puede alcanzarse, excepto en la percepción limitada de los humanos de cinco sentidos y los multisensoriales. Los Humanos Universales comienzan a superar esas limitaciones.

La esperanza es un iniciador de la evolución consciente. Es el iniciador de los sistemas estelares y las galaxias, no que los sistemas estelares y las galaxias sean esperanzadores. Ellos mismos expresan la energía, la energía expansiva, siempre incluyente, expansiva, plena, que está en el corazón de la Vida y la Consciencia y el Amor y el Universo mismo.

Esto es lo que los humanos –los de cinco sentidos, los multisensoriales y los Universales– denominan esperanza.

Índice analítico

M

macro 18, 112, 113, 197, 198, 309
Mahabharata 38, 40
Mahoma 28
Mandela, Nelson 41, 59
«mano invisible» 179
maorí 235
Mao Zedong 123
«Mares» (Jiménez) 33
matrimonio 118, 288
mayor 24, 33, 63, 65, 82, 109, 113,
    115, 125, 138, 146, 153, 160, 192,
    193, 209, 252, 256, 284, 322, 325
médico 141, 172, 173, 200, 201, 202,
    237
Meditación 152, 156
Mehta, Nipun 9, 303
metáfora 324
micro 18, 112, 113, 197, 198, 309
miedo 16, 17, 23, 38, 39, 45, 47, 48,
    49, 50, 51, 52, 53, 55, 56, 58, 59,
    60, 61, 63, 65, 68, 69, 71, 72, 75,
    77, 79, 80, 81, 82, 83, 85, 86, 89,
    92, 93, 95, 96, 97, 101, 103, 104,
    107, 111, 112, 113, 114, 115, 120,
    121, 122, 125, 126, 128, 131, 133,
    138, 140, 142, 143, 144, 146, 147,
    148, 149, 153, 156, 157, 158, 159,
    173, 174, 179, 180, 182, 183, 184,
    190, 201, 202, 204, 205, 206, 207,
    208, 209, 210, 211, 213, 214, 217,
    218, 222, 224, 225, 226, 227, 229,
    230, 231, 233, 234, 236, 241, 253,
    254, 262, 263, 264, 266, 269, 270,
    273, 275, 276, 277, 279, 284, 288,
    289, 291, 293, 295, 296, 304, 305,
    306, 309, 310, 312, 323, 324
milagro 204, 208, 212, 216, 222
militar-industrial 238, 239
Montesquieu 193
muerte 34, 49, 69, 117, 125, 128, 135,
    143, 145, 164, 182, 185, 186, 191,
    201, 216, 217, 218, 234, 245, 252,
    268, 272, 277, 286, 296, 318
mujer búfalo blanco 30

mujeres 33, 192, 193, 233, 271, 275,
    278, 279, 286, 287, 288, 289, 290,
    291, 292, 293
multinacionales 178, 188, 189, 238
multisensorial 41, 65, 67, 68, 70, 72,
    78, 81, 88, 92, 93, 95, 96, 105,
    112, 113, 117, 124, 127, 129, 135,
    137, 138, 139, 142, 144, 146, 151,
    153, 154, 155, 160, 165, 168, 171,
    172, 183, 184, 186, 191, 195, 196,
    197, 198, 199, 202, 205, 206, 210,
    213, 214, 216, 217, 220, 221, 222,
    224, 225, 226, 227, 228, 235, 240,
    241, 244, 245, 247, 252, 253, 255,
    256, 269, 270, 272, 283, 284, 285,
    287, 290, 292, 293, 304, 306, 308,
    313, 317, 318, 319

N

nacimiento 30, 32, 34, 49, 69, 90,
    125, 129, 152, 159, 182, 185, 186,
    201, 208, 245, 247
naciones 178, 179, 233, 235, 239, 267,
    270, 271, 272, 273, 274, 275, 278,
    282
nativos americanos 213, 233, 235, 283
navajo 124, 240
nave nodriza 37, 38, 331
negocios 48, 164, 189, 190, 287, 302,
    303
Newton, Isaac 228
nucleares, armas 134, 173, 241
nueva economía 182, 183, 184, 185,
    186
nueva mujer 287, 289, 292
nueva percepción 43, 69, 120
«Nueva Primavera» (profecía aborigen)
    43
nuevo hombre 287, 289, 291
Nuevo Testamento 56, 96

O

océano 35, 42, 64, 90, 166, 167, 171,
    187, 188, 224, 244, 288, 296, 309,
    312, 323, 324
ostra 266, 268

Acerca del autor

Gary Zukav es el autor de *The Seat of the Soul*, el *best seller* del *The New York Times*, y *La danza de los maestros de Wu Li*, ganador del American Book Award for Science. Se han vendido millones de copias de sus libros, publicados en treinta idiomas. Graduado de Harvard, fue oficial de las Fuerzas Especiales del Ejército de Estados Unidos (boina verde) con servicio durante la Guerra del Vietnam. Actualmente vive en Oregón con su compañera espiritual, Linda Francis.

Índice